"十四五"高等职业院校财经专业智能型教材

电子商务基础

主　编　段辉军　汤飞飞　文求实
副主编　李忠怡　唐　丽　徐星星

中国财经出版传媒集团
中国财政经济出版社

图书在版编目（CIP）数据

电子商务基础／段辉军，汤飞飞，文求实主编．－－北京：中国财政经济出版社，2020.11

"十四五"高等职业院校财经专业智能型教材

ISBN 978-7-5223-0128-0

Ⅰ.①电… Ⅱ.①段…②汤…③文… Ⅲ.①电子商务－高等职业教育－教材 Ⅳ.①F713.36

中国版本图书馆 CIP 数据核字（2020）第 201535 号

责任编辑：樊　闽　　　　　责任校对：李　丽

封面设计：北京兰卡绘世

中国财政经济出版社 出版

URL：http://www.cfeph.cn

E-mail：cfeph@cfeph.cn

（版权所有　翻印必究）

社址：北京市海淀区阜成路甲 28 号　邮政编码：100142

营销中心电话：010-88191537

北京富生印刷厂印刷　各地新华书店经销

787×1092 毫米　16 开　16.25 印张　390 000 字

2020 年 11 月第 1 版　2021 年 8 月北京第 2 次印刷

定价：42.00 元

ISBN 978-7-5223-0128-0

（图书出现印装问题，本社负责调换）

本社质量投诉电话：010-88190744

打击盗版举报热线：010-88191661　QQ：2242791300

随着全球经济一体化和信息处理技术、现代通信技术的迅速发展，集信息技术与商务管理于一体的电子商务作为一种新型的商务活动模式受到了社会的广泛关注。互联网普及率的提高更为电子商务发展插上了腾飞的翅膀，网民的暴增与电子商务平台的增多，让网购已经"飞入寻常百姓家"。

商务部数据显示，2019年中国网民规模已超过9亿人，互联网普及率达64.5%，全国电子商务交易额达348100亿元，同比增长16.5%，其中网上零售额10.63万亿元，电子商务从业人员达5125.65万人。在政府和市场共同推动下，电子商务发展成果丰硕，在国际和国内两个市场发挥了重要引领作用。从国内市场来看，2019年网络零售对社会消费品零售总额增长的贡献率达45.6%，电子商务在促消费、稳外贸、助扶贫、扩就业以及带动产业数字化转型等方面做出了积极贡献，成为稳定经济增长和高质量发展的重要动能。从国际市场看，中国已与五大洲的22个国家和地区建立了双边电子商务合作机制，"丝路电商"成为贸易合作新渠道，带动了伙伴国数字经济发展，在世界舞台上受到越来越多的关注。

"互联网＋"、移动电商、共享经济、网红经济……电子商务行业正在经历巨大的变化，一个个新的领域和新的理念将颠覆传统电商市场，我们需要应变和创新，才能适应这一瞬息万变的电子商务世界。本教材编写以"电子商务行业企业与职业教育相结合"的思想为指导，以就业为导向，以能力为本位，兼顾《高等职业学校专业教学标准（试行）》《电子商务师国家职业资格标准》的要求。在编写体例上按照"项目导向、任务驱动、学做合一"的体例进行设计，体现出鲜明的职业特性，内容深入浅出，通俗易懂。本教材通过具体的工作任务全面介绍了电子商务相关的基础知识，全书内容包括初识电子商务、电子商务的商业模式、电子商务技术基础、电子商务安全、网络支付与交易、网络旅游与教育服务、网络信息检索、网络营销、网络客户关系管理、移动电商、跨境电商、新零售十二个章节。

相较于同类教材，本教材以电子商务职业中最基本的知识与技能为主，及时更新了电子商务发展的最新理论、观点和行业规范，在编写中重点突出了电子商务在商务活动中的最新实际应用,结合大量典型实例深入浅出地阐述了电子商务的方法和原理。每个项目均配套相应的思政案例及学习任务,形成了理论与实践高度融合的课程内容体系,落实专业课程与思想政治理论课同向同行,实现"基本素质+专业技能"的"双轮驱动",把突出技能应用、培养学生岗位实践能力、引导学生学习良好职业风尚放在第一位,落实立德树人的根本任务,满足了高素质技能型人才培养的需求。本教材注重理论与实践环节的一体化教学,内容新颖、重点突出、图文并茂、实例丰富、资料较新,可作为高等职业院校电子商务专业、工商管理专业、市场营销专业、国际经济与贸易专业、信息管理专业及其相关专业的教学用书,也可作为相关专业人员自学的参考用书,有助于培养学生的职业兴趣,可以为学生的下一步学习打下扎实的基础。

本教材由湖南财经工业职业技术学院段辉军、汤飞飞,湖南信息职业技术学院文求实担任主编,湖南财经工业职业技术学院李忠怡、永州职业技术学院唐丽、湖南信息学院徐星星担任副主编。段辉军负责编写第一章至第五章;汤飞飞负责编写第六章至第八章;文求实负责编写第九章、第十章;李忠怡负责编写第十一章;唐丽、徐星星负责编写第十二章。全书由段辉军总纂并统稿。本教材在编写过程中参考和引用了大量的中外专著、教材和论文,也在百度、中国互联网信息中心、艾瑞网等网站收集了大量的资料,我们将其列举在参考文献中,在此对上述作者、网站深表感谢。

由于时间、水平有限,本书仍存在疏漏和不足,敬请各位专家、同行以及读者批评指正,我们将在本书再版时加以改进和完善。

编者

2020 年 10 月

第一章 初识电子商务 // 1
- 第一节 电子商务的概念和发展历程 // 3
- 第二节 电子商务的类型与应用领域 // 6
- 第三节 电子商务的特征与功能 // 10
- 第四节 电子商务的构成要素与法律环境 // 12

第二章 电子商务的商业模式 // 19
- 第一节 电子商务的运营模式 // 21
- 第二节 电子商务的盈利模式 // 27
- 第三节 电子商务的建站模式 // 38

第三章 电子商务技术基础 // 42
- 第一节 计算机网络技术基础 // 45
- 第二节 Internet 技术 // 49
- 第三节 WEB 技术 // 54
- 第四节 EDI 技术 // 58
- 第五节 数据库及数据仓库技术 // 61

第四章 电子商务安全 // 65
- 第一节 电子商务中的安全问题 // 67
- 第二节 电子商务安全技术 // 70
- 第三节 电子商务交易中的安全协议 // 73

第五章 网络支付与交易 // 80
- 第一节 网上支付概述 // 82

　　第二节　第三方支付　// 85
　　第三节　网上交易安全　// 88
　　第四节　网上支付新规　// 93

第六章　网络旅游与教育服务　// 99
　　第一节　网络旅游概念　// 100
　　第二节　网络旅游服务模式　// 105
　　第三节　网络教育概念　// 108
　　第四节　网络教育服务模式　// 113

第七章　网络信息检索　// 121
　　第一节　信息检索概述　// 123
　　第二节　信息检索工具　// 125
　　第三节　大数据发展趋势　// 127
　　第四节　大数据在电商行业的应用　// 132

第八章　网络营销　// 138
　　第一节　网络营销概述　// 140
　　第二节　网络营销的方法　// 150

第九章　网络客户关系管理　// 162
　　第一节　客户关系管理概述　// 164
　　第二节　电子商务客户关系管理　// 175
　　第三节　客户关系管理系统及应用　// 177

第十章　移动电商　// 184
　　第一节　移动电子商务基础　// 186
　　第二节　手机购物 APP　// 197
　　第三节　微商及个人电商的发展　// 199

第十一章　跨境电商　// 205
　　第一节　跨境电子商务基础　// 208
　　第二节　跨境电子商务业务流程　// 216
　　第三节　跨境电商第三方平台　// 218

第十二章　新零售　// 231
　　第一节　网络零售基础　// 233
　　第二节　网络零售的商品和服务　// 239
　　第三节　B2C 网络零售模式　// 240
　　第四节　移动零售　// 247

主要参考文献　// 250

第一章 初识电子商务

❖ 项目导航

- 掌握电子商务的特征、功能
- 熟悉电子商务的类型、应用
- 熟悉电子商务的构成要素与法律环境
- 了解电子商务的概念、发展历程

❖ 课程思政

通过案例分享，培养学生关注社会发展，了解建设数字中国，实现中国梦的意义。

思政导入

建设数字中国，助力中国梦

当今世界，信息化是鲜明的时代特征。新一代网络信息技术不断创新突破，数字化、网络化、智能化深入发展。信息革命正从技术产业革命向经济社会变革加速演进，世界经济数字化转型成为大势所趋。

2016年底，国务院印发的《"十三五"国家信息化规划》围绕建设"数字中国"，明确了17项发展指标，部署了10项重大任务和16项重点工程；2017年10月，十九大报告明确做出建设"数字中国"的战略部署；数字中国首次写入2018年《政府工作报告》。准确把握数字中国的深刻内涵，加快建设数字中国，是新时代国家信息化建设的新要求，是抢抓数字革命历史机遇构筑竞争新优势的重要举措。2017年12月8日，习近平总书记在就国家大数据战略进行第二次集体学习时强调，大数据发展日新月异，我们应该审时度势、精心谋划、超前布局、力争主动，深入了解大数据发展现状和趋势及其对经济社会发展的影响，分析我国大数据发展取得的成绩和存在的问题，推动实施国家大数据战略，加快完善数字基础设施，推进数据资源整合和开放共享，保障数据安全，加快建设数字中国，更好地服务我国经济社会发展和人民生活改善，为中国梦的实现添砖加瓦。

【案例思考】 什么是数字中国？建设数字中国有何意义？

【案例启示】

数字中国是新时代国家信息化发展的新战略，是满足人民日益增长的美好生活需要的新举措，是驱动引领经济高质量发展的新动力，涵盖经济、政治、文化、社会、生态等各领域信息化建设，包括"宽带中国""互联网+"、大数据、云计算、人工智能、数字经济、电子政务、新型智慧城市、数字乡村等内容。

1. 数字中国催生新变革

加快数字中国建设，就是要适应我国发展新的历史方位，全面贯彻新发展理念，以信息化培育新动能，用新动能推动新发展，以新发展创造新辉煌。"数字中国"建设正在逐渐步入"快车道"。新一代信息技术与政府改革、经济发展、社会民生、人民生活深度融合，我国全面迈进数字化发展的新阶段。

2. 信息实现高效连接

从20世纪90年代中后期开始，互联网开始了大规模商用进程，国民经济进入到以互联网应用为主要特征的网络化阶段。通过互联网实现了高效连接，信息交互、业务协同的规模得到空前拓展，空间上的距离不再成为制约沟通和协作的障碍，中国经济社会开启了在信息空间中的数字化生存方式。可以说，互联网快速发展及延伸，加速了数据的流通与汇聚，促使数据资源体量指数式增长，数据呈现出海量、多样、时效、低价值密度等一系列特征。

3. 人工智能引领新发展

业界人士认为，在消费以及互联网发展成熟的当下，工业互联网将成为未来数字技术新的增长点——门类齐备的工业基础、领先成熟的通信技术为工业互联网孕育基础，而工业互联网的发展又能进一步反哺区块链、人工智能、大数据等技术革新。中国经济已由高速增长阶段转向高质量发展阶段，工业互联网在支撑工业数字化转型。

当前，我国外部环境复杂严峻，内部经济运行下行压力加大，加快"数字中国"建设正逢其时。数字中国建设背后，是全球性的数字化浪潮，这股浪潮正在全球形成新一次技术革命。未来，我国数字中国建设要多维度发力，加速新旧动能转换，助推经济高质量发展，将我国打造成为具有全球竞争力的数字经济体。

从走街串巷的外卖小哥，到天猫、有赞的后台程序员，从京东、当当的售前客服，到直播带货的网络红人……在当今中国，你所能见到的职场人员中，有相当一部分都与电子商务有关。据统计，截至2018年底，国内直接或间接从事电商行业的人员，在4000万～5000万人，并且用人需求还存在较大缺口。而高职院校开设电商专业，就是为了培养面向未来的电商领域专业人士。作为一个交叉学科，电子商务融计算机科学、市场营销学、管理学、法学和现代物流等专业知识与技能于一体，如何找到适合自己的细分领域，在这个不断发展变化的行业里立足，乃至成为专家，是我们未来几年学习和实践需要找寻的答案。本课程意在对电子商务的基础知识和技能进行系统梳理，为之后的进阶课程打下基础。让我们现在开始！

第一节　电子商务的概念和发展历程

一、电子商务的概念

所谓电子商务，有广义和狭义之分。广义的电子商务（Electronic Business）泛指利用电子化手段进行的商贸活动；狭义的电子商务（Electronic Commerce）则是指通过网络进行商品交换。根据《中华人民共和国电子商务法》（以下简称《电子商务法》）：

电子商务，是指通过互联网等信息网络销售商品或者提供服务的经营活动。

显然，《电子商务法》所规范的是"狭义"的电子商务。对照上面的定义，我们把"电子商务"这个复合词拆开看，"电子"对应"互联网等信息网络"，"商务"对应"销售商品或者提供服务"，则可以通俗地将这一概念简化为"通过互联网买东西、卖东西"。各位读者应该都挺擅长网购，因此本书将主要介绍怎么在网上卖东西，即如何从消费者视角切换到经营者视角。

二、电子商务的发展历程

（一）电子商务的产生

电子商务最早产生于20世纪60年代，发展于20世纪90年代，其产生和发展是多个条件共同促成的：电脑和网络的普及，为电子商务的应用提供了物质基础；线上支付的推广，让交易结算变得简单、便捷、低成本；安全电子交易协议的制定，为电子商务营造了安全、互信的环境；政府的支持与推动，为电子商务的发展提供了有力的外部支持。

（二）电子商务的发展

电子商务的发展历程大体可分为两个阶段：

1. 第一阶段：基于EDI的电子商务——20世纪60~90年代

EDI（Electronic Data Interchange，电子数据交换）产生于20世纪60年代的美国，

当时的贸易商在使用计算机处理各类商务文件的时候发现，由人工输入到一台计算机的数据70%来源于另一台计算机输出的文件，为了提高数据的准确性和工作效率，人们开始尝试在贸易伙伴之间的计算机上使数据能够自动交换，EDI应运而生。

EDI是将业务文件按一个公认的标准，从一台计算机传输到另一台计算机上的电子传输方法。由于EDI大大减少了纸张和票据的使用，因此，人们也称之为"无纸贸易"或"无纸交易"。

2. 第二阶段：基于互联网的电子商务——20世纪90年代中期后

由于使用EDI的费用很高，仅大型企业才会使用，限制了基于EDI的电子商务应用范围的扩大。20世纪90年代中期后，互联网（Internet）迅速走向普及化，逐步地从大学、科研机构走向企业和百姓家庭，其功能也已从信息共享演变为一种大众化的信息传播工具。1991年起，商业贸易活动逐步通过互联网进行，也由此电子商务成为互联网应用的最大热点。

（三）我国的电子商务发展历程

根据商务部的数据，2018年中国网络零售市场规模持续扩大，全国网上零售额突破9万亿元，其中实物商品网上零售额达到7万亿元。毫无疑问，中国的电子商务处于世界领先水平，让我们简要回顾电子商务的"中国道路"。

1. 萌芽期（1997~1999年）

当时在我国，互联网是个新鲜事物，只有一小部分人才能接触到，大众对于电子商务缺乏了解。当时受美国互联网泡沫的影响，国内的大多数电商网站都举步维艰。当然，现在我们耳熟能详的几大国内互联网巨头也是在这一阶段萌生——1999年，以马云为首的18名创业者在浙江杭州创立了阿里巴巴公司，易趣、搜狐、新浪、腾讯也先后上线，互联网慢慢在中国站稳了脚跟。

2. 调整期（2000~2005年）

2000~2002年互联网经济泡沫达到高峰，许多互联网企业在此时纷纷倒闭。电商的问题逐渐暴露，资金撤离，市场重新洗牌。这期间国内电子商务的几个主要节点是卓越网成立、中国电子商务协会成立、美国电子商务巨擘Ebay公司以3000万美元收购易趣网33%股份，雄心勃勃地进军中国。

到了2003~2005年，经过互联网泡沫破裂的洗牌，市场变得逐渐理性，电子商务开始变得务实经营，越来越多的国内网民开始接受网购。阿里巴巴成立淘宝，腾讯推出拍拍网，C2C市场形成淘宝、易趣、拍拍三足鼎立的局面。为了解决网上支付，阿里巴巴推出了支付宝，这在当时只是解决在线交易互信的小小创举，谁曾想给今后国内的电子商务发展起到了巨大的推动作用。

3. 成长期（2006~2012年）

这一阶段，随着国家开始重视电子商务的发展，配套的政策支持逐步出台，电子商务的基础环境不断成熟。这一阶段，物流、支付、诚信等问题基本得到解决。2006年A股"中国互联网第一股"网盛科技上市，一时风头无二；2006年开始刘强东创办的京东连续获得巨额融资，也预示着国内家电3C网购模式正式开启。

随着中国特色的电子商务逐渐成熟，蛋糕越做越大的同时，国内电子商务企业的竞争也日趋激烈。淘宝屏蔽了百度搜索，也正式开启"双十一"——当时只是为了销售淡季提高成交活跃度，淘宝联合商家在2009年11月11日统一举行打折活动，发展到今天已经成了全民购物节。当年专营图书销售的当当网首次实现了盈利、特卖电商唯品会上线，代表了细分电商的发展壮大。

到了2010年，电子商务的攻城略地促使大量传统企业和资金进入，国内网民数量和物流快递都快速增长。顺丰、四通一达迎来了高速发展期。也是从此时开始，阿里巴巴不断买地扩建，为2013年正式推出的菜鸟物流做筹备。2011年5月26日，支付宝获得央行颁发的国内第一张《支付业务许可证》（业内又称"支付牌照"），正式合法运营。

4. 立法期（2013年至今）

2013年以来，中国的电子商务一路高歌猛进，不断攀升的线上交易额代表着"无现金时代"的来临。这一阶段，伴随着智能手机和4G（乃至5G）的普及、大数据和人工智能的遍地开花、《电商法》的正式出台，电子商务的发展呈现以下特点：

（1）**移动化**。从早上一睁眼开始，移动电商就充斥了我们的世界——睡眼惺忪地拿起手机，一看时间，离上班还有30分钟，赶紧叫辆滴滴快车上班；一上车就打开办公楼下煎饼铺子的订餐小程序，省得到那儿再排队，错过钉钉打卡；上午的部门例会结束后，通过携程订了去广州出差的往返机票，预约了接送机；中午领了墨迹天气的优惠券，麦当劳板烧鸡腿汉堡只要5元；午休时刷了会儿拼多多和公众号，买了两箱"尿不湿"试用装，初当奶爸得学会精打细算；下午收到视觉中国的律师函，说之前的一篇公司推文的照片涉及侵权，赶紧上网下载那张照片的图库网站复核版权信息；晚上家里没人，在单位叫了饿么，满减后比美团便宜3块钱；避开晚高峰，公交车上还有座，就是NFC刷卡又不灵了，看来得换个手机，毕竟用了快3年了，看看有什么值得买；晚上腾讯视频的"小欢喜"又更新了，好久不追剧，一追就上瘾，不仅iPad又派上用场，还专门开了付费会员……

（2）**智能化**。提到智能化就不得不谈电商平台的搜索和联想功能，而这当中的核心就是一个强大的推荐引擎。作为人工智能的典型应用，商品推荐引擎的目的是让每一位消费者都能得到个性化的服务，看到最想要的商品，得到最想要的服务。再比如，每年的"双十一""618"，人工客服显然无法同时应答大量涌入的咨询者，智能客服机器人则有了用武之地——一旦接到用户的沟通需求，客服机器人就会快速完成整个语言识别、需求分类、互动沟通、购物疏导等多个复杂环节。同类别问题，人工客服平均需要耗费10~15分钟，而智能客服应答只要十几毫秒，解决问题也只要一两分钟。

（3）细分化。首先是渠道细分，线下门店、电商平台、微博、微信、直播平台，都是电商的获客和成交渠道。其次是人群细分，按性别、按地域、按年龄段、按工作性质、按购买力、按受教育层次，等等。再次是需求细分，母婴、医疗、家装、在线教育、奢侈品，相应地，是通过海淘还是下沉到农村，也是根据需求的分布不断调整。

（4）社交化。随着微信等社交软件成为"国民应用"，消费者消耗在社交网络上的时间越来越长。网络社交的群体相对都是小圈子，一般信任度比较高，所以"内部推荐"之下，购买转化率也水涨船高，这是电子商务社交化的土壤。周围人的分享与口碑传播是一方面，"网红带货"更是势不可挡，直播+网红+电商，将流量从社交网络引导到电商平台，已经形成一套成熟的产业链。

（5）法制化。国内电子商务的快速发展、电商企业和消费者的日趋成熟，推动了电商立法进程的加快。2013年12月7日，全国人大常委会召开了《电子商务法》第一次起草组的会议，正式启动了《电子商务法》的立法进程；2014年11月24日，全国人大常委会召开《电子商务法》起草组第二次全体会议，明确提出，以促进电子商务发展、规范秩序、维护权益为立法的指导思想。从2016年电子商务法草案稿完成，到2018年8月31日第十三届全国人大常委会审议通过，2019年1月1日开始施行，我国的电子商务正式进入法制化时代。

第二节　电子商务的类型与应用领域

电子商务结合了网络通信技术与商务领域的各个层面，范围界定宽泛，因此理解的角度也有所不同。要全方位地认识电子商务，就要分析其类型，了解其应用。

一、电子商务的类型

（一）按照商务活动的内容分类

按照商务活动的形态和内容分类，电子商务有完全电子商务和不完全电子商务之分：

1. 完全电子商务

如果在全部商务活动中，所有业务步骤都是以数字化方式完成的，则称为完全电子商务。如目前已大行其道的视频、音乐流媒体付费订阅，手游、网游的虚拟道具充值等。

2. 不完全电子商务

在全部商务活动中，并非所有业务环节都应用了电子技术的商务形态，称之为不完全电子商务。如家具、纸质图书、外卖等有型货物的销售，在线下单，通过传统的渠道

（如邮政或快递等）完成送货。

（二）按照交易对象分类

在电子商务交易中，参与的主体可以是企业（business），也可以是消费者（consumer），不同的交易对手方会构成不同的交易模式，最常见的有三类：企业与消费者之间的电子商务（B2C）、企业与企业之间的电子商务（B2B），以及消费者与消费者之间的电子商务（C2C）。之所以用"2"连接前后的字母缩写，是因为英文中的2（two）与to发音相同。

1. B2C（Business to Consumer，企业—消费者）

B2C模式下，企业通过互联网为消费者提供网上商店，直接面向消费者销售产品和服务。这种形式的电子商务一般以网络零售为主，从食品、书籍、鲜花、服装、家电、汽车等实体商品到数字化的新闻、音乐、电影、数据库、软件及各类知识付费产品，再到旅游、在线医疗诊断和在线教育等各类服务，一应俱全。主要借助互联网开展的在线销售活动。

代表平台：Amazon、京东。

2. B2B（Business to Business，企业—企业）

B2B模式下，线上交易的供需双方都是商家，共同利用互联网技术或各种商务网络平台完成从订购到结算的全部交易行为，具体包括向供应商订货、签约、接收发票、商品配送和电子资金转移，以及在商贸过程中处理的其他问题（如折扣、运输跟踪、索赔等），从而使交易全过程实现电子化和无纸化。

代表平台：阿里巴巴、找钢网。

3. C2C（Consumer to Consumer，消费者—消费者）

C2C模式下，个人与个人间形成买卖关系，在互联网交易平台上，卖家发布产品的销售信息，提供商品进行网上售卖，买家则可根据自己的需要购买商品。

代表平台：淘宝、Ebay、闲鱼。

在第二章中，我们将进一步扩展以上三种模式的具体内容。

✓ 拓展阅读

O2O、P2P、B2G及其他

- O2O（Online to Offline，线上—线下）

O2O与上文介绍的三大模式最大的不同是，实际的消费发生在线下。例如，泡

咖啡馆、美容美发、去健身房，这些都是场景式的消费，它不像购买一本教辅书，手机下单后即可等着快递送上门。对于这种以生活服务类为主的现场消费，O2O模式将之与互联网结合在一起，让互联网成为线下交易的前台。代表平台：美团—大众点评。

- P2P（Peer to Peer，个人—个人（小额借贷））

P2P是近些年互联网金融不断发展的一个缩影，它是指民间的小额借贷。即将分散在民间的小额度资金聚集起来，借贷给有资金需求的个人。该模式下，交易标的为资金本身。随着监管的不断加强，P2P的发展正从草莽阶段逐渐走向透明化、规范化。代表公司：人人贷、陆金所。

- B2G（Business to Government，企业—政府）

之前所说的电子商务交易主体只包括企业和消费者，如果我们将政府管理部门加进来，那么交易模式将进一步丰富，典型的代表即B2G。它是指企业与政府管理部门之间电子化交易，覆盖企业与政府间的各项事务。例如，企业与政府之间在线上进行各种手续的申报与审批；政府在网上发布采购清单，以竞价方式进行招标，企业在网上进行投标；政府在通过"金税3期"税务管理系统对企业进行征税及退税工作，并提供电子发票开具和核验的平台。

此外，电子商务模式还有C2G（Consumer to Government，个人—政府，如政府线上转移支付给个人社会福利金、居民就其个人所得税在线上汇算清缴等）、P2C（Production to Customer，产品—消费者，即产品从生产企业直接送到消费者手中）等等。随着电子商务的不断发展和深化，它的外延也在不断扩大。

（三）按照使用的网络类型分类

电子商务按照使用的网络类型分类，主要包括三种形式：基于EDI网络的电子商务、基于Internet网络的电子商务和基于Intranet网络的电子商务。

1. 基于EDI网络的电子商务

简单来说，EDI就是按照商定的协议，将商业文件标准化和格式化，并通过计算机网络，在贸易伙伴的计算机网络系统之间进行数据交换和自动处理。该形式主要应用于企业与企业之间、企业与批发商、批发商与零售商之间的批发业务。相对于传统的订货和付款方式，EDI大大节约了时间和费用，并较好地解决了安全保障问题。

2. 基于Internet网络的电子商务

Internet就是咱们常说的互联网，它以计算机、通信、多媒体、数据库技术为基础，在网上实现营销导购、购物支付等，买卖双方可不受时空限制，广泛投放、高速匹配，突破了传统商业生产、批发、零售及进、销、存、调的流转程序与营销模式，实现了社会资源的高效运转。

3. 基于 Intranet 网络的电子商务

Intranet 是利用 Internet 技术发展起来的企业内部网，是在原有局域网上附加一些特定的软件，将局域网与互联网连接起来，从而形成企业内部的虚拟网络。Intranet 网络受到防火墙的保护，仅允许内部、外部人员授权使用其中的信息。企业内部各部门之间的商务活动多采用 Intranet 进行，典型的应用是跨国企业的差旅系统。

二、电子商务的应用领域

互联网，尤其是移动互联网的普及极大地改变了人们的生活，同时也促进了电子商务的飞速发展。电子商务的应用已经渗透到社会经济、生产、生活的各个领域，覆盖了制造业、流通业、银行业、信息服务业、证券业、保险业、电信业、交通业、国际贸易、农业、医药业、新闻业、教育业及政府机构等各个方面。

（一）电子商务在流通业的应用

作为一种全新的贸易形式和手段，电子商务对商品流通领域有着直接而深远的影响。首先，它促进了流通业的业态转变。过去，一提到流通业，我们首先会想到的是生产商到经销商的供与销；现在提到商品流通，我们日常更关心的是双十一快递是否爆仓，买家具是用德邦还是跨越，寄合同是靠顺丰还是 EMS……

（二）电子商务在金融业的应用

证券和保险业

证券业的电子商务主要是指网上的证券（既包括股票，也包括外汇和期货等）交易，当然还有付费资讯、投资顾问、股票发行与推广，上市公司的网上推介与发行等。保险业目前已全面实现网上投保、承保，通过在线交易直接完成保险产品的销售、保费划转与服务交付。电子商务时代的保险推销员，如果推销一款新的儿童保险产品，可能不再是挨家挨户拜访，而是发朋友圈，或在小红书、什么值得买等年轻妈妈经常浏览的导购平台上问，通过竞品比较凸显产品优势，完成购买转化。

（三）电子商务在服务业的应用

1. 广告业

广告业可能是受电子商务影响最大的行业了。过去提起广告业巨头，人们首先想起奥美，现在则是谷歌、百度、字节跳动；过去通过电视台看连续剧，一到情节高潮就插播广告；现在在视频网站看网剧，虽然付费会员可以免广告，但植入在剧情中的广告却难以避免。当然，网络广告最大的优越性还在于信息推荐技术发展下的针对性和互动感，我们将在本书之后的章节中详细介绍。

2. 餐饮与旅游业

在O2O模式的介绍中,我们已经知道餐饮与旅游消费具有实地性的特点。"酒香还怕巷子深",为了吸引客流,餐饮和旅游行业都需要深耕线上营销,并加强内部流程的信息化管理。目前,电子商务在餐饮和旅游业的主要应用场景包括用户增长与分销、信息推送与检索、在线报订与客户服务等,而与之同步的,是高昂的获客成本带来的标准化运营、集团化整合。

可以看到,电子商务在制造业、流通业、金融业、服务业,乃至本书将要陆续介绍的电子农业、电子政务、电子医务、电子教务等领域的应用,其范围之广、维度之宽、影响之深,都是传统商务所难以匹及的。

第三节 电子商务的特征与功能

一、基本特征

(一) 普遍性

在当今中国,电子商务体系已经成为像电网、高速公路一样的基础设施,融入了社会与经济生活的方方面面。尤其在经济层面,它将生产与流通、买方与卖方、信贷与监管以一种前所未有的方式连接,带入了一个线上生存与发展的新天地。

(二) 便利性

在电子商务环境中,参与各方不再受地域和时间的限制,从自动化向智能化不断发展,极大地替代了传统的手工作业,效率不断提升,大大便利商务活动的开展,保证了交易执行的质量。

(三) 整体性

电子商务能够规范事务处理的工作流程,将人工操作和电子信息处理集成为一个不可分割的整体,这样不仅能提高人力和物力的利用率,也可以提高系统运行的严密性。

(四) 安全性

在电子商务中,交易的安全性是核心问题,它要求在通过网络完成信息交换的过程中,提供端到端的安全解决方案。目前主流的安全机制包括加密、签名认证、存取控制、防火墙、防病毒保护等。在保证安全的同时又不失高效,这与传统商务有着很大的不同。

(五) 协调性

商务活动本身是一种协调过程,它需要公司内部的协调和与上游供应商、下游渠道商等外部合作方的协调。在电子商务的完整流程下,还需要金融、配送、通信、技术、运维等多个维度的协同,而且一旦产生这种协同,在实施层面则是自动、瞬时、一气呵成的。

(六) 集成性

电子商务将业务部分或整体搬到线上,并产生了众多的整体解决方案,对商务活动所需的各种功能进行了高度的集成,同时面向形形色色的电子商务参与者提供集成化的一站式服务,进一步提高了效率。

二、功能

在电子商务环境下,我们可以享受线上交易与管理的全流程服务,如果将其按功能划分,具体包括广告宣传、咨询洽谈、网上订购、网上支付、账户与交易管理、服务传递、意见征询等。

(一) 广告宣传

企业可通过互联网的各类渠道发布商业信息,而潜在客户可通过关键词检索、咨询订阅和被动接受广告等方式获取所需的商品信息。事实上,怎么获取低成本的访问流量,怎么在既有流量下精准推送广告,甚至是采用什么样的广告投放和制作方式赢得用户好感(或减少负面看法的可能性),在互联网行业中已经是一类高度专业化的工作。

(二) 咨询洽谈

电子商务可借助电子邮件、钉钉、微信、QQ 等社交工具,在线会议等各类方式交流市场和商品信息、洽谈合作事务。很多时候,交易从开始到完成,交易方相互间都没有见过面、听过声。

(三) 网上订购

通常我们提起网上订购,都会想到各大电商平台精美详细的产品介绍和友好的下单操作体验。网上订购是电子商务的核心环节,也是区别其与传统商务的重要特征。

（四）网上支付

网上订购的重要保障就是安全可靠的网上支付，也产生诸如支付宝、Paypal 这样的国民级支付软件。网上支付的大行其道也在逐渐改变金融行业的格局，具体将在之后的章节中展开。

（五）账户与交易管理

就像上班族都会有几张银行卡一样，用户在网上支付时，也必须有电子账户的存在。在政府监管下，大部分的电子账户目前均已落实实名制，当然，还有诸如比特币等虚拟货币的存在，具有一定的匿名性。

无论线上交易是买还是卖，成交次数的多与少、金额的大与小，电子商务的参与方都需要留存交易信息，方便追溯，便于管理。事实上，整个交易的管理涉及人、财、物等多个方面，跨越商务活动的全过程。

（六）服务传递

相较实体商品的线下送达，应用软件、电子杂志、话费充值等无形商品下单后可以直接在网上交付。在这类数字商品时代，外在的表现形式既有通过应用内购买后直接升级账号权限，也有在淘宝、有赞等平台购买激活码，然后再登录软件并激活。

（七）意见征询

每个电子商务平台都配有用户评价和反馈功能，收集用户对销售服务的意见，供企业参考。而现有用户或正面或负面的使用体验也直接影响着潜在购买者的决策。另一方面，导购平台或视频网站上也会有大量的商品评测，有的可能是用户自发上传，有的可能是厂商的推广措施。

第四节　电子商务的构成要素与法律环境

一、电子商务的构成要素

（一）电子商务的参与方

在电子商务活动中，主要的参与方分别为消费者、商家和平台。其中：消费者，既可以是个人，也可以是企业。

商家，是指通过互联网等信息网络从事销售商品或者提供服务的经营活动的自然人、法人和非法人组织，其经营活动既可以通过第三方平台提供，也可以通过自建网站提供。

平台，是指在电子商务中为交易双方或者多方提供网络经营场所、交易撮合、信息发布等服务，供交易双方或者多方独立开展交易活动的法人或者非法人组织。

当然，在电子商务的完整流程中，还会涉及很多方面，除了平台和买卖双方，还要有银行等金融机构，认证中心，物流企业，工商、海关、税务等政府机构的参与才行。

（二）电子商务的业务流

电子商务中的任何一笔交易都包含四种基本的业务流，即信息流、商流、资金流、物流。

1. 信息流

信息流是服务于商流和物流所进行的信息活动的总称，既包括商品信息的提供、促销行销、技术支持、售后服务等内容，也包括诸如询价单、报价单、付款通知单、转账通知单等商业贸易单证，还包括交易双方的支付能力、支付信誉、中介信誉等。

2. 商流

商流是指商品在购、销之间进行交易和商品所有权转移的运动过程。具体指商品交易的一系列活动，包括交易前的商品宣传、用户选择及双方的谈判磋商，交易中的规则确认（合同）及订货、发货过程，交易后的服务行为等。

3. 资金流

资金流主要是指资金的转移过程，包括付款、转账、兑换等过程。它始于消费者，终于商家，转移过程需要经过金融中介的处理。

4. 物流

物流作为电子商务业务流中最为特殊的一种，它是指实体商品的流动过程。具体来说，是指包装、运输、储存、装卸搬运、流通加工、配送、物流信息等各种活动。

二、电子商务的法律环境

2019年1月1日起，《中华人民共和国电子商务法》（以下简称《电子商务法》）正式实施。相比其他法律，《电子商务法》涉及面广、规模大，调节对象又是新生事物，发展日新月异，因此在起草过程中广泛征求了包括社会公众在内的各方意见，历经五年四次审议才最终出台。随着《电子商务法》的正式实施，电商行业终于有法可依，彻底结束了曾经的"灰色地带"。这也标志着电商被国家和法律所认可。

《电子商务法》共七章八十九条，在保障电商从业者合法权益的同时，也对其提出

了更严格的要求和规定。该法具有以下八大亮点：

（一）严格范围

因为电子商务具有跨时空、跨领域的特点，所以《电子商务法》把调整范围严格限定在中华人民共和国境内，限定在通过互联网等信息网络销售商品或者提供服务。而对金融类产品和服务，对利用信息网络提供的新闻、信息、音视频节目、出版以及文化产品等方面的内容服务都不在《电子商务法》的调整范围内。

（二）促进发展

因为电子商务属于新兴产业，所以《电子商务法》就把支持和促进电子商务持续健康发展摆在首位，拓展电子商务的空间，推进电子商务与实体经济深度融合，在发展中规范，在规范中发展。所以法律对于促进发展、鼓励创新做了一系列的制度性的规定。

（三）包容审慎

目前我国的电子商务正处于蓬勃发展的时期，渗透广、变化快，新情况、新问题层出不穷，在立法中既要解决电子商务领域的突出问题，也要为未来发展留出足够的空间。《电子商务法》不仅重视开放性，而且也更加重视前瞻性，以鼓励创新和竞争为主，同时兼顾规范和管理的需要，为我国电子商务未来的发展奠定了体制框架。

（四）平等对待

电子商务技术中立、业态中立、模式中立。《电子商务法》明确规定，国家平等地对待线上线下的商务活动，促进线上线下融合发展。

（五）均衡保障

通常情况下，在电子商务有关三方主体中，最弱势的是消费者，其次是电商经营者，最强势的是平台经营者。因此，《电子商务法》在均衡地保障三方主体合法权益的同时，适当加重了电子商务经营者，特别是第三方平台的责任义务，适当地加强对电子商务消费者的保护力度。

（六）协同监管

根据电子商务发展的特点，《电子商务法》完善和创新了符合电子商务发展特点的协同监管体制和具体制度。该法规定国家建立符合电子商务特点的协同管理体系，各级政府按照职责分工，各自负责电子商务发展促进、监督、管理的工作。在这样的情况下，监管的要义就在于依法、合理、有效、适度，既非任意地强化监管，又非无原则地放松监管，而是宽严适度、合理有效。

（七）社会共治

电子商务立法运用了互联网的思维，充分发挥市场在配置资源方面的决定性作用，鼓励支持电子商务各方共同参与电子商务市场治理，充分发挥电子商务交易平台经营者、电子商务经营者所形成的一些内生机制，来推动形成企业自治、行业自律、社会监督、政府监管的社会共治模式。

（八）法律衔接

《电子商务法》是电子商务领域的一部基础性法律，但因为制定得比较晚，所以其中的一些制度在其他法律中都有规定。因此，电子商务立法中把握了针对电子领域特有的矛盾来解决其特殊问题的主线，在整体上力求处理好其与已有的一些法律之间的关系，重点规定其他法律没有涉及的问题，弥补现有法律制度的不足。比如，在市场准入上，与现行的商事法律制度相衔接；在数据文本上，与合同法和电子签名法相衔接；在纠纷解决上，与现有的消费者权益保障法相衔接；在电商税收上，与现行税收征管法和税法相衔接；在跨境电子商务上，与联合国国际贸易法委员会制定的电子商务示范法、电子合同公约等国际规范相衔接。

☑ 政策链接

《电子商务法》要点解读

1. 必须进行登记

所有电子商务经营者都需要营业执照，如果是跨境电商，那么需要办理采购国及中国双方的营业执照。特别地，自然人从事电商活动也需要办理营业执照（可以是个体户也可以注册公司）。

2. 需要纳税

办理登记的目的之一就是明确纳税主体的身份与资格，偷税漏税需承担刑事责任。

3. 保护用户隐私，确保信息安全

企业有义务保障用户信息安全。如若违反，则将没收违法所得、处违法所得1倍以上10倍以下罚款。没有违法所得的，最高可处100万元罚款，情节严重甚至吊销营业执照。

企业收集用户个人信息时，必须明确收集、使用信息的目的、方式和范围，且必须征得用户同意。这也就涉及电商网站中的Cookies和隐私等政策。

企业不得泄露、篡改、损毁其收集的个人信息，对信息负有保密及安全保护义务。且个人有权要求企业改正或删除其个人信息的权利。

4. "个性推送"合法，但不能违法

依据消费者兴趣爱好进行推送依然被提倡，但是利用大数据"杀熟"将涉嫌违法，同时用户或将有权选择不接受依据其个人特征获得个性推送的权利。如有违反则没收违法所得，最高处 50 万元罚款。

5. 禁止"搭配销售"陷阱

"搭配销售"不能作为默认勾选项，需经过用户同意勾选后方可出售。如有违反则没收违法所得，最高处 50 万元罚款。

6. 竞价排名需显著标明为"广告"

电商运营中，企业往往会竞价购买获得靠前的产品搜索结果展示（如天猫直通车）。《电子商务法》规定：电子商务平台经营者应当根据商品或者服务的价格、销量、信用等以多种方式向消费者显示商品或者服务的搜索结果；对于竞价排名的商品或者服务，应当显著标明为"广告"。

7. 发票索要难或成历史

《电子商务法》规定电商企业应当依法为消费者出具发票，且电子发票具有同等法律效力。当然，到底是结算过程中自动为消费者开具发票，还是仅应消费者要求才开具发票，《电子商务法》并没有明确规定。

8. "刷单"涉嫌违法

除了必须及时向消费者披露全面、真实、准确的产品信息外，"刷单"行为亦将涉嫌违法。同时，企业不得随意删除消费者对于商品的评价，尤其是负面评价。严重违反者最高可处 50 万元罚款。另外，《电子商务法》规定，企业应对平台内销售的商品提供进行评价的途径，到底是在线评论区还是以其他的方式，没有明确规定，但违反的话亦会受到处罚。

9. 交易信息 3 年存储制

交易信息必须实现可追溯，至少需存储 3 年。情节严重者最高可处 50 万元罚款。这对于企业的 IT 技术和数据存储提出了较高的要求。从近年趋势来看，企业更加倾向采用"云服务"来存储数据。将存储服务交由第三方处理，除降低自主营运的压力外，由第三方提供合规专业数据的安全存储与云托管，也能进一步规避法律风险。

10. 证照与条款需首页公示

在品牌电商建设过程中，必须在首页显著位置展示"营业执照""ICP 备案""用户隐私政策"等相关证照与法律文本（具体可以参考天猫首页）。若是品牌入驻型网站，还需以显著方式注明产品到底是自营还是他营。此外，若自行终止电商业务，也需提前 30 日在首页显著位置持续公示相关信息。如有违反，最高可处 50 万元罚款。

11. 消费者保护

近年网络消费安全事故频发。电商平台（尤其是品牌入驻型平台）应当更加严格对待产品安全问题，保护消费者合法权益和人身财产安全。否则可处连带责任，情节严重处停业整顿和高达 200 万元的罚款。

12. 知识产权保护

电子商务平台经营者知道或者应当知道平台内经营者侵犯知识产权的，应当采取删除、屏蔽、断开链接、终止交易和服务等必要措施；未采取必要措施的，与侵权人承担连带责任，最高可处 200 万元罚款。

> ☑ **思政小贴士**
>
> 　　人类史上第一张黑洞照片公布，顿时引起全民狂欢。虽然，据媒体报道，在黑洞照片公布之后不久，图片公司视觉中国网站上的黑洞照片，就注明了"此图如用于商业用途，请致电或咨询客户代表"，而其客服也对媒体表示，黑洞照片仅供有资质的新闻媒体使用，个人或者自媒体在微信公众号等平台使用会有版权风险。这个"程序正确"的提醒，自然让狂欢中的人们猛地冷静了一下，而倘若图片公司真的已获得"专有授权"，此提醒确实合理合法、无可厚非。问题是，事后媒体追溯，发现包括视觉中国在内的一些图片公司，其实并没有得到独家授权。
>
> 　　为什么会发生没有版权却又堂而皇之要求版权这种事情？"这与我们的商业环境有关系，简而言之，就是缺乏诚信的问题。"对于有形财产的权利，大家都很好理解，但是对于无形财产权利，却不能做出同样理解。被诉侵权人往往因为知识产权专业性不强、举证困难、畏惧诉讼风险等最终选择通过和解的方式息讼，无形中助长了视觉中国"钓鱼维权"的不正之风。

> ☑ **思政小贴士**
>
> 　1. 社会主义核心价值观中的"富强、文明、和谐"与电子商务经营者法律制度相融合。
> 　2. 社会主义核心价值观中的"自由、平等"与电子商务合同、电子商务经营者法律制度相融合。
> 　3. 社会主义核心价值观中的"诚信、友爱"与电子商务合同标的、消费者权益保障的法律制度相融合。
> 　4. 社会主义核心价值观中的"公正、法制"与电子商务仲裁诉讼法律制度相融合。

案例思考

海尔的电子商务发展

海尔是国内大型企业中第一家进入电子商务业务的公司，率先推出电子商务业务平台。海尔电子商务从两个重要的方面促进了新经济模式的改变。从B2B的电子商务角度，它促使外部供应链取代自己的部分制造业务；从B2C的电子商务角度，它促进了企业与消费者的继续深化交流，这种交流全面提升了企业品牌价值。

张瑞敏首席执行官提出海尔实施电子商务靠"一名两网"的优势："名"是名牌，品牌知名度和顾客忠诚度是海尔的显著优势；"两网"是指海尔的销售网络和支付网络，海尔遍布全球的销售、配送、服务网络以及与银行之间的支付网络，是解决电子商务两个难题的答案。利用"一名两网"的优势，通过网络连接用户，以具有充分个性化的产品和特色服务拢住原有、新、潜在客户以及供应商、采购商等，提供完善度服务。

在产业方向转移方面，海尔已实现了网络化管理、网络化营销、网络化服务和网络化采购，并且依靠海尔品牌影响力和已有的市场配送、服务网络，为向电子商务过渡奠定了坚实的基础。在管理转移方面，传统企业的金字塔式管理体制绝不适应市场发展的需要，所以在管理机制上把"金字塔"扳倒，建立了以市场为目标的新流程。人单合一模式是海尔集团董事局主席、首席执行官张瑞敏于2005年9月20日首创的互联网（物联网）管理模式，"人单合一"模式以"自主人"为假设，"人的价值第一"为宗旨，"用户乘数"为评价原则，是适应互联网和物联网时代的非线性管理模式，全面颠覆经典模式。

（资料来源：https://doc.mbalib.com/view/68daf75af366696b2e80094610c4fe57.html）

问题：海尔的案例体现出电子商务的哪些特点？

第二章 电子商务的商业模式

✦ 项目导航

- 掌握电子商务的运营模式
- 掌握主要运营模式的盈利模式
- 熟悉商家的盈利模式
- 熟悉平台的盈利模式
- 了解电子商务的建站模式

✦ 课程思政

通过案例分享,让学生理解深入贯彻落实十九大精神,全力推动乡村振兴的内涵,对同学进行爱国主义教育,让同学深刻理解乡村兴,则国家兴;乡村衰,则国家衰。

思政导入

促进淘宝村发展,助力乡村振兴

2019年3月8日上午,习近平总书记在参加全国人大河南代表团审议时,进一步明确了实施乡村振兴战略的总目标、总方针、总要求和制度保障,强调要把实施乡村振兴战略、做好"三农"工作放在经济社会发展全局中统筹谋划和推进,充分体现了解决好"三农"问题这一"全党工作重中之重"的分量,充分彰显了实施乡村振兴战略这一做好新时代"三农"工作总抓手的重要性和紧迫性。小康不小康,关键看老乡。必须清醒认识到,决胜全面小康,最艰巨的任务在农村,最突出的短板也在农村。

近年来,在电子商务平台的帮助下,涉农电子商务以"星火燎原"之势在全国各地迅速发展起来,催生了"电子商务专业村"这一新生事物。电子商务专业村是指一村相当数量的农户通过电子商务平台从事网上销售活动,该项目构成村庄经济活动的重要组成部分。阿里巴巴集团旗下的淘宝网凭借进入门槛低、技术难度小、初始资金需求量少等优势,成为农民参与电子商务的主要阵地。正因为目前农村网商主要以淘宝网为交易平台，人们习惯上将电子商务专业村称为"淘宝村"。

我国淘宝村数量呈现暴发式增长的态势，《中国淘宝村发展报告（2014～2018）》中的数据显示，2014～2018年我国淘宝村数量分别为212、778、1311、2118、3202个，近5年来，我国淘宝村数量增长14倍以上，年均增长率超过280%。根据阿里研究院最新发布的数据，截至2019年6月底，在全国范围内发现的淘宝村数量已经达到4310个，淘宝村在全国的发展势头继续保持强势，并逐步由东部地区向中部、西部地区扩散，成为新时代我国乡村振兴进程中最引人注目的农村经济增长点之一。

军埔村位于广东省揭阳市揭东区锡场镇，总面积0.53平方公里，现有农户490户，人口2695人。军埔村素有经商传统，拥有食品加工的传统产业。几年前，由于行业竞争加剧、管理模式落后、产业规模较小、产品档次不高等原因，食品加工业走向没落。2012年7月，在广州从事淘宝服装销售或配送的12位青年陆续回村开网店，在他们的带动下，军埔村不久就驶入了电子商务发展的快车道。截至2014年年底，全村有358户、近2000多人投身网上销售，开设淘宝网店3000多家、实体网批店300多家，全年交易额16.8亿元，纯利润达到1500万元，销售产品种类包括服装、塑料、家居用品、皮具、电器、五金、玩具等。如今，军埔村已经形成了一个多主体良性共生互补的电商生态系统。例如，各大通信运营商相继进入军埔村新建基站，设置自助服务终端；15家快递公司在军埔村设立办事处；榕城鞋业协会在军埔村建立电商服务平台；普宁国际服装城在军埔村投资建成"华尔美网批第一城"；云梯电商、邦想电商、电商港等电商服务企业也先后入驻军埔村；广东省第一个普惠金融服务中心在军埔村挂牌成立。随着电商生态系统的形成，军埔村电子商务正努力往品牌化和优质化的方向发展。

【案例思考】淘宝村的建设应具备哪些条件？

【案例启示】

淘宝村是农户电商化和电商集群化在产品销售上的双重实现，一方面，农户能够通过网店绕开中间商直接销售给大量的外地消费者，隐含的一个必要条件是消费者高度的产品认知与信任；另一方面，农户的电子商务活动能够以集群的形式存在，背后必然要有一定的产业体量作支撑。因此，淘宝村的形成必然是建立在良好的产业基础之上的。一是所生产产品具有地方特色，辨识度高；二是经过长期的传播和连片的发展，已经形成良好的区域知名度；三是生产专业化，具有一定的技术和工艺积累；四是产业规模较大，成为村庄的支柱产业。

在本章开始之前，我们先介绍两个关于企业的"万能公式"：

销售额 = 流量 × 转化率 × 客单价

利润 = 销售额 − 成本

第一个公式用于拆解企业是如何取得收入的，第二个公式用于判断企业是否盈利。

相应地，我们可以将企业的商业模式简单地表述为通过销售商品或服务取得收入，并通过控制成本获得正的利润，使企业得以持续运转。

具体到电商企业，无论是第一章所讲的商家还是平台，都适用这两个公式，只不过两者销售的内容和对象有所差别，这也导致了两者不同的商业模式。另一方面，作为最终买单的消费者，关心的三大要素永远是产品、价格和服务，那么电商企业在什么价位下提供怎样的产品，配套怎样的服务，又决定了其商业模式是否成立。

第一节 电子商务的运营模式

一、企业对消费者的电子商务

随着全球上网人数的不断增多，国际互联网的使用者已经成为企业进行电子商务活动的主要对象。企业对消费者（Business – to – Consumer，B2C）的电子商务是指企业与消费者之间进行的电子商务活动。这类电子商务主要是借助于互联网所开展的在线式销售活动，类似于联机服务中进行的商品买卖，是利用计算机网络使消费者直接参与经济活动的高级形式。例如，在国际互联网上目前已出现许多大型超级市场，所出售的产品一应俱全，从食品、饮料到电脑、汽车等，几乎包括了所有的消费品。

企业对消费者电子商务模式的基本运营过程如图2-1所示。

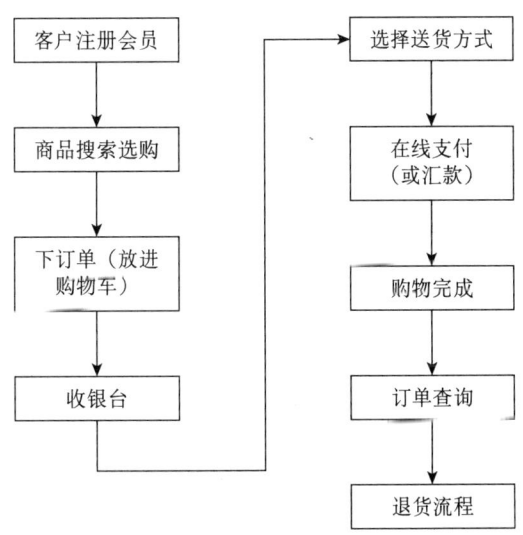

图2-1 企业对消费者电子商务模式业务流程

> **✓ 思政小贴士**
>
> 　　近年来,我国电子商务发展迅猛,不仅创造了新的消费需求,引发了新的投资热潮,开辟了就业增收新渠道,为大众创业、万众创新提供了新空间,而且电子商务正加速与制造业融合,推动服务业转型升级,催生新兴业态,成为提供公共产品、公共服务的新力量,成为经济发展新的原动力。与此同时,电子商务发展面临管理方式不适应、诚信体系不健全、市场秩序不规范等问题,亟需采取措施予以解决。当前,我国已进入全面建成小康社会的决定性阶段,为减少束缚电子商务发展的机制体制障碍,进一步发挥电子商务在培育经济新动力,打造"双引擎"、实现"双目标"等方面的重要作用,于2015年5月7日发布了《国务院关于大力发展电子商务　加快培育经济新动力的意见(国发〔2015〕24号)》。

　　开展企业对消费者的电子商务,障碍少,潜力大。就目前发展来看,这类电子商务仍将持续发展,是推动其他类型电子商务活动的主要动力之一,其具有以下特点:

(一) 企业从商品中介变成商品信息中介

　　B2C电子商务要生存和发展,除了要利用传统的品牌、营销渠道、支付环节和配送体系外,更重要的是要充分发挥网络的信息媒体优势。

(二) 商品交易场所变为商品配送中心

　　传统的零售企业以商品交易为核心,是一个商品集中交易的场所,其储运系统处于从属的地位。而对于采用B2C电子商务模式的企业来说,销售环节会相对弱化,而仓储运输环节则得以强化。随着网上直销的B2C模式的应用越来越普及,对现代化的大型商品配送中心的需求也就成为发展的必然。

(三) 商品管理变为用户管理

　　传统零售企业是以商品的组织、服务和销售为核心,围绕商品管理,提供大众化的服务。而网上零售企业的个性化服务是与用户管理紧密相关的,企业将以用户为核心,针对每个用户的需求,提供相应的产品和服务。

　　此外,由于B2C电子商务实现了供需双方直接见面,而且信息量大,费用低,迅速快捷,且吸引公众和媒体的注意力,因此是最富有创造力的领域之一,也是竞争最为激烈的领域之一。

(四) 提供大众化服务变为提供个性化服务

　　传统零售企业提供的是面向广大消费者的大众化服务,任何顾客的特殊需求都必须服从于企业所能提供的有限商品与服务，零售企业收集市场信息并反馈给生产厂商的过程较长，信息容易失真，难以满足顾客的个性化需求。而 B2C 电子商务则利用 Web 提供的在线表单或电子邮件自动回复、转发系统，能对每位顾客的需求做出及时响应，同时将订单传输至生产厂商，厂商按订单生产，不仅大大缩短了供货时间，同时也满足顾客的各种特殊需求，实现个性化服务。

二、企业对企业的电子商务

企业对企业（Business-to-Business，B2B）的电子商务是指企业与企业之间进行的电子商务活动。B2B 模式进行交易的双方都是企业，买卖双方通过互联网访问电子商务平台，进行网上交易的过程，典型企业有阿里巴巴、中国制造网、慧聪网等。

（一）具体内容

1. 供应商管理

电子商务减少了中间环节，生产者与消费者可以进行直接的对话与交易，减少订货成本及周转时间，用更少的人在更短的时间内完成更多的订货工作。

2. 销售管理

有了电子商务，企业可以通过网络发布产品信息，介绍产品情况比如质量、价格、服务。消费者非常方便地了解到第一手资料，可以根据需要下订单，企业再根据订单安排生产，这样实现了小批量、多品种、低库存、即时制造和交货的理想模式。

3. 库存管理

库存管理在企业中非常重要，关系到企业的命脉，库存管理得好，企业就能快速发展，电子商务系统可以发挥它的优势，可以通过网络及时、准确地获得市场资料，对库存及时做出调整，控制好库存、方便管理。

4. 交易文档管理

安全及时地传递订单、发票等所有商务文档信息。支付管理是运用先进的电子技术通过数字流的方式传送信息，是以数字化的形式付款，具有使用方便、支付高效的特点。使用者需要拥有一台计算机，同时要能与互联网连接，这样便可以不出家门，完成交易的支付工作。传统模式可能要花费很长的时间，电子支付只要几分钟即可完成。

（二）特点

B2B 电子商务具有商务过程一体化的优点，不同规模的企业不仅可以通过互联网，还可以通过局域网或专用网络来完成电子商务交易。特别是以 Internet 为载体搭建虚拟交易市场，交易双方寻找交易伙伴、进行交易洽谈、签订交易合同等过程，无须面对面进行，均可通过计算机网络完成。除了具有高效率、低成本和安全透明等电子商务的一

般特点外，B2B 电子商务模式还具有其自身的显著特点。

1. 巨大的市场潜力

建立 B2B 网站的企业能够进入到依靠传统销售方法或广告无法进入的潜在市场。企业通过和重要的客户建立电子联系，使自己获取信息的成本降低；中小型企业的电子交易通过 B2B 模式在网络上的交易，可以在不增加额外费用的情况下吸引更多的客户。相较于多品种、小批量、直接面向消费者的 B2C 电子商务，B2B 电子商务大多为企业之间的中间产品的大批量交易，交易规模和潜力更大。

2. 集中配送和结算

B2B 电子商务下企业之间的大批量交易可以利用企业现有的配送网络或第三方物流实现大批量的集中配送。此外，随着社会信用体系的逐渐完善和电子结算的发展，企业间可以采用网上银行服务以及支票、转账、汇款、银行承兑等多种网下支付方式，能够较方便地进行交易结算。

3. 改善供应链管理

企业之间的 B2B 电子商务就是利用供应链技术，整合企业上、下游的产业，利用互联网，以中心制造厂商为核心，将产业上游（原材料和零配件供应商）、产业下游（经销商、物流运输商及产品服务商）以及往来银行结合为一体，构成一个面向最终顾客的、完整的电子商务供应链。完善的供应链的整合与管理，消除了整个供应链网络上不必要的运作和消耗，使供应方能自动预计需求，更好地了解客户，给他们提供个性化的产品和服务，使资源在供应链网络上合理流动来缩短交货周期，降低库存，并且通过提供自助交易等自助式服务来降低成本，提高交易的速度和精确性，降低企业的采购成本和物流成本，提高企业对市场和最终顾客需求的响应速度，进而增强企业产品的市场竞争力。

（三）运营过程及模式

从未来的发展看，企业对企业的电子商务将是电子商务的主流。企业之间的交易和企业之间的商业合作是商业活动的主要内容，企业目前面临的激烈竞争也需要电子商务来改善竞争条件，建立竞争优势。企业在寻求自身发展的同时，不得不逐渐改善电子商务的运用环境，从动态的角度看，企业对企业的电子商务必将有较大发展。企业对企业电子商务模式的基本运营过程如图 2-2 所示。

目前，企业对企业的电子商务模式主要有四种。

1. 在线商店模式

在线商店模式是指企业在网上开设虚拟商店，以此网址宣传和展示所经营的产品和服务，进而提供网上交易的便利。

2. 内联网模式

内联网模式是指企业将内联网络有限度地对商业伙伴开放，允许已有的或潜在的商

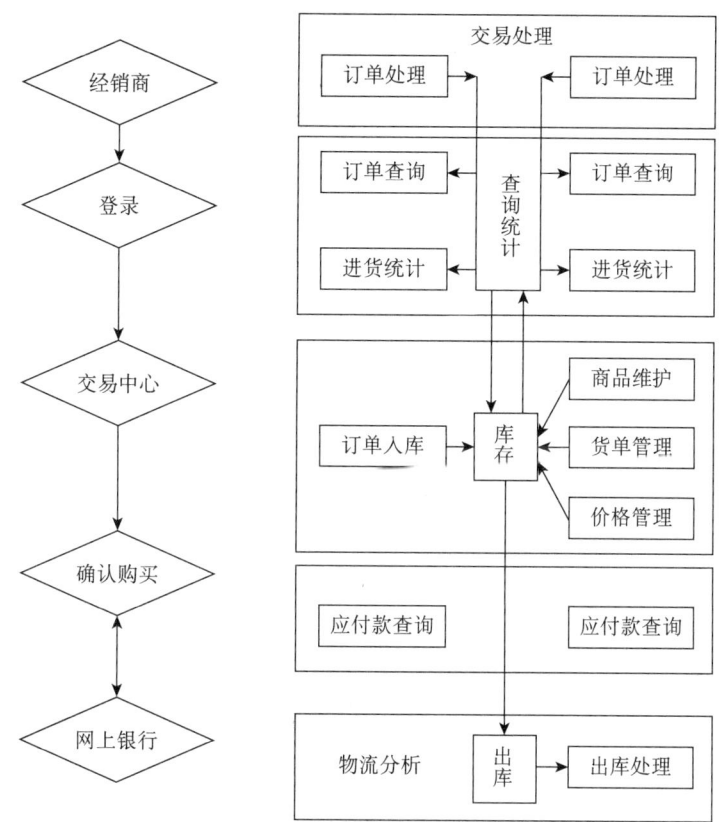

图2-2 企业对企业电子商务模式业务流程

业伙伴有条件地通过国际互联网进入自己的内部电脑网络,从而最大限度地实现商业信息传输和处理的自动化。安全问题是内联网模式首先要解决的问题。随着安全技术(如防火墙)的不断提高,企业将能够放心地让其贸易伙伴进入内联网,安全问题一般不会成为突出问题。

3. 中介模式

中介模式是指一家中介机构在网上将销售商或采购商汇集在一起,企业的采购代表从中介机构的网站上就可查询销售商或其销售的产品。多数中介机构通过向客户提供会员资格收取费用,也有中介机构向销售商收取月租费或按每笔交易收费。

4. 专业服务模式

专业服务模式是指网上机构通过标准化的网上服务为企业内部管理提供专业化的解决方案,使企业能够减少不必要的开支、降低运营成本或提高客户对企业的信任度。

三、消费者对消费者的电子商务

C2C(Consumer to Consumer,消费者—消费者)模式中,电子商务活动的主要参与者都是个体消费者。它主要是指网络服务提供商利用计算机、网络和通信技术,提供有偿或无偿使用的电子商务平台和交易程序，允许交易双方（主要为个人用户）在其平台上独立开展以竞价、议价为主的在线交易模式。其构成要素包括买卖双方，还包括电子交易平台供应商，也就是类似现实中的农贸市场、跳蚤市场场地的提供者和管理员。这种模式的产生以 1998 年"易趣"成立为标志，目前采用 C2C 模式的主要有易趣、淘宝、拍拍等公司。

（一）特点

1. 参与者多，覆盖面广

同传统的二手市场相比，它不再受到时间和空间的限制，节约了大量的市场沟通成本，其价值是显而易见的。C2C 电子商务是最能够体现互联网的精神和优势的，数量巨大、地域不同、时间不一的买方和同样规模的卖方通过一个平台找到合适的对家进行交易，在传统领域要实现这样大的工程几乎是不可想象的。

2. 产品种类和数量丰富

C2C 电子商务能够实现家庭或个人的消费物资的再调配。

3. 交易方式灵活

拍卖网站的出现，使得消费者具有决定产品价格的权利，并且通过消费者相互之间的竞价结果，让价格更有弹性。因此，通过网上竞拍这种灵活的交易方式，消费者可以获得更多的实惠。

（二）分类及流程

根据战略定位不同，C2C 拍卖网站主要分为普通消费品拍卖网站和特殊消费品拍卖网站两种。

普通消费品拍卖网站面向所有大众消费，且不限定拍卖品种类型。这种拍卖网站，成功的关键就是要吸引足够多的买家和卖家，形成足够多物品的拍卖市场，所以那些有大量访问者的网站就有条件进入这个领域。由于在这种模式下是买家和卖家的数量越多就越有效，所以新加入拍卖者都趋向于选择已有的拍卖网站，这就使得现行的拍卖网站比后来跟进的新拍卖网站天生更具价值，经济学家称此现象为锁定效应。

特殊消费品拍卖网站就是一些企业面向锁定效应给自己带来的不利影响，避免在普通消费品拍卖市场上与已有的强大对手竞争，而采取瞄准特殊目标细分市场的背景下产生的。比如专门的化妆品特卖、酒类特卖、零食特卖、服装特卖等。

网络拍卖系统流程如图 2-3。

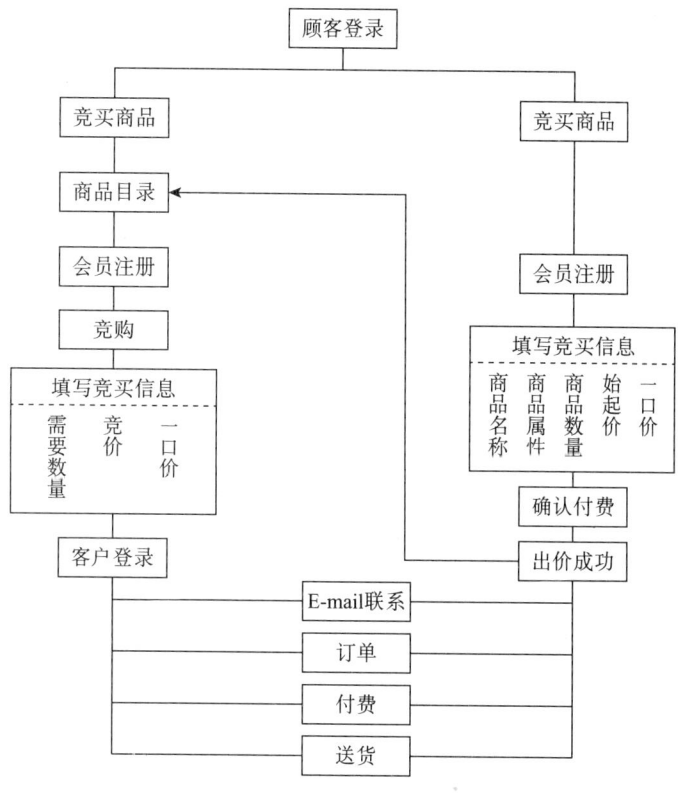

图 2-3 网络拍卖系统流程

第二节 电子商务的盈利模式

一、商家的盈利模式

（一）商家如何获得收入

商家的生意很好理解，就是在网上开了一家"店铺"，把商品或服务卖给消费者。这间店铺既可以是自己建的，也可以是从第三方（即平台）那里租的；卖的商品或服务，同样既可能是自产的，也可能是从上游批发的。让我们以服装电商为例加以说明。

假设你现在是一家服装公司的老板，打算做电商，是开天猫店，还是做 B2C 官网，取决于你的企业做的是什么类型的服装。为了简化分析，我们假设销售额公式中的转化率恒定，数值为 5%（即每 20 个潜在顾客带来一笔成交），公式变为：

销售额 = 流量 ×0.05× 客单价

那么我们的问题就简化为选取流量和客单价的组合，获得尽可能高的销售额。

1. 按流量选店址

传统零售有一句名言：位置、位置、位置（Location，Location，Location）。电子商务中的"位置"就是选择网店开在哪儿。如果是面向零售客户的成品服装，每季新品100款左右，那么直接在各大平台开店就行。依托第三方平台就好比到卖场租个柜面或在商业街开个专卖店，流量精准，成本可控；而打造B2C官网就好比在远郊区县买块地自建商场，每天还得组织班车从城里引客流，投入巨大，得不偿失。

但是，如果你的服装公司是专门做大企业的员工制服，单笔采购额较高，目标客户集中，那么在天猫、京东开店可能就不是理想选择：流量成本高、纯度低是一方面，而且这类通用电商平台也难以为采购方提供周到的定制化服务。这种情况下集成了客户关系管理系统（CRM，接下来的章节会进一步介绍）的B2C官网可能更适合，或者通过微信公众号集成CRM，既符合目前的潮流，也方便做全方位的企业形象展示。

如果你公司自己不生产服装，而是代理海外的休闲服品牌（类似早期的优衣库），那么拥有自家销售网站和在第三方平台开店可以兼顾，前者侧重熟客，后者主要用于吸引新买家。

无论是批发上游的产品还是销售自产的产品，商家可以看作是经营场所在线上的零售企业（有时候我们会将其称为"垂直电商"），先选择商品，谈好价格及各种条件，把商品采购进来，再通过其销售渠道提供给消费者。

2. 按价位定调性

在转化率一定的情况下，同一品类的商品可以被归为两种类型，第一种是小众高单价，另一种是大众低定价。浏览苹果公司的官网，目前在售的iPhone包括iPhone 8、iPhone 11、iPhone 11 pro三种，价位覆盖3000～10000元各档。其中，最便宜的64g的iPhone 8是2017年的产品，非全面屏，处理器、内存等硬件都已稍显过时。最高端的512g的iPhone 11 pro max，定价12999元，配备最先进的硬件，精准的屏幕色彩、无瑕的装配工艺，以及机身背后硕大的摄像头机组，无不彰显着旗舰款的身份。居于两者之间的，是中档价位的iPhone 11，相对iPhone 11 pro，前者在屏幕、镜头等方面都有缩水，甚至更厚的边框、"万年不变"的5v1A充电头等各个维度，都提醒着消费者两者间的差距。这就是不同价位的不同调性。数据显示，苹果公司以上三种iPhone的备货中，iPhone 11占比50%以上，显而易见的走量机。毕竟，在国产手机产品竞争力不断提升的局面下，愿意花1万元左右买iPhone 11 pro的消费者还是少数，引领销量的重任还是在iPhone 11上。

当然，价位与调性不仅体现在同一品牌不同产品中，还体现在不同的品牌上。刚才说的iPhone 8，纯从参数比较，可能它和小米或者VIVO的千元机（如Z5x）对比都不占优势，但苹果的品牌就是能支撑这其中的溢价。这也部分地解释了为什么小米公司要将红米品牌独立出来，因为红米的"性价比""走量机"的产品调性已经影响了小米向高端化发展的可能性。

（二）商家如何取得利润

销售额高，并不意味着利润就高。在企业可以自由选择的情况下，8000万元的年销售额，20%的利润率（即年利润额1600万元）和1亿元的年销售额，10%的利润率（即年利润额1000万元），相信绝大部分的企业会选择前者。"利润＝销售额－成本"这一公式告诉我们，在追求销售额提升的同时，电商企业还需要控制成本。

精确地核算财务成本是会计学的内容，超出了本书的范畴，也不是我们在此讨论的本意。为了便于理解，在举例说明之前，我们先给成本下一个较为宽泛的定义：成本即为了获取相应的销售额所付出的代价。

比如，某款极简风的衬衫因为某明星街拍而爆火，淘宝上某小卖家进了100件，进价200元/件，而某资金雄厚的卖家一次进了2000件，尺码齐全，且进价压到160元/件。显然，后者销售这款衬衫的直接成本比前者低。那么，即使大卖家为了宣传这批货投入了40000元的推广费（摊到每件上的费用为20元），它依然能以195元/件的单价（160元进价＋20元推广费＋15元的运营成本与利润）销售，这甚至低于小卖家的进价。

可以看到，在买卖式经营模式下，电商需要追求单位成本的最低化。这里的单位成本，就是指平均销售一件商品所需要的费用。从经济学的角度看，这就是所谓的规模效应。因此，在买卖模式下，电商可以看作是一个线上的零售公司，其最基本的任务，就是组织专业化的买卖、营销团队，运用专业能力和专业知识把货源更精准地组织起来，然后卖给消费者。

当然，除了通过每个单位销售成本的降低，给用户提供更高性价比的商品，并获得自己的利润，买卖模式下还需要考虑对商品的库存管理。上面的例子中，如果大卖家过高估计了市场需求，这款衬衫在仅销售几百件时就滞销，最后只好以5折清仓，那么每处理一件，亏损就近百元。因此，我们可以将商家的经营模式进一步总结为，在对商品从生产采购到最后消费者消费的整个环节中，争取效率的最大化。

在商家这种买卖模式下，挣的是商品买和卖之间的差价，电商必须承担商品的选品、采购、库存等相关风险。其经营的核心在于有一个强大的选品机制，从而提供对市场趋势、消费者购物偏好的前瞻性判断。只有选对商品，进价优惠，货源组织得当，库存周转顺畅，才能在买卖的差价之间，通过经营的能力和运作效率的提升赚取零售利润。因此该模式下，经营风险几乎全都与商品有关。我们通过凡客的案例进一步说明。

【案例 2-1】

"凡客诚品"的兴衰

"凡客诚品"创办于 2007 年,为服装类的垂直电商,以男装、女装、童装、鞋和配饰为主要品类。提起凡客,大家都会回忆起当年它的品牌代言人 80 后意见领袖韩寒、演艺明星王珞丹,而"爱网络、爱自由、爱晚期、爱夜间大排档、爱赛车;也爱 59 元的帆布鞋,我不是温暖旗手,不是谁的代言,我是韩寒,我只代表我自己。我和你一样,我是凡客"的广告文案更是风靡网络,号称"凡客体"。2009~2011 年是凡客的鼎盛期,每天中午大家去取凡客的服装快递包裹成了北京各高校门口的一景。

高速的发展也使得凡客创始人陈年雄心万丈,2010 年,他提出了 2011 年销售额达到 100 亿元的销售目标,相比前一年销售额翻了 5 倍。为了达到这一目标,凡客甚至开始倒推需要扩张多少品类、多少 SKU(库存量单位),需要有多少人去承担这样的业务量。按照一个人管七个人的原则,公司光副总就得几十位、总监两三百位,全体员工在 2011 年扩张到 1.3 万人。这种盲目扩张持续了没多久,很快,凡客就出现新产品的大量积压,到了 2013 年,整个公司难以为继。陈年回忆当时和小米创始人雷军一起参观凡客总部,他挫败地发现,产品占了几百个衣架间,却没有一件是拿得出手的。而雷军事后回忆说,他感觉不是站在一个品牌店,而是百货市场。

当然,不少人也看到了凡客这种垂直电商的天花板,在 2011 年接受采访时,刘强东是这样说的:

凡客非常成功,也可以说是电子商务方面,互联网造就的一个比较大的奇迹了。我个人比较担心陈年他目前这个品牌,还没有让消费者为此付出溢价,就是一个打着凡客的 T 恤 29 块钱,跟一个地摊货,甚至没有品牌(的衣服),你让消费者选择,大家可能都觉得无所谓。如果一个没有品牌的衣服 29 块钱,你打上凡客卖 39 块钱,那么这 10 块钱就是你的企业价值。他是做一个品牌企业,跟我完全不一样。我是做零售平台,我是迫不得已一辈子都要跟人打价格战的,京东存在一天必须要保证价格优势,才能给消费者创造价值,给消费者选择的理由。而它不是这样,它其实在做一个自有的品牌,像 LV 一样。大家就愿意花七八千块钱买一包,所有人都知道 LV 的包可能成本也就 500 块钱,但是无数的人愿意花七八千块钱买,这就是 LV 的品牌价值。凡客选择做自有品牌这条路,它也必须做到这一点,也许你要做一个平民快时尚,你没必要像 LV 一样为此付出 5000、8000 块钱的溢价,但是 50 块钱的溢价,消费者愿意付出才行,这样你的品牌才能持续地发展下去。如果你的品牌得不到溢价的话，你就没有获利的资格和理由。

全世界最优的品牌也没能占据一个市场的1%的份额，所以凡客和京东永远不可能成为竞争对手。也就是说凡客取得巨大的成功，成为中国的、甚至全世界第一的服装品牌，也只占中国人百分之一的市场份额。它是一个高度个性化的行业，当你办公室100个人有两个人穿凡客的话，第三个人不管你凡客多么好，他也不愿意买了。现在很多有钱人都不愿意拿LV包了，为什么？因为拿LV包的人太多了。所以服装服饰行业是一个追求高度个性化的行业，是品牌高度分散的行业，过去一百年前有成千上万的品牌，现在有成千上万的品牌，一百年后依然需要成千上万的品牌，它永远不可能全世界就三个品牌了。

垂直电商不会做得特别大，因为行业本身只有一点点，而老百姓衣食住行这种东西，又特别讲究个性化，我如果发现办公室都穿一样的衣服，我肯定就不买这件衣服了。所以说特别垂直的行业，都有很大的发展空间，但是都不可能做得特别大。

二、平台的盈利模式

所谓平台，即不直接参与商品的买卖，而只是提供一个买卖交易的环境。其商业模式，也由这种设定展开。

（一）电商平台的运作模式

从基本的运作模式来看，电商平台和我们传统意义上的农贸市场、百货商场并无本质区别——平台不参与商品的买卖，而只是提供商品买卖的地方。这种模式又称"线上商业地产"，以天猫、拼多多为典型代表，它们就是将商场搬到线上，搭建基础服务平台，负责营销和引流。相应地，各种商家入驻，向平台交付租金或佣金，为消费者提供商品或服务。

对于平台，"销售额＝流量×转化率×客单价"这个公式同样适用，反映出平台里的整体情况。其中，转化率和客单价可以看作不同商家的不同产品的汇总后取的平均值。我们重点关注流量这一指标。

如果我们把平台类比为线下的购物中心、大卖场，那么商家进驻就是租了个柜台。这和传统的超市不一样，后者是自己组织货源，先把食品、生鲜、家居日用品等采购下来，再通过其各个门店的陈列和促销活动销售给终端用户，而电商平台和线下的购物中心一样，不接触商品，只提供有限的商业服务，例如统一装修、统一收银、统一售后客服等。因而在平台模式下，不管是线上还是线下，靠的是能够聚集足够的流量——有了足够的人气，顾客都愿意来我这儿逛，商家一定愿意在我这儿卖东西。通过汇聚人气，把这个地方炒热,成为一块商业"旺地",进而收取交易佣金或者租金广告费,即上文所说的"线上商业房地产"。

因此,平台经营的核心,就是靠出售顾客流量挣钱。强势的电商平台能够把很多消费者汇到它这个平台上来,吸引后者在它这里购买消费。平台经营者则通过收取租金、销售扣点,或者类似网络平台收取广告费等方式实现其经营利润。以天猫为例,如果商家要入驻,需要三类支出:保证金、软件服务年费、实时划扣软件服务费。其中:

保证金根据类目和商标状态的不同,金额也是不同的(申请退出店铺后会退还),如食品类的店铺,开的是品牌旗舰店、专卖店的话,TM 商标保证金 10 万元,R 商标保证金 5 万元;专营店的话,带有 TM 商标的 15 万元,全部为 R 商标的 10 万元。

软件服务费年费,根据类目的不同分为 3 万元和 6 万元两种,若经营多个类目收取最高收费金额(类似租金)。

实时划扣软件服务费根据类目的不同,当订单交易完成后按某一比例自动划给平台(类似佣金)。

天猫的技术服务费年费和实时划扣技术服务费的收费示例见表 2-1。

表 2-1　天猫服饰类店铺的技术服务费年费和实时划扣技术服务费

天猫经营大类	一级类目	技术服务费费率	技术服务费年费(元)
服饰	服饰配件/皮带/帽子/围巾	5%	30000
	女装/女士精品	5%	60000
	男装	5%	60000
	女士内衣/男士内衣/家居服	5%	60000

可以看到,只要商家和消费者在平台上发生交易行为,平台就能获得收入。至于商家的经营效率好不好、流通成本高或低、商品是否出现积压,这些和平台经营方没有直接关系。比如,淘宝上的某卖家价格错标,高到离谱,淘宝作为平台方是不管的;京东上的某第三方商家今年主推其代理的某国外品牌手表,可根本卖不动,导致库存积压了,这与京东也是没有关系的;有赞上的某直营店卖的一批充电宝有质量问题,10 件有 8 件退货,这家店哪怕给有赞交了再多的"租金""佣金",也不能拉着有赞一起承担损失。

那么平台模式的追求是什么?平台模式追求的是用户产出的最大化。首先,平台要想办法吸引很多用户,例如 1000 万名用户;接下来,它就搞招商活动,让想做生意的商家过来开店;再来就是销售推广,线下的购物班车线上的优惠促销,来提高这 1000 万名用户的购买转化率、消费金额和消费频率(共同推高客单价)。

(二)商家入驻平台的形式

还是以天猫为例,在吸引商家入驻时,按其代理品牌是一个还是多个,分专营和专卖两种形式：

第一种是专营，是指同一天猫经营大类下，经营两个及以上品牌。相应的店铺叫"专营店"。

第二种是专卖，是指只经营一个品牌。其中，商家以其自有品牌入驻淘宝商城，所开设的店铺称为该品牌的"官方旗舰店"；以商标权人提供普通授权的品牌入驻天猫开设的店铺，叫"专卖店"。

比如，本书的出版机构中国财政经济出版社自身在天猫上开设有"中国财政经济出版社旗舰店"，店里的客服本身是出版社的员工，发书则是从出版社的北京仓库直发。但直销只是该出版社线上销售的一小部分，大部分还是靠分销。因此，其经销商（如"鼎甲图书有限公司"）在获得其授权的条件下，可以在其天猫店（如"鼎甲图书专营店"）上销售该出版社的教材，基本流程为：

经销商按预计需求批量采购—出版社根据报订信息发货至经销商指定的一个或多个库房—经销商在天猫店上架—成交后经销商从其某个库房发出（如收件地址是合肥，就从其南京仓发出）—经销商按账期回款给出版社。

不难看出，形如天猫这样的电商平台只是商家（既包括制造商直销，也包括经销商分销）交易的场所之一，商家除了可以选择线上或者线下交易（如上例中，出版社可以选择在各地新华书店销售同样的教材），还可以选择在不同的平台交易（如同时在天猫和京东销售）。

上文在描述天猫入驻规则时，有一点值得注意，就是卖商品需要品牌方授权。这就相当于品牌方有权决定产品在天猫上有多少家销售。这种管控机制背后的原因在于：当一款商品在一个销售平台有几个卖家相互竞争的时候，彼此还可能通过服务，通过优化供应链降低售价来争取更多的销售机会，但如果同样一款商品有几百个上千个卖家相互对垒，很难避免恶意竞争，包括以次充好、服务打折扣、过度宣传等。前者就是天猫试图达到的平衡，而后者就是淘宝模式的弊端。在电商从草创期向成熟期过渡时，天猫的平台规范性显然越来越符合当今国内日渐成熟的消费环境。

我们需要指出，平台和商家的区分并不是那么泾渭分明。典型的例子就是小米商城，它从一开始只售卖小米手机，逐渐发展到除了小米的自有产品，还销售小米投资的产业链企业的产品（如米家运动鞋）。从实质上说，它已经平台化了，但因为小米商城始终保持这种自有品牌特性，所以即使其年销售额曾一度进入国内 B2C 前 5 名，不少电商行业研究报告仍不将其列入平台的范畴。包括京东，一开始是以自营 3C 产品起家，现在已经完全平台化了，所以与其执着于平台和商家的区分，不如记住本章开头的两个通用公式：

销售额 = 流量 × 转化率 × 客单价

利润 = 销售额 − 成本

【案例 2-2】

淘宝的崛起

体验过网约车、移动电商等互联网公司"免费"或"返现"红利的消费者都很清楚,这就是一种平台推广策略。而这种策略可以说通过淘宝发扬光大的。淘宝刚推出的时候,免费是吸引商家的利器。当时,如果作为一个商家入驻淘宝,每成交一单是没有什么支出的,平台不收钱,就可以在让利于消费者的同时维持基本的销售利润。但随着淘宝打败 Ebay,一家独大,广告费、推广费、流量费、增值服务费等各类收费也就随之而来……

如果现在的商家坚持一分钱不交,那在淘宝做生意几乎寸步难行。这些年淘宝、天猫、京东几大平台面向第三方交易的收费比例持续上升,其基础在于平台在电商行业中的垄断性地位。平台形式繁多的收费,实质就是与商家重新划分从消费者那里获得的销售毛利。随着平台的强大,商家对平台的依附性越来越高,这种分配比例也不断向平台倾斜。

显然,平台提高的收益里,相当的比重是上文描述的重新切蛋糕,而不是和商家一起把蛋糕做大。这种并非建立在整体平台销售效率提升的重新分利,也让我们观察到两个后果,第一就是消费者利益受损,第二就是商家流失。

商家要保持盈利,又暂时难以换平台或没有能力自建 B2C 官网的话,那只能提高售价,相当于把平台收费转嫁给消费者。这时如果竞争商家愿意维持原来的定价,那么消费者自然被吸引走,即以微利或亏损的代价挤走竞争对手。但这种局面肯定不长久,存活下来的商家也因为有了某种"垄断性",而倾向提价。甚至有时还会出现商家以次充好或者卖假货(如将原装手机电池换成山寨的)等极端情况。最终,还是消费者买单。

一旦出现新的有竞争力的平台,且收费比现有平台低的话,那么商家也会逐渐撤离。这和传统商铺一个道理,租金高、配套服务劣化,店铺赚不到钱,那就换一个商场重新开张。这两年拼多多的强势崛起也和传统几大平台对商家的"盘剥"太甚不无关系。随着拼多多对于苹果、华为等强势数码产品的高额补贴,越来越多的消费者和商家正重新看待它,其平台整体客单价的提升正有条不紊地消解以往"山寨""低价低质"的标签。君不见,连"三只松鼠"这样淘宝起家的商家都发声明"未在拼多多开店",被迫站队的意味很明显。

三、主要运营模式的盈利模式

(一) B2B 模式的盈利模式

1. 广告费

网络广告是门户网站的主要盈利来源,同时也是 B2B 电子商务网站的主要收入来源。具体广告形式有以下几种:(1) banner(横幅)广告。位于网页横幅位置。表现形式为 flash、gif 等。收费标准自定。(2)擎天柱广告。位于网页侧边竖幅广告。表现形式为 flash、gif。收费标准自定。(3)富媒体广告。陶瓷网首页广告,播放时间为 3~5 秒,可以是"动画+声音"的组合。收费标准自定。(4)悬浮广告。页面浮动广告,随鼠标拖动而上下悬浮。表现形式为 flash、gif。收费标准自定。(5) button(按钮)广告。表现形式为 flash、gif 等。收费标准自定。

> **☑ 思政小贴士**
>
> 商务部数据显示,2019 年中国网民规模已超过 9 亿人,互联网普及率为 64.5%,全国电子商务交易额达 348100 亿元。中国拥有最大的电子商务市场。
>
> 随着互联网技术及数字经济的不断发展,当今互联网已进入内容为导向的内容电商时代及社交电商 3.0 时代。为了达到获得高流量、提高转化率、促进成交率的目的,电商平台充斥着各种良莠不齐的信息,部分信息内容低俗,甚至背离了社会主义主流价值观。在各大电商平台传递社会主义核心价值观、传承社会主义文化的责任刻不容缓。
>
> 文案是信息的传递者,将社会主义核心价值观、职业道德、工匠精神、经济效益、社会效益等思政元素融入专业课程成为亟需解决的问题。高职院校电子商务专业学生,作为电商文案的主要创作者,承担着传承社会主义主流价值观和网络文化的重要责任。而大学,是学生正确人生观、价值观、良好人格及职业道德素养的重要形成时期。因此,电子商务专业的学生不仅需掌握专业知识及专业技能,还必须具备正确的人生观、价值观,良好的人格及职业素养。

2. 会员费

企业通过第三方电子商务平台参与电子商务交易,必须注册为 B2B 网站的会员。每年要交纳一定的会员费,才能享受到网站提供的各种服务。目前,会员费已成为我国 B2B 网站最主要的收入来源。

3. 竞价排名

企业为了促进产品的销售,都希望在 B2B 网站的信息搜索中将自己的排名提前,

而网站在确保信息准确的基础上,根据会员交费的不同对排名顺序作相应的调整。例如,阿里巴巴的竞价排名是诚信通会员专享的搜索排名服务,当买家在阿里巴巴搜索供应信息时,竞价企业的信息将排在搜索结果的前三位,被买家第一时间找到。

4. 增值服务

B2B 网站通常除了为企业提供贸易供求信息以外,还会提供一些独特的增值服务,包括企业论证、独立域名、提供行业数据分析报告、搜索引擎优化等。像现货认证就是针对电子这个行业提供的一个特殊的增值服务,因为通常电子采购商比较重视库存这一块,另外针对电子型号做的谷歌排名推广服务,就是搜索引擎优化的一种。可以根据行业的特殊性去深挖客户的需求,然后提供具有针对性的增值服务。

5. 线下服务

主要包括展会、期刊、研讨会等。通过展会,供应商和采购商面对面地交流,一般的中小企业还是比较青睐这个方式的。期刊主要是关于行业资讯等信息,期刊里也可以植入广告。

6. 商务合作

商务合作包括广告联盟、政府、行业协会合作和传统媒体的合作等。广告联盟通常是网络广告联盟,亚马逊通过这个方式已经取得了不错的成效,但在我国,联盟营销还处于萌芽阶段,大部分网站对于联盟营销还比较陌生。国内做得比较成熟的几家广告联盟有百度联盟、谷歌联盟、淘宝联盟等。

7. 按询盘付费

按询盘付费模式是指从事国际贸易的企业按照海外推广带来的实际效果,也就是海外买家实际的有效询盘来付费。其中询盘是否有效,主动权在消费者手中,由消费者自行判断,来决定是否消费。按询盘付费有如下特点:零首付零风险、主动权、消费权;免费推、针对广;及时付、便利大。广大企业不用冒着"投入几万元、十几万元,一年都收不回成本"的风险,零投入就可享受免费全球推广。成功获得有效询盘,辨认询盘的真实性和有效性后,只需在线支付单条询盘价格,就可以获得与海外买家直接谈判成单的机会,主动权完全掌握在供应商手中。

(二) B2C 模式的盈利模式

1. 服务费

网上购物的消费者,除要按照商品价格付费外,还要向网上商店付一定的服务费。我国的 B2C 购物网站很少有收取服务费的。但也有一些网站通过接收客户在线订单收取交易中介费,如九州通医药网(www.jzteyao.com)等。

2. 会员费

大多数电子商务企业都把收取会员费作为主要的盈利模式。网络交易服务公司一般采用会员制，按不同的方式、服务的范围收取会员的会费。

3. 靠销量换取利润

网上销售商提供低价格的商品或服务，为的是扩大销量，提高企业形象，就是人们常说的"价低靠走量"的盈利方式。

4. 销售衍生产品

企业通过网络平台销售自己生产的产品或加盟厂商的产品。商品制造企业主要是通过这种模式扩大销售，从而获取最大的利润，如海尔电子商务网站。也有的企业销售与本行业相关的产品。

5. 特许加盟费

运用该模式，一方面可以迅速扩大规模，另一方面可以收取一定的加盟费，如当当网等。

6. 信息发布费

商家通过所提供的网络平台发布供求信息等以收取费用。例如，中国药网 www.chidapharm.com.cn）可为用户提供信息查询、新闻浏览、信息发布等多种信息服务。

7. 广告费

目前，广告几乎是所有提供 B2C 电子商务平台的企业获取收益的盈利来源。这种模式成功与否的关键是其网页能否吸引大量的广告，能否吸引广大的消费者注意。

（三）C2C 模式的盈利模式

1. 广告费

企业将网站上有价值的位置用于放置各类广告，根据网站流量和网站人群精度标定广告位价格，然后再通过各种形式向客户出售。如果 C2C 网站具有足够大的访问量和用户黏度，广告业务会非常大。但是 C2C 网站出于对用户体验的考虑，均没有完全开发此业务，只有个别广告位不定期开放。

2. 会员费

会员费也就是会员制度服务收费，是指 C2C 网站为会员提供网上店铺出租、公司认证、商品信息推荐等多种服务组合而收取的费用。由于提供的多种服务的有效组合，比较能适应会员的需求，因此这种模式的收费比较稳定。费用第一年缴纳，第二年到期需要客户续费，续费后再进行下一年的服务，不续费的会员将恢复为免费会员，不再享受多种服务。

3. 交易提成

交易提成不论什么时候都是 C2C 网站的主要利润来源，因为 C2C 网站是一个交易平台，它为交易双方提供机会，就相当于现实生活中的交易所、大卖场，从交易中收取提成是其市场本性的体现。

4. 搜索排名竞价

C2C 网站商品的丰富性决定了购买者搜索行为的频繁性。搜索的大量应用就决定了商品信息在搜索结果中排名的重要性，由此便引出了根据搜索关键字竞价的业务。用户可以为某关键字提出自己认为合适的价格，最终由出价高者竞得，在有效时间内该用户的商品可获得竞得的排位。只有卖家认识到竞价为他们带来的潜在收益才愿意花钱使用。

5. 支付环节收费

支付问题一向是制约电子商务发展的瓶颈，直到阿里巴巴推出了支付宝才在一定程度上促进了网上在线支付业务的开展。买家可以先把预付款通过网上银行转账到支付公司的个人专用账户，待收到卖家发出的货物后，再通知支付公司把货款转入卖家账户。这样买家不用担心收不到货还要付款，卖家也不用担心发了货而收不到款，而支付公司就按成交额的一定比例收取手续费。

第三节　电子商务的建站模式

目前企业的电子商务网站模式根据所采用的技术不同，可分为基于 ERP 的内联网电子商务网站模式、基于 EDI 的外联网电子商务网站模式、基于 Web 的互联网电子商务网站模式三种。

一、基于 ERP 的内联网电子商务网站模式

企业资源计划系统（Enterprise Resources Planning，ERP）是指建立在信息技术应用基础上，结合系统化的管理思想为企业决策层及员工提供决策手段的管理平台。其整合了企业管理理念、业务流程、基础数据、人力物力、计算机硬件和软件，集信息技术与先进的管理思想于一身，反映时代对企业合理调配资源，最大化地创造社会财富的要求，成为企业在信息时代生存发展的基石。

基于 ERP 的内联网电子商务网站模式主要是基于增值网络和内联网（Intranet）而实现的商务活动。与服务器上的共享文件夹类似，企业内联网能让企业和其合伙人在一个中心单元上存储文件、发布内容或信息，以便大家都能够查找、浏览或修改。除此之外，企业内联网还具备快速搜索大量文档并找到信息的能力，以及从一个资源到相关资源的超链接的能力等。

二、基于 EDI 的外联网电子商务网站模式

电子数据交换（Electronic Data Interchange，EDI）是应用较广的企业间电子商务形

式，它从开始的专用封闭式，发展成为开放的标准协议，EDI 的传输也从过去专用的增值网络向开放的互联网络转移。为规范和统一格式，国际互联网络的标准（RFC1767）将 MINE 格式定义为传输 EDI 报文格式。

EDI 的技术比较成熟，使用成本也非常低廉，系统安装和使用比较简单，因此 EDI 的使用是最广泛的，它不但可以进行企业间电子商务的交易，还可以与政府机关进行数据传输，如海关报关、政府采购和招标等。但是，通过 EDI 传输的数据有限，对于交易前进行大量信息查询、提供交易后的结算以及提供网上售后服务则难以胜任。因此，EDI 一般主要用于交易过程中商务函件的传输，数据量不能很大。

基于 EDI 的外联网电子商务网站模式主要是基于外联网（Extranet）而实现的商务活动，它将国际互联网的组网技术应用到企业间网际互联，克服过去专用增值网络的专用性和复杂性的缺点，采用标准化的协议和通用软件实现企业间的互联，同时它还通过防火墙（Firewall）隔断外联网与其他无业务往来单位的信息交换。一般在外联网中，允许网内访问外部的互联网信息，但不允许非法和身份不明的访问者进入网络，因此这种模式是一种半封闭的企业间电子商务网站模式。企业进行外联网连接，由于是近似封闭式的，网内信息之间传输比较安全。同时，由于联网的企业是业务合作单位和合作伙伴，因此他们能通过联网实现信息共享和共同发展的目的。

三、基于 Web 的互联网电子商务模式

基于 Web 的互联网电子商务网站模式主要是通过建设 WWW 网站，互联网络访问者在站点规定权限内，通过标准化的、支持超文本多媒体的浏览器访问企业站点。访问是交互式，用户方面可以从网站获取需要的信息，另一方面可以直接发送信息（如订单、要求）给网站。由于该模式有标准的软件支持平台，对使用者要求非常低，但对企业提出了很高要求，企业建设的网站必须有丰富产品信息和提供相关支持服务，所以要建设一个功能比较完善的支持电子商务的企业网站需要投入很大费用。目前，基于 Web 的企业间电子商务模式有联机商店型、专业服务型、混合型和中介型等。

1. 联机商店型

这种方式是一些大型企业经常采用的，因为这种方式投入比较大，但企业节约的成本和扩大的销售收入也是非常可观的。

2. 专业服务型

由于服务已经成为国际贸易和商务活动中的重要组成部分，加之许多企业对服务要求越来越高，要求服务及时，因此服务成本上升非常快。专业服务型电子商务网站就是为满足这种需要建设的。这种网站的建设费用比较高，而且技术支持和运转费用也比较高，但比传统依赖人工方式实现服务的成本要低得多。

3. 混合型

许多企业在提供产品同时还要涉及服务，因此上面两种类型的商务网站经常是融合

在一起的,即在提供产品网上销售同时,还提供技术支持和售后服务。

4. 中介型

对于许多小型企业,无法单独承担昂贵的网络建设和维护费用。要想利用互联网络进行企业间电子商务活动,这些小型企业可以借助一些提供中介服务的电子商务站点实现企业间商务活动。这类中介的站点一般是将相关的供应商和采购商汇集在一起,客户只需要向站点交纳一定的费用即可进行电子商务活动。

以上几种不同企业间电子商务网站模式,共同之处是通过网络实现企业间的交易,实现企业间信息流、资金流和物资流的高效率畅通和自动化进行,只是不同模式对信息流、资金流和物资流支持的方式和程度不同。

案例思考

当当网的发展

从1999年11月当当网（www.dangdang.com）正式开通至今,当当已从早期的网上卖书拓展到网上卖各品类百货,包括图书音像、美妆、家居、母婴、服装和3C数码等几十个大类,其中在库图书、音像商品超过80万种,百货50余万种;目前当当网的注册用户遍及全国32个省、市、自治区和直辖市,每天有450万独立UV,每天要发出20多万个包裹;物流方面,当当在全国11个城市设有21个仓库,共37万多平方米,并在21个城市提供当日达服务,在158个城市提供次日达服务,在11个城市提供夜间递服务。

除图书以外,母婴、美妆、服装、家居家纺是当当着力发展的四大目标品类,其中当当婴童已经是中国领先线上商店,美妆则是中国排名前五的线上店。当当还在大力发展自有品牌当当优品。在业态从网上百货商场拓展到网上购物中心的同时,当当也在大力开放平台,目前当当平台商店数量已超过1.4万家,2012年Q3新增2000家入驻商家,同时当当还积极地走出去,在腾讯、天猫等平台开设旗舰店。

在当当网,消费者无论是购物还是查询,都不受时间和地域的任何限制。在消费者享受"鼠标轻轻一点,精品尽在眼前"的背后,是当当网耗时11年修建的"水泥支持"——庞大的物流体系,位于六个城市的十大物流中心,全国库房面积达到18万平方米,成为国内库房面积最大的电子商务企业,提供货到付款服务的城市超过750个,并为联营商户开通COD服务。

当当网也推动了银行网上支付服务、邮政、速递等服务行业的迅速发展。以图书为例,在为消费者服务的同时,当当网还帮助出版社提高了单本书的销量、并有效地延长了出版物的寿命。当当网不受上架周期和顾客地域性偏好的限制,为出版社尤其是专业、学术出版社提供了窗口支持和读者,使知识的传播变得更加有效。

(资料来源:http://t.dangdang.com/companyInfo)

问题: 结合案例以及你自身对当当网的了解,你认为当当网的运营模式和盈利模式是什么?

第三章 电子商务技术基础

✦ 项目导航

- 了解计算机网络技术的发展与应用
- 重点掌握电子商务中 Internet、Web、EDI、数据库的应用
- 思考：如何在电子商务中充分利用各项技术

✦ 课程思政

通过案例分享，让学生了解网络强国政策，强调学生信息化素养的重要性，增强学生的文化自信。

思政导入

从大到强，网络强国战略落地生根

中国已经成为互联网大国，网络规模、网民数量、智能手机用户以及利用智能手机上网的人数等都处于世界第一位。同时，中国国内域名数量、境内网站数量以及互联网企业等也处于世界前列。

与网络强国相比，中国还有较大差距。其突出表现是：中国在全球信息化排名中处于 70 名之后；作为网络强国重要标志的宽带基础设施建设明显滞后，人均宽带与国际先进水平差距较大；关键技术受制于人，自主创新能力不强，网络安全面临严峻挑战。另外，中国城乡和区域之间"数字鸿沟"问题突出，以信息化驱动新型工业化、新型城镇化、农业现代化和国家治理现代化的任务十分繁重。

2014 年 2 月 27 日，习近平总书记在中央网络安全和信息化领导小组第一次会议上强调，网络安全和信息化是事关国家安全和国家发展、事关广大人民群众工作生活的重大战略问题，要从国际国内大势出发，总体布局，统筹各方，创新发展，努力把我国建设成为网络强国。

2015 年 10 月，党的十八届五中全会通过的"十三五"规划，明确提出实施网络强

国战略以及与之密切相关的"互联网+"行动计划。网络强国战略涵盖了网络基础设施建设、信息通信业新的发展和网络信息安全的方方面面。自此，信息化建设驶上了快车道，并逐步与各领域深度融合。

2018年3月，中央网络安全和信息化领导小组改名为中央网络安全和信息化委员会。2018年4月，在全国网络安全和信息化工作会议上，习近平总书记深入阐述了网络强国战略思想。网络强国战略思想，是习近平新时代中国特色社会主义思想的重要组成部分，是做好网信工作的根本遵循。

【案例思考】"网络强国"，你了解多少？

【案例启示】
网络强国战略包括网络基础设施建设、信息通信业新的发展和网络信息安全三个方面。

1. 背景信息

从全球范围看，信息化、网络化对经济、政治、文化、社会等各领域的渗透趋势越来越明显，成为推动经济社会转型、实现可持续发展、提升国家综合竞争力的强大动力。从实践层面看，信息化、网络化的巨大作用越来越凸显：在经济领域，促进传统产业转型，不断催生新的经济形态；在政治领域，改变传统政治生态，促进民主法治发展；在文化领域，推动文化的内容、形式和传播方式发生巨大变革；在社会领域，促进社会结构变革，深刻改变社会成员的生活方式；在军事领域，信息化、网络化背景下的军事斗争能力成为国防实力的关键要素；在科技领域，现代信息技术、网络技术水平成为国家科学技术进步的重要标志。可以说，只有掌握先进的信息技术、网络技术，才能抢占经济社会和科技发展先机。

2. 实现途径

加强顶层设计和组织领导。制定和实施网络强国战略，要站在世界互联网发展的前沿，把握互联网未来发展趋势，紧密结合中国实际，对指导思想、战略目标、重点领域应用推进策略以及保障条件等做出明确规定，以此统一思想和行动。党的十八大后设立的以习近平同志为组长的中央网络安全和信息化领导小组，为实施网络强国战略提供了强有力的组织保障。

加大与网络强国相适应的基础设施建设。党的十八届五中全会通过的《中共中央关于制定国民经济和社会发展第十三个五年规划的建议》，把加快构建高速、移动、安全、泛在的新一代信息基础设施作为拓展基础设施建设空间的重要内容；中央已经全面部署实施"宽带中国"战略，提出加快网络、通信基础设施建设和升级，全面推进三网融合。

大力推动以"互联网+"行动计划为代表的互联网应用。实施"互联网+"行动计划。

推进网络关键技术设备自主创新和国产化。应着力实现关键技术自主可控，为维护国家安全、网络安全提供技术保障。中国信息化需求巨大，但在一些关键技术领域如操作系统、芯片技术、CPU 技术等方面，还难以做到自主可控，对国家安全和网络安全造成威胁。在实施网络强国战略中，应采取有力措施，补齐这个短板，从根本上改变关键技术受制于人的局面。

加强与网络强国相适应的软硬件建设。在实施网络强国战略中，关键信息技术自主可控、互联网基础设施建设、互联网广泛应用、发展壮大互联网产业、国家互联网治理能力提升、相关体制机制变革、法治的完善以及高端人才培养等方面都需要从整体上做出谋划，以切实推进这一重大战略的实施。

网络强国战略的实施是一个长期而艰巨的过程。在网络强国建设中，必须抓住核心技术这一关键领域和网信军民融合这一重点领域，先"啃硬骨头""打好持久战、歼灭战"，率先打破制约中国网信事业发展的关键瓶颈，以重点突破鼓舞士气，提振信心，带动网信事业建设全面发展。

3. 实施意义

加快实施网络强国战略，直接关系到中国综合国际竞争力的提升。信息化、网络化是当今世界最显著的特征之一。信息化、网络化在发达国家引领再工业化，在发展中国家则带动城镇化、市场化和农业现代化。建设网络强国已成为提升一国综合国际竞争力的必由之路。这是当今世界各国都竞相发展和普及互联网、注重网络强国建设的内在动因。

加快实施网络强国战略，有助于中国经济技术发展转型。经过 40 多年的改革开放，中国经济由高速增长进入中高速增长的新常态。与此同时，中国经济技术发展面临三个历史性拐点：一是由数量规模型向质量效益型转变，二是由引进消化型向开放融通型转变，三是由学习模仿型向自主创新型转变。能否顺利实现经济技术发展转型，不仅关系到稳增长、调结构、促改革、惠民生、防风险政策措施的贯彻落实，关系到适应和引领经济发展新常态的大局，而且直接影响"两个一百年"奋斗目标的实现。加快实施网络强国战略，可为经济技术发展转型提供强大动力。

依托于互联网而生的电子商务技术是时代的产物。之所以这么说是因为，据统计，在 20 世纪 60 年代，平均每做成一笔生意需要使用 30 份纸质单证，而全世界每年做成的生意有上亿笔，这样，每年所有的贸易活动就会产生数以十亿份的纸质文件。20 世纪 60 年代末 70 年代初，贸易活动中为了节约纸张、提高效率，产生了电子数据交换（Electronic Data Interchange，EDI）。在当时，用纸质订单订货平均每笔业务需要 55 美元，而用电子数据技术订货平均每笔业务只需 27 美元。20 世纪 90 年代以来，电子数据交换在美国、英国、日本、新加坡等国的贸易活动中得到了快速发展，涉及化工、电子、汽车、零售业和银行等行业。

＊电子数据交换将在本章第四节详细介绍。

第一节 计算机网络技术基础

一、计算机网络技术的产生和发展

1946年世界上第一台计算机（ENIAC）的研制成功及其迅速地普及与发展，使人类开始走向信息时代。计算机网络的发展动力与其他科学技术一样，可以归结为需求牵引、技术驱动、市场竞争与经济保障。下面我们以此为线索，简要学习一下计算机网络由简单到复杂逐步发展的历程。回顾计算机网络的发展历史，通常把计算机网络的发展归纳为4个阶段。

（1）面向终端的计算机通信网络；

（2）以共享资源为目标的计算机网络；

（3）开放式标准化网络；

（4）互联网。

早期的计算机价格昂贵，数量很少。一台计算机只能供一个人使用，而且每次上机用户都必须进入计算机机房，在计算机的控制台上进行操作。这种方式不能充分利用计算机资源，而且用户使用起来也极为不便。后来，随着计算机软、硬件的发展，出现了高速大容量存储器系统，开发了多道程序和分时操作系统，使计算机能够同时处理多个应用进程，并允许多个用户通过终端同时访问一台计算机。但是，由于此时的终端是直接通过异步串行口与计算机相连，因此要使用计算机仍然需要到计算机机房的终端上去操作。为了实现计算机的远程操作，以提高对计算机这个昂贵资源的利用率，科学家们利用通信手段，将终端和计算机进行远程连接，使用户在自己的办公室通过终端就可以远程使用计算机，并实现以共享资源为目标的计算机网络。也就进入了计算机网络发展的第二个阶段。

20世纪60年代后期，美国国防部高级研究计划局ARPA（Advanced Research Project Agency，后称为DARPA——Defense Advanced Research Project Agency）提供经费资助，由美国一些大学和公司合作，共同研究开发了这种新型的计算机网络。经过专家们的调查研究，决定建设一个多节点的分组交换网络，由通信子网和主机组成。并于1969年12月建成一个具有4个节点（UCLA、UCSB、SRI和犹他大学）的实验性网络，并投入运行和使用，这就是著名的ARPANET。以满足多台计算机之间的资源互换及分享。但由于第二代计算机网络没有统一体系结构及标准,各个厂家生产的计算机产品和网络产品无论从技术还是从结构上都有很大的差异,从而造成不同厂家生产的计算机及网络产品很难实现互连。这种局面严重阻碍了计算机网络的发展,也给广大用户带来极大的不便。因此,建立开放式的网络,实现网络标准化,已成为历史发展的必然,1977年,国际标准化组织(ISO,International Standards Organization)为适应网络标准化的发展趋势,专门在计算机与信息处理标准化技术委员会(Technical Committee,TC97)下,成立了一个新的分委员会(Sub-Committee,SC16)。该委员会在研究分析已有的网络结构基础上,致力于研究开发一种"开放式系统互连"的网络结构标准。ISO于1984年公布了"开放系统互连参考模型"的正式文件,即著名的国际标准ISO7498,通常称它为开放系统互连参考模型(OSI/RM)。OSI/RM已被国际社会广泛认可,成为一个计算机网络体系结构的标准。国际标准化组织和网络产品的生产厂家都按照OSI/RM划分的层次结构开发国际标准,并按照国际标准生产网络设备,开发网络应用软件。OSI/RM极大地推动了网络标准化的进程。从此,计算机网络进入了标准化网络阶段。网络的标准化又促进了计算机网络的迅速发展,因此标准化网络也是计算机发展的重要阶段,有人把这个阶段的网络称为第三代网络。为了扩大网络规模以实现更大范围的资源共享,国际互联网Internet应运而生。计算机网络的发展和网络应用的普及与深入,促进了Internet的发展。

自Internet诞生以来,就呈爆炸式的发展。而Internet上提供的丰富资源及各种信息服务又深深地吸引着人们,各个国家接入Internet的热情高涨,纷纷将自己的园区网与Internet相连。于是,接入Internet的计算机越来越多,规模越来越大,所覆盖的地理区域也越来越广。可以说Internet是全球规模最大、覆盖面积最广的计算机网络。互联网的诞生极大地促进了计算机网络的发展,是计算机网络发展的强大推动力。事实证明,自进入互联网阶段以来,网络的发展更为迅速,新的网络技术不断涌现。因此,互联网也是网络发展的重要阶段。

二、电子商务中的计算机网络技术

目前,电子商务活动可以分为两类:一类是企业与企业之间的交易,例如下订单、付款等;另一类是企业与个人消费者之间的交易,例如在线购物。无论哪种类型的电子商务活动,都会对企业的竞争力产生不可忽视的影响。

这些影响主要体现在以下3个方面:

(一)电子商务改变了企业的竞争方式

以Internet为基础的电子商务正在改变公司和部门的内部结构。电子商务缩短了生产厂商与最终用户之间供应链上的距离,同时改变了传统市场的结构,减少了交易成本。Internet 通过降低通信成本来影响公司的纵向组织结构。公司为了提高效率，必须要适应这种变化并采取新的结构重组。电子商务不仅给消费者和企业提供了更多的选择消费与开拓销售市场的机会，而且也提供了更加密切的信息交流场所，从而提高企业把握市场和消费者了解市场的能力。电子商务促进了企业开发新产品和提供新型服务的能力。电子商务使企业可以迅速了解到消费者的偏好和购买习惯，同时可以将消费者的需求反映到决策层，从而促进了企业针对消费者需求而进行的研究与开发活动。电子商务扩大了企业的竞争领域，使企业从常规的广告竞争、促销手段、产品设计与包装等领域的竞争扩大到无形的虚拟竞争空间。电子商务可以大幅度地提高企业的市场竞争力。

（二）电子商务改变了企业的竞争格局

对于企业来说，电子商务最显著的作用在于改变了交易成本。那些年交易成本特别大、批发数量多或用户多的企业发展电子商务，比年交易数量少、批量小的企业更容易获得收益。例如在传统的销售渠道中，大书商与小书商之间的竞争差别很大。电子商务使大书商与小书商之间规模差距的竞争变得微不足道。美国亚马逊公司在网上开了一家大型书店，提供 250 万册图书供在线购买。只有两个人管理的网上书店提供的书目和服务，几乎可以与 200 人管理的传统书店提供的书目和服务一样，使小公司与大公司在较为公平的基础上展开竞争；电子商务改变了以往的市场准入条件，使中小厂商从原先主要被大厂商占有或几乎垄断的市场中获得更多的利润。电子商务便于新的竞争者进入市场竞争，这对于中小厂商来说尤其有利。

> **☑ 思政小贴士**
>
> TikTok 新的解决方案奇迹般地峰回路转，TikTok 在日前发表声明说，其母公司字节跳动与美国甲骨文和沃尔玛两家公司达成原则性共识，三方将据此尽快达成符合中美两国规定的合作协议。TikTok 牵动着众多的国际高科技商业巨头，这家大众喜爱尤其是各国年轻人痴迷的互联网平台所拥有的商业价值，让国际商业巨头们绞尽脑汁为它提出形形色色的解决方案。
>
> TikTok 母公司字节跳动能够在中国市场的土壤中快速成长起来，并不是碰巧和偶然的。它证明了任何高新技术要相对人类有价值、有意义就必须跨越一切的阻力与壁垒去寻求最广泛的人类需求，去开辟最大规模的全球消费市场。创新永远都是人类的稀缺品，国际资本紧追 TikTok 不放就在于此。

（三）电子商务改变了企业形象的展示模式

电子商务为公司或企业提供了一种可以全面展示其产品和服务品种数量的虚拟空

间，起到了提高企业知名度和商业信誉的作用。1995年后，不少著名的跨国公司将主要精力放在通过新兴媒体提高企业形象、宣传企业品牌上。电子商务使企业在网络上的长期广告成本低于其他媒体。随着电子商务活动范围的扩大，电子商务的广告效应将不断增强。电子商务是将Internet技术与传统企业的业务结合起来的产物。它的发展关系到企业的运作方式，它可以提高企业的经济效益，增强企业的竞争力。自1997年以来，很多公司在自己的Internet上建立了自己的Web站点，将客户关心的信息放在网上，以便客户可以方便地查询这些信息。Internet的应用很容易使小公司变大，使本地公司国际化。今后公司的发展靠的不仅仅是场地、资金，更重要的是先进技术、高质量的产品、一流的管理与现代信息技术。

淘宝网的出现，很好地诠释了计算机技术在互联网中的应用。淘宝自成立以来就一直坚持免费的政策。这项政策降低了中国网民、网友、网商之间进行个人交易的门槛，是保护网上交易双方利益的措施，也是体现公平竞争规则的现实选择。免费政策的推行吸引了大批原本担任源头供应商的商家入驻，缩短了原本较复杂的交易链条，使得买家能够以较低的价格购买商品，多人多次的"零售"构成了一次"批发"。降低交易成本的现象改变了淘宝网同业竞争格局，大厂商凭借低价批发商品获得利润并占领市场份额的日子一去不复返，每块饼都被小而密的"微商"（微型厂商）瓜分殆尽，呈现百花齐放的局面。失去一家或几家独大的局面后，只能各自发力。或者通过在媒体上，或推送中投放广告加大市场宣传；或者降低价格，实现薄利多销，或者稳抓产品质量，保证忠实客户。但无论采用什么方法来保持住市场份额，无疑都在证明电子商务领域没有一直的赢家。

既然商家可以通过网络推销商品、寻求合作、洽谈业务、签订合同、银行支付，这就足以产生一场商业革命。同时，我们也需要解决一些技术和法律问题。电子商店开在网络之上，它所接触的客户可能来自世界各地，这样大大增加了竞争机会。商品必须以实物邮寄或发送出去，网上交易的货款支付必须有必要的机制。目前，货款支付方式正在逐渐由传统的现金交易向新兴的电子货币交易方式转变，这样使得相距很远的人可以通过网络进行交易。在电子商务中获利最大的是银行业，这是因为原本可以直接支付现金的交易，在电子商务中无法直接支付，只能通过银行来支付。在电子商务的发展中，受到影响最大的不一定是商家，也可能会是银行，因此电子商务最重要的构想是，消费通过银行从商店延伸到个人。电子商务一定要有支付工具，支付工具正在由现金逐步向信用卡转移。现在我们会面临一个问题，那就是检查信用卡与银行账号的真伪。因此，在进行电子商务之前，我们必须确认两件事情：一是要保证信用卡与银行账号都必须是真的；二是使用信用卡与银行账号的人的身份是合法的。由于电子商务使用的网络是Internet，因此必须有足够的安全措施来保证电子商务交易双方的权益。在电子商务活动时，网络上传输的是信用卡与银行账号信息，如果这些信息没有被加密的话，就有可能被人偷取、破坏或修改，这就要求网络传输的保密性要好。因此电子商务的网络信息系统要实现3个目标：保密性、完成性与防止抵赖性。使用什么样的技术来实现这3个目标是实现电子商务的前提。在电子商务中，网络安全保密技术（例如身份确认、数据加密、数字签名、内容检查与第三方确认技术）将起到重要作用。

第二节　Internet 技术

一、Internet 技术的产生和发展

诚如第一章所言，电子商务随着计算机网络技术高速发展而不断丰富其表现形式，并依据计算机网络来传输和处理商业信息。互联网是将处于不同地理位置并且有独立计算能力的计算机系统，利用传输介质和通信设备相互连接在一起，在网络操作系统和网络通信软件的控制下，实现资源共享的计算机集合。互联网已经成为世界上覆盖面最广、规模最大、信息资源最丰富的计算机信息网络。

因美国国防部高级计划研究署成立 ARPAnet 互联网技术起源于 1969 年，发展于 1983 年，ARPnet 宣布将过去的通信协议 NCP（网络控制协议）向新协议 TCP/IR 技术过渡，高速建设于 1990 年 ARPAnet 关闭，NSFnet 取代了 ARPnet，成为互联网的主干网。1991 年，欧洲粒子物理研究所的提姆·伯纳斯李开发出万维网（World Wide Web）。1993 年伊利诺斯大学美国国家超级计算机应用中心的学生马克·安德里森等人开发出浏览器 Monsaic。最终移动互联网的形成从 2001 年中国移动通信的"移动梦网"正式开通，到 2008 年国际电信联盟正式公布 3G 移动网络标准，到 2018 年包括我国在内的世界各国开始进行 5G 通信系统试验。互联网的发展高效且迅速，日新月异，从未停下。

二、Internet 协议

互联网协议是由多个协议组成的，包括 TCP/IP、HTTP、SMTP、POP3 和 IMAP 等。

（一）TCP/IP

TCP/IP 是供已连接互联网的计算机进行通信的通信协议。

TCP/IP 是指传输控制协议/网际协议（Transmission Control Protocol/Internet Protocol）。TCP/IP 规范了网络中所有的通信设备，尤其是一台主机与另一台主机之间的数据往来格式及传送方式，可保证所有送到某个系统的数据能够准确无误地到达目的节

点，并且非常详细地规定了计算机在通信时应遵循的规则。TCP/IP采用了四层的层级结构，每一层都呼叫其下一层提供的网络来解决自己的需求。这四层结构分别介绍如下：

应用层：为应用程序间沟通的层，如简单电子邮件传输协议（SMTP）、超文本传输协议（HTTP）、文件传输协议（FTP）和网络远程访问协议（Telnet）等都属于该层的协议。

传输层：提供节点间的数据传送及应用程序之间的通信服务，其主要功能是进行数据格式化、数据确认和丢失重传处理等。

互联网络层：负责提供基本的数据封包传送功能，让每一个数据包都能够到达目的主机（但不检查是否被正确接收），如网际协议（IP）。

网络接口层：接收IP数据包并进行传输。

（二）HTTP

HTTP是指超文本传输协议（Hyper Text Transfer Protocol），是客户端浏览器或其他程序与Web服务器之间的应用层通信协议。在互联网的网络服务器上存放的都是超文本信息，客户机需要通过HTTP获取所要访问的超文本信息。用户在浏览器地址栏中输入的网站地址称为统一资源定位符（Uniform Resource Locator，URL）。在浏览器的地址栏中输入一个统一资源定位符或在网页中单击一个超级链接时，统一资源定位符就确定了要浏览的地址。例如，URL"http://www.abc.com/china/index.htm"的含义如下：

（1）"http://"代表超文本传输协议，通知abc.com服务器显示网页，通常不用输入。

（2）"www"代表一个Web（万维网）服务器。

（3）"abc.com/"是存储网页文件的服务器的域名或站点服务器的名称。

（4）"china/"是该服务器上的子目录，与文件夹类似。

（5）"index.htm"是"文件夹"中的一个HTML文件（网页）。

（三）SMTP、POP3和IMAP

SMTP是指电子邮件传输协议（Simple Mail Transfer Protocol），其作用是向用户提供高效、可靠的邮件传输服务。SMTP的一个重要特点是它能够在传送中接力传送邮件，即邮件可以通过不同网络上的主机进行接力式传送。它在两种情况下工作：一种情况是电子邮件从客户机传输到服务器时；另一种情况是电子邮件从某一个服务器传输到另一个服务器时。POP是指邮局协议（Post Office Protocol），用于电子邮件的接收。它使用TCP的110端口，现在常用的是第三版，所以简称为POP3。POP3仍采用客户/服务器工作模式。当客户机需要服务时，客户端的软件（如Outlook Express、Foxmail等）将与POP3服务器建立TCP连接,完成邮件的发送。IMAP是指互联网邮件存取协议(Internet Message Access Protocol),是通过互联网获取信息的一种协议。IMAP像POP那样提供了方便的邮件下载服务,能让用户离线阅读电子邮件。

三、IP地址与域名

(一) IP地址

IP地址也称网际协议地址,它给每个连接在互联网中的主机分配一个地址,使互联网上的每台主机(Host)都有唯一的地址。计算机利用这个地址在主机之间传递信息。常见的IP地址分为IPv4与IPv6两大类。采用IPv4技术时,IP地址的长度为32位,分为4段,每段8位,用十进制数字表示,每段数字的范围为0~255,段与段之间用英文句点隔开,如159.226.1.1。

IP地址由两部分组成,一部分为网络地址,另一部分为主机地址。其中,网络地址用来标识连入互联网的网络,主机地址用来标识该网络上的主机。随着互联网及物联网的发展,IP地址的需求量越来越大,而IPv4的网络地址资源有限。全球IPv4地址数于2011年2月分配完毕,2011年后我国IPv4网络地址总数基本维持不变。截至2018年12月,我国IPv4地址数量为3.39亿个。为了扩大地址空间,IPv6应运而生。IPv6采用128位地址长度,几乎可以不受限制地提供地址。它不仅可以实现计算机之间的联网,还可以实现硬件设备与互联网的连接,如家用电器、传感器、照相机和汽车等的联网。目前,拥有IPv6地址量居前五的国家分别是美国、中国、英国、德国和法国。截至2018年12月,我国IPv6地址数量41079块/32,比2017年12月底增长17649块/32,年增长率为75.3%。

(二) 域名

由于IP地址是数字标识,使用时难以记忆和书写,因此在IP地址的基础上发展出了一种符号化的地址方案,来代替数字型的IP地址。每一个符号化的地址都与特定的IP地址相对应。这种与网络上的数字型IP地址相对应的字符型地址称为域名。访问一个域名时,域名服务器会通过域名解析将域名转换成IP地址。

1. 域名的构成

这里以人邮教育社区网的域名为例来说明域名的构成,它的网址(www.ryjiaoyu.com)由两部分组成:www是网络名,ryjiaoyu.com为域名。"ryjiaoyu"是这个域名的主体,最后的"com"则是该域名的后缀,代表这是一个国际域名,是顶级域名。域名中的标号由英文字母和数字组成,每一个标号不超过63个字符,字母不区分大小写。标号中除连字符(-)外不能使用其他的标点符号。级别最低的域名写在最左边,级别最高的域名写在最右边，由多个标号组成的完整域名应总共不超过255个字符。一些国家也纷纷开发使用本国文字构成的域名，如德文、法文等。我国也开始使用中文域名，但在今后相当长的时期内，国内以英文为基础的域名仍然是主流。

2. 域名的级别

域名可分为不同级别，包括顶级域名和二级域名等，见表3-1。

表3-1　　　　　　　　　　　　　域名及类型

顶级域名		域名类型
国际顶级域名	com	商业机构
	edu	教育机构
	gov	政府部门
	int	国际组织
	mil	军事部门
	net	网络提供商
	org	非营利组织
国家（地区）顶级域名	国家（地区）代码，如 cn、us	各个国家（地区）顶级域名

顶级域名分为两类：一类是国家（地区）顶级域名，如中国是 cn、美国是 us、日本是 jp；另一类是国际顶级域名，如表示商业机构的是"com"，表示网络提供商的是"net"，表示非营利组织的是"org"。二级域名是指顶级域名之下的域名。在国际顶级域名下，它是指域名注册人的网上名称，如 ibm、yahoo、microsoft 等；在国家（地区）顶级域名下，它表示的是注册企业的类别，如 com、edu、gov、net 等。

3. 注册域名

域名的注册遵循先申请先注册的原则，管理机构对申请人提出的域名是否损害了第三方的权利不进行任何实质审查。同时，每一个域名都是独一无二、不可重复的。与传统的知识产权领域相比，域名是一种全新的客体，具有其独特性，如域名的使用是全球范围的，没有传统的、严格的地域限制；域名一经获得即可永久使用，但需要定期续费；域名在网络上是唯一的，一旦注册，其他任何人不得注册、使用相同的域名，因此其专有性也是绝对的。另外，域名非经法定机构注册不得使用，这与传统的专利和商标等客体不同。

四、Internet 的应用

为了实现相互沟通和资源共享，互联网提供了许多服务功能。随着互联网的发展，其服务功能还会不断增加。

（一）万维网信息

浏览万维网（World Wide Web，WWW）通常简称为 Web，是当前最流行、最受欢迎的信息浏览工具。万维网是以 HTML 语言和 HTTP 为基础，建立在客户机/服务器（Client/Server）模型之上，能够提供各种互联网服务的用户界面统一的信息浏览系统。浏览器提供了一个友好的信息查询界面，用户可以用统一资源定位符（UniformResourceLocation，URL）直接链接到主页，或者从已启动的主页开始通过超链接逐级浏览下去，漫游整个万维网。

（二）电子邮件服务

通过电子邮件系统，用户可以快速地与世界上任何一个角落的网络用户取得联系。电子邮件中可以包含文字、图像和声音等。同时，用户还可以得到大量免费的新闻和专题邮件，并轻松实现信息搜索。电子邮件的传输是通过 SMTP 来完成的。

（三）FTP 文件传输服务

文件传输协议（File Transfer Protocol，FTP）是互联网提供的一项基本文本传输服务。用户可以通过 FTP 把自己的计算机与世界各地所有运行 FTP 的服务器相连，访问服务器上的大量信息。FTP 既能将远程计算机上的文件复制到本机上，也能将本地的文件复制到远程计算机上。前者叫作下载（Download），后者叫作上传（Upload）。

（四）网络社区

网络社区就是网络化、信息化的社区，包括 BBS 论坛、贴吧、公告栏、群组讨论、个人空间等形式。同一主题的网络社区集中了具有共同兴趣的访问者。在 Web2.0 时代，网络社区呈现出巨大的商业价值。Web2.0 与 Web1.0 相比，最大的进步就是用户和用户之间、产品供应商和企业之间具有更强的协作性。

（五）即时通信

即时通信软件（Instant Messenger，IM）是一种基于互联网的即时交流信息的软件，如微信、QQ、阿里旺旺等。截至 2018 年，腾讯的微信、QQ 在国内占据垄断地位，其他即时通信软件的活跃用户数量或与之差距甚大，或局限在某一领域。

1. QQ

QQ 是深圳市腾讯公司开发的一款基于互联网的即时通信软件。QQ 支持在线聊天、视频电话、点对点断点续传文件、共享文件等多种功能，并可与移动通信终端等相连。

2. 微信

微信是腾讯公司于 2011 年推出的可在手机、平板电脑上运行的即时通信软件，可发送语音、视频、图片和文字。该软件推出后在国内迅速壮大，2012 年推出了国际版 WeChat。截至 2019 年 3 月底，微信与 WeChat 合并，月活跃用户数超过 11 亿。微信在国内迅速壮大的同时，国际化步伐相对较慢。

3. 阿里旺旺

阿里旺旺是将原来的淘宝旺旺与阿里巴巴贸易通整合在一起形成的，是淘宝网和阿里巴巴为买卖双方提供的免费网上商务沟通软件。它能帮卖方轻松找到客户，发布和管理商业信息，及时把握商机，随时洽谈生意，还能帮助买方在线向卖方咨询商品或物流等问题。

（六）网络会议

网络会议系统是一个以网络为媒介的多媒体会议平台，使用者可突破时间、地域的限制，利用互联网达到面对面的交流效果。网络会议又称远程协同办公，它可以利用互联网实现不同地点多个用户的数据共享。近几年我国许多公司开发出了网络协同办公软件，如阿里巴巴的钉钉移动办公平台就提供免费视频会议功能等。

（七）共享经济

共享经济是互联网背景下的新型应用。共享经济是指以获得一定报酬为主要目的，基于陌生人且存在物品使用权暂时转移的一种新的经济模式。其本质是整合线下的闲散物品或服务。对于供给方来说，通过在特定时间内让渡物品的使用权或提供服务，来获得一定的经济回报；对于需求方而言，不直接拥有物品的所有权，而是通过租、借等方式使用需要的物品。在住宿、交通、教育及旅游等领域，新的共享模式不断涌现。房屋共享、车位共享、专家共享、社区服务共享、导游共享及移动互联强需求的Wi-Fi共享都是共享经济的产物。其新模式层出不穷，在供给端整合线下资源，在需求端不断为用户提供更优质的体验。

第三节　WEB技术

Web是建立在互联网基础上的应用技术。Web主要由Web服务器、Web浏览器，以及一系列的协议和约定组成，它使用超文本和多媒体技术，以便人们在网上漫游，进行信息浏览和信息发布。它可以提供收发电子邮件、阅读电子新闻、下载免费软件、网络查询、聊天和网上购物等功能。

一、WEB应用系统结构

B/S结构（Browser/Server，浏览器/服务器模式）是典型的Web应用系统结构。这种模式统一了客户端,将系统功能实现的核心部分集中到服务器上,简化了系统的开发、维护和使用。B/S 结构采用的是浏览器请求、服务器响应的工作模式。

在 B/S 系统结构中,包括客户端和服务器端。用户可以通过浏览器访问互联网上由 Web 服务器产生的文本、数据、图片、动画、视频点播和声音等信息。而每一个 Web 应用服务器又可以通过各种方式与数据库服务器连接,大量的数据实际存放在数据库服务器中。B/S 系统的工作流程如下:

(1) 客户端发送请求:用户在客户端提交表单操作,向服务器发送请求,等待服务器响应。

(2) 服务器端处理请求:服务器端接收并处理请求,如涉及数据库,则需要访问数据库,然后才能对请求进行数据处理,并产生响应。

(3) 服务器端发送响应:服务器端把用户请求的数据(网页文件、图片、声音等)返回给浏览器。

(4) 浏览器解释执行 HTML 文件,将页面呈现给用户。

二、客户端技术

信息在客户端浏览器显示的样式、客户端对页面的控制、与服务器端的通信等均由客户端技术实现。常用的客户端技术有超文本标记语言(HTML)、脚本语言(JavaScript)、可扩展标记语言(XML)、级联样式表(CSS)和文件对象模型(DOM)等。这些技术各有优势,也各有适用的领域,这里只简要介绍前三种客户端技术。

(一) 超文本标记语言

超文本标记语言(Hyper Text Markup Language,HTML)是构建 Web 页面的主要工具,是用来表示网上信息的符号标记语言,是对标准通用语言(SGML)的一个简化实现。超文本标记语言文档的制作不是很复杂,但功能强大,它支持不同数据格式的文件嵌入,这也是万维网盛行的原因之一。它具备简易性、可扩展性和通用性等特点。网页设计软件实现了超文本标记语言文档编写的"所见即所得",使用起来十分方便。目前,常用的网页设计软件主要有 Dreamweaver 等。

Dreamweaver 是美国 MacroMedia 公司开发的集网页制作和网站管理于一身的"所见即所得"网页编辑器,它是针对专业网页设计师开发的视觉化网页开发工具。利用它可以轻而易举地制作出跨越平台和跨浏览器的充满动感的网页。Dreamweaver 还集成了程序开发语言,完全支持 ASP、PHP、JSP 这几种语言的编辑。

(二) 脚本语言

通过超文本标记语言可以实现文字、表格、声音、图像和动画等多媒体信息的显示。然而采用这种技术存在一定的缺陷,那就是它只能提供静态的信息资源,缺少动态的客户端与服务器端的交互。脚本语言(JavaScript)的出现,使信息和用户之间不再仅是显示和浏览的关系,还实现了实时的、动态的、可交互式的表达方式。脚本语言是一种新的描述语言,它可以被嵌入超文本标记语言的文件之中。脚本语言可以回应使用者的需求,当使用者输入一项信息时,它不用经过传给服务器端处理再传回来的过程,直接可以被客户端的应用程序处理。

(三)可扩展标记语言

可扩展标记语言(Extensible Markup Language,XML)是专为 Web 应用而设计的,它是标准通用标记语言(Standard Generalized Markup Language,SGML)的一个优化子集,是由万维网联盟(W3C)于 1998 年 2 月发布的一种标准。它以一种开放的自我描述方式定义了数据结构,在描述数据内容的同时能突出对结构的描述,从而体现数据之间的关系。可扩展标记语言所组织的数据对于应用程序和用户都是友好的、可操作的。可扩展标记语言的精髓是允许文档的编写者制定基于信息描述、体现数据之间逻辑关系的自定义标记,确保文档具有较强的易读性、清晰的语义和易检索性。因此,一个完全意义上的可扩展标记语言文档不仅要求有标准的格式,而且需要自行定义一些标签。它必须遵守文档类型定义(DTD)中已声明的种种规定。文档类型定义(Document Type Definition)是作为可扩展标记语言标准的一部分发布的。目前大多数面向可扩展标记语言的应用,都支持可扩展标记语言和文档类型定义。当前大多数与可扩展标记语言模式相关的算法研究都是基于可扩展标记语言和文档类型定义展开的。

三、服务器端技术

服务器端技术随着电子商务的发展,静态网页越来越不能满足客户的需求,动态网页技术应运而生,逐渐成为电子商务系统中 Web 服务端的基本实现方式。

(一)公共网关接口

公共网关接口(Common Gateway Interface,CGI)是运行在网络服务器上的可执行程序,它的作用是接收从客户端传过来的请求信息,然后运行服务器端的应用程序或数据库,最后再把结果转换为 HTML 代码并传送到客户端。公共网关接口可以用许多编程语言来设计,如 C/C++、Java、Delphi、Visual Basic 和 Perl 等,但必须遵守一定的规则。公共网关接口由于设计复杂、移植性差、功能有限等原因,现在已经较少使用。

(二)ASP

ASP(Active Server Pages,动态服务器页面)也是在服务器端执行的程序。ASP 由微软公司推出，实际上是一种在服务器端开发脚本语言的环境。利用 ASP 可以开发动态、交互、高性能的 Web 服务器端应用程序。因为脚本是在服务器端运行的，所以 Web 服务器完成所有处理后，将标准的 HTML 页面送往浏览器。ASP 只能在可以支持它的服务器上运行，用户不可能看到原始脚本程序的代码，只能看到最终产生的 HTML 内容。

（三）JSP

JSP（Java Server Pages，Java 服务器页面）是由 Sun Microsystems 公司倡导，许多公司参与并一起建立的一种动态网页技术标准。JSP 技术有点类似于 ASP 技术，它是在传统的网页超文本标记语言文档中插入 Java 程序段和 JSP 标记，从而形成 JSP 文件。用 JSP 技术开发的 Web 应用是跨平台的，既能在 Linux 下运行，也能在其他操作系统上运行。自 JSP 技术推出后，众多大公司都支持采用 JSP 技术的服务器，如 IBM、Oracle 和 Bea 公司等，所以 JSP 迅速成为商业应用的服务器端语言。

（四）PHP 超文本预处理语言

PHP 超文本预处理语言（Hypertext Preprocessor，PHP）是一种超文本标记语言内嵌式的语言，是在服务器端执行的、嵌入超文本标记语言文档的脚本语言。PHP 语言的风格类似于 C 语言。PHP 语言具有非常强大的功能，所有的公共网关接口的功能它都能实现，而且支持几乎所有流行的数据库及操作系统。

四、数据库管理技术

数据库是存储在计算机中的有组织、可共享的数据集合。数据库管理系统是为管理数据库而设计的电脑软件系统，一般具有存储、截取、安全保障、备份等基础功能。早期比较流行的数据库模型有三种，分别为层次式数据库、网络式数据库和关系型数据库。而在当今的互联网中，最常用的数据库模型主要是关系型数据库和非关系型数据库。关系型数据库模型是把复杂的数据结构归结为简单的二元关系（即二维表格形式）。主流的关系型数据库管理系统有 Oracle、MySQL、SQLServer、Access 数据库等。非关系型数据库也被称为 NoSQL 数据库，NoSQL 的本意是"Not Only SQL"，指的是非关系型数据库，而不是"NoSQL"的意思，因此，NoSQL 的产生并不是要彻底地否定非关系型数据库，而是对传统关系型数据库的一个有效补允。NoSQL 数据库在特定场景下可以发挥出难以想象的高效率和高性能。常用的非关系型数据库管理系统有 Memcaced、Redis、Mongb 和 Cassandra 等。

第四节　EDI 技术

一、电子数据交换技术的产生与发展

电子数据交换（EDI）至今没有一个统一的定义，但各种定义有三个方面的内容是一致的：资料采用统一标准、传递电子信息、信息在计算机之间传递。联合国国际贸易法委员会 EDI 工作组（UNCITRAL/WP.4）将电子数据交换定义为"计算机之间信息的电子传递，而且使用某种商定的标准来处理信息结构。"联合国标准化组织将电子数据交换描述成"将商业或行政事务处理按照一个公认的标准，形成结构化的事务处理或报文数据格式，从计算机到计算机的电子传输方法。"本书将电子数据交换定义为贸易伙伴及相关部门之间通过传输标准格式的电子数据而实现贸易信息交换的活动。早期的电子数据交换网络是专用的增值通信网络，当时的电子数据交换可以被看作现代电子商务的雏形。电子数据交换中，包括订单、发票、货运单、收货通知和提货单等商业资料或贸易信息均按统一的标准生成电子数据，以便在贸易伙伴及相关部门之间进行传输。在电子数据交换系统中，数据不仅在贸易伙伴之间进行电子化流通，而且还在每一个贸易伙伴内部进行电子化流通，这样可以节约成本、减小差错率、提高效率。

20 世纪 90 年代以来，电子数据交换在美国、英国、日本、新加坡等国的贸易活动中得到了快速发展，涉及化工、电子、汽车、零售业和银行等行业。我国基于电子数据交换的电子商务始于 20 世纪 90 年代初。1991 年，"中国促进 EDI 应用协调小组"成立；1996 年 2 月，当时我国的对外经济贸易部成立了"国际贸易电子数据交换服务中心"；1996 年 12 月 18 日，"联合国贸易网络组织中国发展中心"（CNTPDC）在北京成立；1996 年，北京海关与中国银行北京分行在我国首次开通了电子数据交换通关电子划款业务。与此同时，各省、自治区、直辖市及中央部委也都设立了专门的职能部门来负责协调电子数据交换的应用推广工作。经过各级政府部门的努力推广，电子数据交换从应用最多的进出口贸易逐渐扩展到了商检、税务、邮电、铁路和银行等领域。

【案例】

中国海关电子数据交换通关系统

中国海关电子数据交换通关系统是一种海关与通关对象之间运用电子数据交换技术自动交换和处理通关文件，并利用海关计算机应用系统及时、自动地完成整个通关过程的电子数据交换实用系统。中国海关电子数据交换通关系统涉及进出口货物报关、审单、征税、放行等通关环节，涉及报关行，金融单位，仓储、运输企业和国际贸易行政管理等部门。中国海关电子数据交换通关系统是海关原有报关自动化系统（H883 系统）的延伸和发展。它在 H883 系统的基础上，进一步简化了通关手续，使用户在许多情况下不必再派人到海关办理报关手续。

问题：

1. 中国海关电子数据交换通关系统需要哪些部门的支持才能实现电子数据的自动交换？
2. 中国海关电子数据交换通关系统为用户提供了怎样的便利服务？

二、手工方式与电子数据方式的比较

（一）手工方式下贸易单证的传递

手工方式下贸易单证的传递过程。操作人员首先使用打印机将企业数据库中存放的数据打印出来，形成贸易单证，然后通过邮局或传真的方式发给贸易伙伴；贸易伙伴收到单证后，录入人员将其手工录入数据库，以便各个部门共享。手工方式的缺点是买卖双方之间重复输入的数据较多，容易产生差错，准确率低，劳动力消耗多，时延较长。

（二）电子数据交换方式下贸易单证的传递

电子数据交换方式下贸易单证的传递过程为发送方数据库中的单证数据通过电子数据交换软件转换为平面文件，再将平面文件翻译成标准电子数据交换报文，通信软件将标准电子数据交换报文外层加上"通信信封"，通过网络（增值网或互联网）传递给接收方的计算机。接收方的计算机再通过电子数据交换软件将标准电子数据交换报文转化为贸易单证，转化为本企业内部的数据格式，存入数据库。

由于单证是通过数字方式传递的，缺乏验证的过程，因此加强安全性，保证单证的真实性和可靠性是一个重要的问题。在电子数据交换方式下，贸易单证的传递需要电子数据交换软件的参与。电子数据交换软件将用户数据库中的信息翻译成电子数据交换的标准格式，使之具有传输交换的能力。电子数据交换软件的主要功能有格式转换、翻译和通信。

三、电子数据交换的应用

（一）金融领域中电子数据交换的应用

在金融领域采用电子数据交换技术，能够实现银行和银行、银行和客户间各种金融交易单证（如付款通知、信用证等）的安全、有效交换。金融领域电子数据交换的应用，能够提高银行在资金流动管理、电子支付、电子对账和结算等业务方面的效率。

（二）商业领域中电子数据交换的应用

通过采用电子数据交换技术进行订单的自动处理，可实现订单数据标准化及计算机自动识别和处理，减少手工作业和重复劳动，提高文件处理效率。下面以订单的发送和回复为例，说明商业领域中电子数据交换的应用流程。

1. 制作订单

买方（即客户）根据自己的需求在计算机上操作，在订单处理系统中制作一份订单，系统将所有必要的信息以电子数据的格式存储下来，形成买方数据库，同时生成一份电子订单。

2. 发送订单

买方将此电子订单通过电子数据交换中心传送给供货商。此订单实际上是发向供货商的电子邮箱，它先被存放在电子数据交换中心，等待来自供货商的接收指令。

3. 接收订单

供货商从位于电子数据交换中心的自己的电子邮箱中收取全部邮件，其中包括来自买方的电子订单。

4. 签发回执

供货商在收到电子订单后，使用计算机上的订单处理系统，对来自买方的电子订单自动产生一份回执。经供货商确认后，此电子订单回执被发送到网络中，再经由电子数据交换中心存放到买方的电子邮箱中。

5. 接收回执

买方从电子数据交换中心的买方电子邮箱中收取全部邮件，其中包括供货商发来的订单回执。整个订货过程至此结束，供货商收到了订单，买方则收到了订单回执。

（三）商检中电子数据交换的应用

外贸公司可通过电子数据交换中心与商检部门进行产地证的电子单证传输，无须再为产地证的审核、签发来回地跑商检部门，既节约了时间和费用，又节约了纸张。

（四）国际贸易中电子数据交换的应用

将电子数据交换应用到国际贸易中，以计算机网络为依托，通过电子数据交换中心，把与国际贸易有关的工厂、公司、海关、运输公司、保险公司、银行联系起来，可以大大加速国际贸易的全过程。一个真正的电子数据交换系统是将订单、发货、报关、商检和银行结算合为一体，使整个商贸活动过程在最短的时间内准确地完成。因此，电子数据交换对企业文化、业务流程和组织机构的影响是非常大的。

(五) 物流中电子数据交换的应用

在物流中应用电子数据交换时，货主、承运业主及其他相关单位之间通过电子数据交换系统进行物流数据交换，并以此为基础实施物流作业活动。物流电子数据交换的参与单位有货主（如生产厂家、贸易商、批发商和零售商等）、承运业主（如独立的物流承运企业等）、实际运送货物的交通运输企业（如铁路企业、水运企业、航空企业和公路运输企业等）、协助单位（如政府有关部门和金融企业等）和其他物流相关单位（如仓库业者和专业报关业者等）。

第五节　数据库及数据仓库技术

提起数据库（Database）从字面简单地来解读就是储存数据的大仓库，大到可以储存百万、千万、上亿甚至更多。这些数据可能是你所熟知的音乐、消费记录等等其他你可以想到的数据存在形式。但这些数据绝非简单的堆积堆砌，只有这些数据按照一定的规则或者逻辑进行存储，才能称为"数据库"，以达到数据存储、查询、管理等功能。你也可称其为"电子化的文件柜"。按照数据结构来组织、存储和管理数据的数据库，它产生于距今60多年前，随着信息技术和市场的发展，特别是20世纪90年代以后，数据管理不再仅仅是存储和管理数据，而转变成用户所需要的各种数据管理的方式。数据库有很多种类型，从最简单的存储有各种数据的表格到能够进行海量数据存储的大型数据库系统都在各个方面得到了广泛的应用。在信息化社会，充分有效地管理和利用各类信息资源，是进行科学研究和决策管理的前提条件。数据库技术是管理信息系统、办公自动化系统、决策支持系统等各类信息系统的核心部分，是进行科学研究和决策管理的重要技术手段。例如我们所熟知的企业财务登记的会计处理，亦或是银行交易等信息。

数据仓库，英文名称为Data Warehouse，可简写为DW或DWH。数据仓库，是为企业所有级别的决策制定过程提供所有类型数据支持的战略集合。它是单个数据存储，出于分析性报告和决策支持目的而创建。为需要业务智能的企业提供指导业务流程改进，监视时间、成本、质量以及控制。由数据仓库之父比尔·恩门（Bill Inmon）于1990年提出，从数据仓库的定义中及其应用定位我们能看出数据仓库是为了分析数据而生。数据仓库中的数据通常包含历史信息，系统记录了企业从过去某一时点（如开始应用数据仓库的时点）到当前的各个阶段的信息，通过这些信息，可以对企业的发展历程和未来趋势做出定量分析和预测。

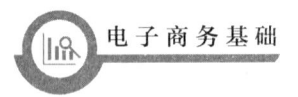

数据库及数据仓库的特点

简单归纳来说,数据库主要用于数据处理,数据仓库主要用于数据分析。用途上的不同决定了这两种架构的特点不同。

数据库(Database)的特点是:

- 相对复杂的表格结构,存储结构相对紧致,少冗余数据。
- 读和写都有优化。
- 相对简单的 read/writequery,单次作用于相对的少量数据。

数据仓库(Datawarehouse)的特点是:

- 相对简单的(Denormalized)表格结构,存储结构相对松散,多冗余数据。
- 一般只是读优化。
- 相对复杂的 readquery,单次作用于相对大量的数据(历史数据)。

举个最常见的例子,就电商行业而言,每家电商公司都会经历,从只需要业务数据库到需要数据仓库的阶段。

- 相对而言,电商行业具有前期投入运营相对容易、准入门槛低的特点,当然也包括淘宝卖家等微型电商平台单位。可能只需要一个可以下单的网页前端,数台进行业务处理的服务器就能开展业务了。如果将这个阶段进行比喻,我们称其为"手工作坊"。
- 随后,因为业务的不断开展,购买的顾客与订单逐渐增多。此时,数据查询已经开始有压力。对于淘宝及京东这样的电商平台,它们亟须解决的问题就是对服务器进行升级以满足储存大量数据的需求,且满足分类查询数据的基本要求。如果将这个阶段进行比喻,我们称其为"工业化初期"。
- 经过较长时间的业务累计与时间推移,大规模的商家入驻,业务及订单呈指数型增长,数据量的暴增使得数据搜索与使用难以满足现状。商家与公司视角将关注点从简单的获得多少收入转变到如何获得更多收入。所以开始运用数据进行分析,例如分析不同年龄段人的购买记录来得出客户偏好,从而进行商品促销活动或开始营销方案。很典型的例子:淘宝首页依据最近浏览定向地进行偏好推荐。此时,相较于"手工作坊"与"工业化初期"的数据库应用,电商行业已经进入数据仓库的应用阶段,及数据分析与应用阶段。

而数据分析不能依托数据库进行的原因在于:

(1)数据库中的数据结构是为了完成交易而设计的,而不是为了查询和分析的便利设计的。

(2)数据库大多是读写优化的,既要读(查看商品信息),也要写(产生订单,完成支付)。因此对于大量数据的读(查询指标,一般是复杂的只读类型查询)支持是不足的。

为了解决这些问题,数据仓库凸显其作用:

(1) 数据结构为了分析和查询的便利；

(2) 只读优化的数据库，并不需要它写入速度多么快，只要做大量数据的复杂查询的速度足够快就行了。

那么在这里前一种数据库（读写都优化）是业务性数据库，后一种数据库是分析性数据库，即数据仓库。

✅ 案例思考

艾尚公司三家电商店铺在第三季度的商品销售情况。这是按商品品类（衬衫、T恤等）对第三季度销售商品进行分类汇总的，同时每个品类均从销售金额、销售数量、件单价三个指标进行统计。为了便于分析，三个指标都加上了同期数据供参考。从表3-2中，我们可以获得以下信息：(1) 仅以"衬衫"与"T恤"为例，Q3季度衬衫的销售额是T恤的2~3倍；(2) T恤的件单价全线都比上年高50~100元，其中京东渠道的较高，达到102元；(3) 衬衫的件单价在唯品会渠道出现了全季度同比下跌，而京东渠道则全季度同比上升。应与两个渠道不同的销售策略有密切关系；(4) 如果将表3-2扩大到所有类目的数据，则可以对所有品类按销售贡献进行排名，然后据此判断各个品类的销售表现是否在应有的品类生命周期表现之内。根据这些信息，商品运营人员可以进行"运营复盘"，以销售结果来反推前期的运营策略是否正确，并加以调整与优化。譬如根据表3-2中"衬衫的件单价在唯品会与京东两个渠道中截然不同的表现"，商品运营人员便需要反思，在前期运营中唯品会渠道的商品折损是否没有控制好？抑或是有意将两个渠道衬衫上的商品款式"完全错开"的策略所导致的？

表3-2　　　　　　　　各店铺第三季度商品品类销售分析

店铺		天猫				京东				唯品会			
	月份	10	11	12	Q3	10	11	12	Q3	10	11	12	Q3
衬衫	金额	3171660	2834115	4634997	10755384	4224087	3697157	5870572	13886423	1478449	1371010	1282095	4131555
	占比	15%	14%	15%	15%	15%	13%	15%	14%	17%	15%	13%	15%
	上年占比	15%	14%	15%	15%	15%	14%	14%	14%	16%	13%	12%	13%
	数量	6991	6836	12252	26079	9222	8056	15859	33137	3354	3310	3462	10126
	占比	18%	17%	18%	18%	17%	16%	18%	17%	19%	18%	16%	17%
	上年占比	17%	17%	17%	17%	17%	17%	17%	17%	18%	14%	14%	15%
	件单价	454	415	378	412	458	459	370	419	441	414	370	408
	上年件单价	491	413	316	391	450	417	318	385	446	421	377	420
	同比差额	(37)	2	62	21	8	41	52	34	(5)	(7)	(7)	(12)

续表

店铺		天猫				京东				唯品会			
月份		10	11	12	Q3	10	11	12	Q3	10	11	12	Q3
T恤	金额	451859	425084	355828	1232770	1916230	1684490	1698267	5298987	1454924	1214892	828557	3498373
	占比	5%	5%	4%	5%	5%	4%	4%	4%	6%	4%	2%	4%
	上年占比	4%	3%	3%	3%	3%	3%	3%	3%	5%	3%	2%	3%
	数量	1047	1075	1091	3213	4496	3863	5270	13629	3627	2943	2579	9149
	占比	8%	9%	7%	8%	8%	7%	7%	7%	10%	7%	4%	7%
	上年占比	7%	6%	7%	7%	7%	5%	7%	6%	8%	5%	5%	6%
	件单价	432	395	326	384	426	436	322	389	401	413	321	382
	上年件单价	364	309	245	300	356	326	225	287	349	364	281	330
	同比差额	67	87	81	83	70	110	97	102	52	49	40	52

第四章 电子商务安全

✦ 项目导航

- 了解电子商务安全的含义
- 重点掌握如何采取安全技术应对安全问题
- 难点：理解 SET 及 SSL 协议

✦ 课程思政

通过案例分享，培养学生提高经济运营环境的安全观，使学生具备一定的信息安全素养。

思政导入

防范网络安全，净化网络环境

据新华社 2019 年 9 月 16 日电，中共中央总书记习近平对国家网络安全宣传周作出重要指示强调，举办网络安全宣传周、提升全民网络安全意识和技能，是国家网络安全工作的重要内容。国家网络安全工作要坚持网络安全为人民、网络安全靠人民，保障个人信息安全，维护公民在网络空间的合法权益。要坚持网络安全教育、技术、产业融合发展，形成人才培养、技术创新、产业发展的良性生态。要坚持促进发展和依法管理相统一，既大力培育人工智能、物联网、下一代通信网络等新技术新应用，又积极利用法律法规和标准规范引导新技术应用。要坚持安全可控和开放创新并重，立足于开放环境维护网络安全，加强国际交流合作，提升广大人民群众在网络空间的获得感、幸福感、安全感。

2015 年 6 月 24 日，为了保障网络安全，维护网络空间主权和国家安全，促进经济社会信息化健康发展，不断完善网络安全保护方面的法律法规。十二届全国人大常委会第十五次会议审议了网络安全法草案（以下简称草案）。草案共七章六十八条，从保障网络产品和服务安全，保障网络运行安全，保障网络数据安全，保障网络信息安全等方

面进行了具体的制度设计。

网络主权是国家主权在网络空间的体现和延伸,网络主权原则是我国维护国家安全和利益、参与网络国际治理与合作所坚持的重要原则。为此,草案将"维护网络空间主权和国家安全"作为立法宗旨。同时,按照安全与发展并重的原则,设专章对国家网络安全战略和重要领域网络安全规划、促进网络安全的支持措施作了规定。

为加强国家的网络安全监测预警和应急制度建设,提高网络安全保障能力,草案要求国务院有关部门建立健全网络安全监测预警和信息通报制度,加强网络安全信息收集、分析和情况通报工作;建立网络安全应急工作机制,制定应急预案;规定预警信息的发布及网络安全事件应急处置措施。

【案例思考】大学生应如何进行网络安全防范?

【案例启示】

1. 建立安全上网意识

首先,提高网络安全法制观念,通过相关立法的学习,了解在上网过程中,可以做什么,不能做什么,自觉养成遵守网络安全法规的良好习惯,避免网络诈骗事故的发生。其次,建立安全上网意识,自觉地遵守网络安全法规。

2. 加强自身信息的保护

在生活中,许多网络诈骗就是通过窃取他人信息来骗取钱财,因此我们有必要加强自身信息的保护。作为在校学生,可以利用课余时间,对网络安全的基本理论知识和系统安全策略进行学习,如加密解密算法、防火墙工作原理及作用,系统漏洞及修补方法,病毒处理等知识,以此保证自己电脑中信息的安全,也可以防止在网络购物过程中,自己的信息被泄露,可以通过手机观看网络安全防范技能宣传片,以丰富自身的网络安全防范技能,还可以通过关注新闻时事来了解网络诈骗的形式。

3. 不盲目跟风,做理性消费者

学生个人应该树立正确的世界观、人生观、价值观,更要树立自己的理财观,养成良好的理财习惯,加强自己的理财意识,约束自身不切实际的消费和物质欲望,不应该盲目跟风,要自觉抵制社会不良诱惑,避免深受其害,更不能把网络信贷的"工具"异化为非理性消费的借口,助长了不法分子的违法行为。因此,作为大学生,我们应该树立起正确的消费观念,不要为了满足一时的虚荣心,而给自己和家人带来危机,甚至给自己带来不可挽回的后果。

在社会经济快速发展的时代,也会有许许多多相伴而来的网络安全隐患存在,但是只要树立正确的价值观念,理性对待生活中发生的事情,不盲目相信会有免费的午餐,不贪图一时的风光虚荣,理智处事,遇到危险情况要懂得避让,必要的时候要用法律的武器保护自己,就不会轻易给自己埋下安全隐患,只要我们人人都正确使用网络,不给不法分子制造欺骗的机会,相信我们的生活也会因此而变得更加美好。

随着电子商务被频繁地应用到工作与生活中，越来越多的角色参与到电子商务活动中，使得其安全问题受到高度重视。电子商务的安全问题基本可以分为两类：网络安全问题与支付安全问题。

第一节 电子商务中的安全问题

一、电子商务网络安全问题

网络安全问题是计算机系统本身存在的漏洞和其他人为因素构成的计算机网络的潜在威胁。概括来说，计算机网络安全的内容包括物理安全、网络安全、数据库安全。

（一）物理安全

物理安全问题是指计算机网络设备、设施以及其他媒体遭到地震、水灾、火灾等环境事故、人为操作失误或错误以及各种计算机犯罪行为导致的破坏。主要有以下几种问题：

1. 设备安全问题

任何一种设备都不是万无一失的，设备的机能失常、设备被盗被毁、计算机硬件如计算机所用的芯片、板卡及输入、输出等设备的故障都会对系统安全构成威胁。

2. 电源故障

由于意外的原因，网络设备的供电电源可能会突然中断或者产生较大的波动，从而会突然中断计算机系统的工作，引起数据的丢失甚至对系统硬件设备产生不良后果。甚至是辐射所带有的电磁波都会被利用截取信息。

3. 通过在空闲网络上搭建窃听器

经过适当的技术调整可以达到获取通信内容甚至改变通信内容的目的，且这种方式很难被察觉。美欧银行也曾因此遭受巨大损失。

保证计算机信息系统各种设备的物理安全是整个计算机信息系统安全的前提，也是整个组织安全策略的基本元素。对于足够敏感的数据和一些关键的网络基础设施，可以在物理上和多数公司用户分开，并采用增加的身份验证技术（如智能卡登录、生物验证技术等）来控制。

（二）网络安全

（1）未进行相关安全设置的操作系统，就像一面纸墙，经不住风吹雨打且一推就

倒。不论采用什么操作系统，在缺省安装的条件下都会存在一些安全问题，网络软件的漏洞和"后门"是进行网络攻击的首选目标。只有专门针对操作系统安全性进行相关的和严格的安全配置，才能达到一定的安全程度。即使如此，系统仍然不能被认为是绝对安全的，漏洞和缺陷会不断被攻击者发现，就像是电脑要经常杀毒并修复漏洞。

（2）应用程序自身存在缺陷，使得攻击者有机可乘。通过漏洞有可能导致重要的资料被删除或外泄。就像电脑不要轻易安装来路不明的软件，因为你不知道毒蛇在哪个篮子里。对于电子商务站点来说，会出现恶意攻击者冒用他人账号进行网上购物等问题。

（3）黑客，源自英文hacker，它之所以高级，是因为它具有高度定向与极强的目的性。（1）（2）我们可以称其为"散弹枪"，虽然密集，但只要做好防护还能得以逃生，（3）则更像是"百步穿杨""定位导弹"，一旦被盯上，基本死路一条。化解它的办法只能是比它强。无论是个人、企业，还是政府机构，只要进入计算机网络，都会感受到黑客带来的网络安全威胁。自2006年年底，来自于黑客的大规模的网络攻击越来越多，网络攻击表现出的商业目的也越来越明显。这种以网络瘫痪为目标的袭击效果比任何传统的恐怖主义和战争方式都来得更强烈，破坏性更大，造成危害的速度更快，范围也更广，而袭击者本身的风险却非常小，甚至可以在袭击开始前就已经消失得无影无踪，使对方很难追踪。

（4）计算机病毒，是指编制或者在计算机程序中插入的破坏计算机功能或者毁坏数据、影响计算机使用，并且能自我复制的一组计算机指令或程序代码。计算机病毒作为一种具有破坏性的程序，往往想尽一切办法将自身隐藏起来，保护自己，但是病毒最根本的目的还是破坏计算机功能。在某些特定条件被满足的前提下，病毒就会发作，这也就是病毒的破坏性。有些病毒只是显示一些图片、放一段音乐或和你开个玩笑，这类病毒属于良性病毒；而有些病毒则含有明确的目的性，像破坏数据、删除文件、格式化磁盘等，这类病毒属于恶性病毒。计算机病毒的破坏行为体现了病毒的杀伤能力，病毒破坏行为的激烈程度取决于病毒作者的主观愿望和他所具备的技术含量。

（三）数据库安全

数据库安全问题就像是保险柜被人撬了。网络中的信息数据是存放在计算机数据库中的，供不同的用户来共享。数据库存在着不安全性和危险性，因为在数据系统中存放着大量重要的信息资源，在用户共享资源时可能会出现以下现象：授权用户超出了他们的访问权限进行更改活动；非法用户绕过安全界限，窃取信息资源。

二、电子商务支付安全问题

电子商务支付安全紧紧围绕传统商务在互联网上应用时产生的各种安全问题，网上交易日益成为新商务模式，基于网络资源的电子商务交易已为大众接受，人们在享受网上交易带来便捷的同时，交易的安全性备受关注。在计算机网络安全的基础上，如何保障电子商务过程的顺利进行，即实现电子商务的保密性、完整性、可鉴别性、不可伪造性和不可抵赖性，保证交易数据的安全是电子商务系统的关键。在当前网络环境下，每一种角色不管是企业还是个人都格外关心交易安全问题，如淘宝初期运营，大家都不敢绑定银行卡进行消费，透露出的是人们对电子商务交易的不信任。电子商务安全中普遍存在着以下几种安全隐患：

1. 窃取信息

由于未采用加密措施，数据信息在网络上以明文形式传送，入侵者在数据包经过的网关或路由器上可以截获传送的信息。通过多次窃取和分析，可以找到信息的规律和格式，进而得到传输信息的内容，造成网上传输信息泄密。

2. 篡改信息

当入侵者掌握了信息的格式和规律后，通过各种技术手段和方法，将网络上传送的信息数据在中途修改，然后再发向目的地。这种方法并不新鲜，在路由器或网关上都可以操作。

3. 假冒

由于掌握了数据的格式，并可以篡改通过的信息，攻击者可以冒充合法用户发送假冒的信息或者主动获取信息，而远端用户通常很难分辨。

4. 恶意破坏

由于攻击者可以接入网络，对网络中的信息进行修改，掌握网上的机要信息，甚至可以潜入网络内部，其后果是非常严重的。所以，电子商务交易安全要紧紧围绕传统商务在互联网上应用时产生的各种安全问题。当前网上交易日益成为新的商务模式，基于网络资源的电子商务交易已为大众接受，人们在享受网上交易带来的便捷的同时，交易的安全性备受关注。

【案例】

淘宝"错价门"引发争议

互联网上从来不乏标价1元的商品。淘宝网上大量商品标价1元，引发网民争先恐后哄抢，但是之后许多订单被淘宝网取消。随后，淘宝网发布公告称，此次事件为第三方软件"团购宝"交易异常所致。部分网民和商户询问"团购宝"客服，得到的自动回复称："服务器可能被攻击，已联系技术紧急处理"。"错价门"的真实原因依然是个谜，但与此同时，这一事件暴露出来的我国电子商务安全问题不容

小觑。在此次"错价门"事件中,消费者与商家完成交易,成功付款下了订单,买卖双方之间形成了合同关系。作为第三方交易平台的淘宝网关闭交易,这种行为本身是否合法?按照我国现行法律法规,淘宝网的行为涉嫌侵犯了消费者的自由交易权,损害了消费者的合法权益,应赔礼道歉并赔偿消费者的相应损失。

目前,我国电子商务领域安全问题日益凸显,比如,支付宝或者网银被盗现象频频发生,给用户造成越来越多的损失,这些现象对网络交易和电子商务提出了警示。然而,监管不力导致消费者权益难以保护。公安机关和电信管理机关、电子商务管理机关应当高度重视电子商务暴露的安全问题,严格执法、积极介入,彻查一些严重影响互联网电子商务安全的恶性事件,切实保护消费者权益,维护我国电子商务环境健康有序地发展。

第二节 电子商务安全技术

电子商务是活动在互联网平台上的一个涉及信息、资金和物资交易的综合交易系统,其安全对象不是一般的系统,而是一个开放的、人在其中频繁活动的、与社会系统紧密耦合的复杂系统。因此,一个完整的电子商务安全体系,至少应包括 3 类措施,并且三者缺一不可:一是技术方面的措施,如防火墙技术、网络防毒、信息加密存储通信、身份认证、授权等;二是管理方面的措施,包括交易的安全制度、交易安全的实时监控、提供实时改变安全策略的能力、对现有安全系统漏洞的检查以及安全教育等;三是社会的法律政策与法律保障。只有从上述 3 个方面入手,才能真正实现电子商务的安全。

一、技术措施

(一) 加密技术

加密技术是电子商务采取的主要技术手段,是认证技术及其他许多安全技术的基础。通常信息加密的途径是通过密码技术实现的。采用密码技术可以对传输中的数据流进行加密,满足信息机密性的安全需求,避免敏感信息泄露的威胁。例如微信等账号登录密码。

> ✓ **思政小贴士**
>
> 第四届"未来科学大奖"迎来了首位女性得主,她就是密码学家王小云。2004、2005 年,王小云团队在密码学界的会议上先后宣布破解了几个著名的密码

算法，包括 MD5、SHA-1，引起轰动。《赛先生》与北京大学北京国际数学研究中心长聘副教授董彬独家电话连线王小云教授，在接受采访时她说："我在山东大学工作了 10 多年，做哈希函数的分析也接近 10 年的时间。这 10 年是我科研生涯非常重要的时期。我想，在我一生的研究经历当中，哈希函数的研究是非常重要的，是不是最重要的我不知道，我还是希望能够有更好的研究，对我国密码学的科学研究有更好的贡献。但至少在山大的 10 年，是我最重要的一段经历。一开始我从事公钥密码，做可证明安全方面的研究，当时因为我国几乎没有人从事哈希函数的研究，我开始了哈希函数的研究专项。这 10 年的过程还是比较艰苦的，从一开始初步做分析，到一点一点把分析的理论体系建起来，需要有一个漫长的过程，因为它不是一天建立起来的，直到针对两大通用的标准 MD5 和 SHA-1，能够给出比较好的碰撞攻击。尽管这个过程比较艰难，但依然是非常值得享受的一个过程。"在问及平常的研究状态是什么样的？她说："因为当时我只是一个普通老师，还没有独立的办公室，我就在家里工作。我比较喜欢在家工作，上完课就到书房里工作。我家的书房阳光明媚，鲜花灿烂，基本上是这样的环境。我每天打扫完卫生以后就投入到科研中，所以过程还是比较享受的。在科研当中，每当我在思考一个数学问题，却找不到答案的时候，我就会起来打扫打扫卫生，或者是养养花儿、浇浇水、干一些其他的事情，但实际上脑子里一直没有放下科学问题，甚至在去幼儿园接送女儿的路上也是在思考这些问题。严格地讲，我一边科研，同时兼顾着我的家庭生活，科研一直没有放下，一直在我的脑子里。"

通过上述故事，我们应该学习王小云坚韧不拔的钻研精神，树立科技报国的理想和信念，激发我们的爱国主义精神。

（二）认证技术

认证技术可以直接满足身份认证、信息完整性、不可否认和不可修改等多项网上交易的安全需求，较好地避免了网上交易面临的假冒、篡改、抵赖、伪造等种种威胁。认证技术主要涉及身份认证和报文认证两个方面。身份认证用于鉴别用户身份，报文认证用于保证通信双方的不可抵赖性和信息的完整性。例如广泛应用到支付的人脸识别和指纹认证等。

（三）黑客防范技术

目前，人们已提出了许多有效的黑客防范技术，主要包括网络安全评估技术、防火墙技术、入侵检测技术等。

(四) 反病毒技术

长期以来,计算机病毒一直是计算机信息系统中的一个很大的不安全因素。反病毒技术主要包括预防病毒、检测病毒和消毒 3 种技术。

1. 预防病毒技术

它通过自身常驻系统内存优先获得系统的控制权,监视和判断系统中是否有病毒存在,进而阻止计算机病毒进入计算机系统和对系统进行破坏。这类技术有加密可执行程序、引导区保护、系统监控与读写控制(如防病毒卡)等。

2. 检测病毒技术

它是通过对计算机病毒的特征来进行判断的技术,如自身校验、关键字、文件长度的变化等。

3. 消毒技术

它通过对计算机病毒的分析,开发出具有删除病毒程序并恢复原文件的软件。随着网络的发展,病毒传播的国际化发展趋势日趋明显,反病毒工作也由本地化走向国际化。所以,有效的反病毒产品必须能够对全球最新出现的病毒具有最快速的反应能力。

简单地说,预防病毒、检测病毒、消毒的过程就像是电脑得了一场感冒,预防病毒就是多吃蔬菜水果,早睡早起;检测病毒就像是扁桃体发炎,这是身体免疫器官在进行全身检查,这样你才知道是病毒性感染还是细菌性感染;消毒技术就是吃药,输液的过程,病毒清除,身体健康。

二、管理措施

安全管理措施通常以制度的形式出现,即用条文对各项安全要求做出规定。这些制度主要包括人员管理制度、保密制度、跟踪、审计、稽核制度、病毒防范制度和应急措施等。

1. 人员管理制度

人是电子商务活动中的主要参与者,对于从事电子商务的人员,一方面需要具有传统商务活动的知识和经验;另一方面,又必须具有相应的计算机网络知识和操作技能。由于从事商务活动的人在很大程度上支配着市场经济下企业的命运,而计算机网络犯罪又具有智能型、隐蔽性、连续性等特点,因而对电子商务活动中人员的管理很重要。

2. 保密制度

从事电子商务工作的企业,内部会涉及很多保密信息,如客户隐私、公司财务状况、密钥等,而每类信息又有不同的安全级别,哪些是可以让客户随意访问的,哪些是公司普通员工可以访问的,哪些又是高级管理员才能访问的,这些都需要通过保密制度明确下来。

3. 跟踪、审计、稽核制度

跟踪制度是以系统自动生成日志文件的形式来记录系统运行的全过程。日志内容包括操作日期、操作方式、登录人、登录次数、运行时间、交易内容等。通过日志文件，可以对系统进行监督、维护分析和故障排除，对于安全案件的侦破提供事实依据。审计制度包括经常对系统日志的检查、审核，及时发现对系统故意入侵行为的记录和对系统安全功能违反的记录、监控和捕捉各种安全事件，保存、维护和管理系统日志。稽核制度是指工商管理、银行、税务人员利用计算机及网络系统，借助于稽核业务应用软件调阅、查询、审核、判断辖区内各电子商务参与单位业务经营活动的合理性、安全性，堵塞漏洞，保证电子商务交易安全，发出相应的警示或做出处理处罚等有关决定的一系列步骤及措施。

4. 病毒防范制度

在电子商务安全问题中，病毒对网络交易的顺利进行造成极大的威胁。从事网上交易的企业和个人都应当建立病毒防范制度。如给自己的计算机安装防病毒软件、认真执行病毒定期清理制度、谨慎打开陌生地址的电子邮件、高度警惕网络陷阱等。

5. 应急措施

应急措施是指在计算机灾难事件发生时，利用应急计划、辅助软件和应急设施，排除灾难和故障，保障计算机信息系统继续运行或紧急恢复正常运行。在启动电子商务业务之初，就必须制订交易安全计划和应急方案，以防万一。一旦发生意外，有备无患，可最大限度地减少损失，尽快恢复系统的正常工作，保证交易的正常进行。灾难恢复包括许多工作：一方面是硬件的恢复，使计算机系统重新运转起来；另一方面是数据的恢复。一般来讲，数据的恢复更为重要，难度也更大。运用的数据恢复技术主要是瞬时复制技术、远程磁盘镜像技术和数据库恢复。

三、法律政策与法律保障

电子商务的安全发展必须依靠法律的保障，通过法律等条文。目前，电子商务的立法问题得到了有关国际性、地区性组织和许多国家政府的高度重视，保障电子商务安全的法律环境正在逐步建设中。

第三节 电子商务交易中的安全协议

为了满足网络安全传输服务，电子商务主要采用安全套接层协议（Secure Sockets Layer，SSL）、安全电子交易协议（Secure Electronic Transaction，SET）、安全 HTTP（S－HTTP）协议、安全电子邮件协议（PEM、S/MIME 等）、虚拟专用网 VPN。这里我们主要讲解前两项。

一、安全套接层协议

（一）SSL 概述

安全套接层协议 SSL 是一种国际标准的加密及身份认证通信协议，是一种在客户端和服务器端之间建立安全通道的协议。它主要使用公开密钥体制和 X.509 数字证书技术保护信息传输的机密性和完整性，不能保证信息的不可抵赖性。SSL 主要适用于点对点之间的信息传输，被设计用来使用 TCP 提供一个可靠的端到端安全服务，为两个通信个体之间提供保密性和完整性（身份鉴别）。它常用 Web Server 方式。SSL 通过加密传输来确保数据的机密性，通过信息验证码（Message Authentication Codes，MAC）机制来保护信息的完整性，通过数字证书来对发送和接收者的身份进行认证。SSL 一经提出，就在 Internet 上得到广泛的应用，最常用来保护 Web 的安全，保护存有敏感信息 Web 的服务器的安全，消除用户在 Internet 上数据传输的安全顾虑。在网络上传输的敏感信息（如电子商务、金融业务中的信用卡号或 PIN 码等机密信息）都纷纷采用 SSL 来进行安全保护。

（二）SSL 协议作用

SSL 以对称密码技术和公开密码技术相结合，可以实现如下 3 个通信目标。

1. 秘密性

SSL 客户机和服务器之间传送的数据都经过了加密处理，网络中的非法窃听者所获取的信息都将是无意义的密文信息。

2. 完整性

SSL 利用密码算法和散列（Hash）函数，通过对传输信息特征值的提取来保证信息的完整性，确保要传输的信息全部到达目的地，可以避免服务器和客户机之间的信息受到破坏。

3. 认证性

利用证书技术和可信的第三方认证，可以让客户机和服务器相互识别对方的身份。为了验证证书持有者是其合法用户（而不是冒名用户），SSL 要求证书持有者在握手时相互交换数字证书，通过验证来保证对方身份的合法性。

（三）SSL 协议实现的步骤连接和会话

1. 接通阶段

客户机通过网络向服务器打招呼，服务器回应。

2. 密码交换阶段

客户机与服务器之间交换双方认可的密码，一般选用 RSA 密码算法。

3. 会谈密码阶段

客户机器与服务器间产生彼此交谈的会谈密码。

4. 检验阶段

客户机检验服务器取得的密码。

5. 客户认证阶段

服务器验证客户机的可信度。

6. 结束阶段

客户机与服务器之间相互交换结束的信息。

(四) SSL 协议与电子商务

通过数字签名和数字证书可实现浏览器和 Web 服务器双方的身份验证，在用数字证书对双方的身份验证后，双方就可以用保密密钥进行安全的会话了。然而，SSL 是一个面向连接的协议，在涉及多方的电子交易中，只能提供交易中客户与服务器之间的双方认证，而电子商务往往是由客户、网站、银行三家协作完成，SSL 协议并不能协调各方之间的安全传输和信任关系。SSL 协议运行的基点是商家对客户信息保密的承诺。但在实际电子商务流程中 SSL 协议有利于商家而不利于客户：客户的信息首先传到商家，商家阅读后再传到银行，这样，客户资料的安全性便受到威胁。随着电子商务参与方的迅速增加，SSL 协议的缺点完全暴露出来。比如 SSL 提供的保密连接有很大的漏洞。另外，SSL 对应用层不透明，只能提供交易中客户与服务器间的双方认证，在涉及多方的电子交易中，SSL 协议并不能协调各方间的安全传输和信任关系，因此，SSL 协议逐渐被新的 SET 协议所取代。目前，我国开发的很多电子支付系统，如中国银行的长城卡电子支付系统，并没有采用 SSL 协议，主要原因就是无法保证客户资金的安全性。

二、SET 协议

(一) SET 协议概述

SET 协议（Secure Electronic Transaction，安全电子交易）是应用层协议，是由 VISA 和 MasterCard 两大信用卡公司联合推出的规范，用于保证在公共网络，特别是 Internet 上进行银行卡支付交易的安全性，能够有效地防止电子商务中的各种诈骗。SET 协议是目前已经标准化并且被业界所广泛接受的一种基于信用卡的付款机制。作为一种应用于互联网环境、以信用卡为基础的电子支付交易协议，SET 协议可以解决持卡人、商家和银行之间通过信用卡来进行网上支付的交易，旨在保证支付命令的机密性、支付过程的完整性、商家以及持卡人身份的合法性以及可操作性。在 SET 系统中，符合 SET 协议的相关软件安装在持卡人计算机、网络商店与收单银行的网络服务器主机与认证中心服务器中，这些相关的软件负责提供符合 SET 规范的信息处理以及确认彼此之间由认证中心所核发的数字证书是否合法。

（二）SET 协议中的相关成员

SET 协议中的角色如下：

1. 持卡人（Card holder）

在电子商务环境中，消费者和团体购买者通过计算机与商家交流，持卡人通过由发卡机构颁发的付款卡（例如信用卡、借记卡）进行结算。在持卡人和商家的会话中，SET 可以保证持卡人的个人账号信息不被泄漏。

2. 发卡机构（Card Issuer）

它是一个金融机构，为每一个建立了账户的顾客颁发付款卡，发卡机构根据不同品牌卡的规定和政策，保证对每一笔认证交易的付款。

3. 商家（Merchant）

提供商品或服务，使用 SET 就可以保证持卡人个人信息的安全。接受卡支付的商家必须和银行有关系。

4. 收单银行（Acquiring Bank）

在线交易的商家在银行开立账号，并且处理支付卡的认证和支付。

5. 支付网关（Payment Gateway）

支付网关是由银行操作的，将 Internet 上的传输数据转换为金融机构内部数据的设备，或由指派的第三方处理商家支付信息和顾客的支付指令。

6. 认证中心（Certificate Authority，CA）

为了保证电子商务交易的安全，首先要验证或识别参与网上交易活动的各个主体（如持卡消费者、商户、收单银行的支付网关）的身份，并用相应的电子证书代表他们的身份。CA 为每个交易参与方生成一个数字证书作为交易方身份的验证工具。

（三）SET 的主要目标

（1）信息在 Internet 上的安全传输，保证网上传输的数据不被黑客窃听；

（2）订单信息和个人账号信息的隔离，在将包括消费者账号信息的订单送到商家时，商家只能看到订货信息，而看不到消费者的账户信息；

（3）消费者和商家的相互认证，以确定通信双方的身份，一般由第三方机构负责为在线通信双方提供信用担保；

（4）要求软件遵循相同的协议和消息格式，使不同厂家开发的软件具有兼容和互操作功能，并且可以运行在不同的硬件和操作系统平台上。

（四）SET 运作方式

（1）持卡人使用浏览器在商家的 WEB 主页上查看在线商品目录浏览商品。

（2）持卡人选择要购买的商品。

（3）持卡人填写订单，包括：项目列表、价格、总价、运费、搬运费、税费。订单可通过电子化方式从商家传过来，或由持卡人的电子购物软件（wallet）建立。有的在线商场可以让持卡人与商家协商物品的价格（例如出示自己是老客户证明，或给出了竞争对手的价格信息）。

（4）持卡人选择付款方式。此时 SET 开始介入。

（5）持卡人发送给商家一个完整的订单及要求付款的指令。在 SET 中，订单和付款指令由持卡人进行数字签名。同时利用双重签名技术保证商家看不到持卡人的账号信息。

（6）商家接受订单后，向持卡人的金融机构请求支付认可。到银行，再到发卡机构确认，批准交易。然后返回确认信息给商家。

（7）商家发送订单确认信息给顾客，顾客端软件可记录交易日志，以备将来查询。

（8）商家给顾客装运货物，或完成订购的服务。到此为止，一个购买过程已经结束。商家可以立即请求银行将钱从购物者的账号转移到商家账号，也可以等到某一时间，请求成批划账处理。

（9）商家从持卡人的金融机构请求支付，在认证操作和支付操作中间一般会有一个时间间隔，例如，在每天的下班前请求银行结一天的账。

（五）SET 协议的局限性

目前，SET 协议面临的最大挑战在于定期进行网上购物的消费者极少，原因主要是 SET 协议为了保证安全性而牺牲了简便性，操作过于复杂、成本较高、具有较大竞争力的 SSL 协议的广泛应用、部分经济发达国家的法律规定了持卡人承担较低的信用卡风险等。SET 协议提供了多层次安全保障，复杂程度显著增加；这些安全环节在一定程度上增加了交易的复杂性。

另外，SET 协议目前只局限于银行卡的网上支付，对其他方式的支付没有给出很好的解决方案。SET 协议只支持 B2C 模式的电子商务，而不支持目前最具有前途和影响力的 B2B 电子商务交易。SET 由于其高度的安全性和规范性，使其逐步发展成为目前安全电子支付的国际标准。

三、SSL 协议与 SET 协议比较

（一）协议层次及功能

SSL 属于传输层的安全技术规范，它不具备电子商务的商务性、协调性和集成性功

能。SET 协议位于应用层，它不仅规范了整个商务活动的流程，而且制定了严格的加密和认证标准，具有商务性、协调性和集成性功能。

SSL 可以很好地封装应用层数据，不用改变位于应用层的应用程序，对用户是透明的。同时，SSL 只需要通过一次"握手"过程就可以建立客户与服务器之间的一条安全通信通道，保证传输数据的安全。但是，SSL 并不是专为支持电子商务而设计的，只支持双方认证，商家完全掌握消费者的账户信息。

SET 协议位于应用层，其认证体系十分完善，可以实现多方认证，SET 中消费者账户信息对商家来说是保密的。但是 SET 协议十分复杂，交易数据需要进行多次验证，用到多个密钥以及多次加密解密，规范了整个商务活动的流程，从持卡人到商家，到支付网关，到认证中心及信用卡结算中心之间的信息流走向及必须采用的加密、认证都制定了严密的标准，从而最大限度地保证了商务性、服务性、协调性和集成性。

（二）安全性

SET 协议由于采用了公钥加密、信息摘要和数字签名，可以确保信息的保密性、可鉴别性、完整性和不可否认性，且 SET 协议采用了双重签名来保证各参与方信息的相互隔离。

SSL 协议虽也采用了公钥加密、信息摘要和 MAC 检测，可以提供保密性、完整性和一定程度的身份鉴别功能，但缺乏一套完整的认证体系，不能提供完备的防抵赖功能。

（三）处理速度

SET 协议非常复杂、庞大，处理速度慢。一个典型的 SET 交易过程需验证电子证书 9 次、验证数字签名 6 次、传递证书 7 次、进行 5 次签名、4 次对称加密和 4 次非对称加密，整个交易过程可能需花费 1.5~2 分钟；SSL 协议则简单得多，处理速度比 SET 协议快。

（四）用户接口

SSL 协议已被浏览器和 WEB 服务器内置，无须安装专门软件；

而 SET 协议中客户端需安装专门的电子钱包软件，在商家服务器和银行网络上也需安装相应的软件。

（五）认证要求

早期的 SSL 协议并没有提供身份认证机制，虽然在 SSL3.0 中可以通过数字签名和数字证书实现浏览器和 Web 服务器之间的身份验证，但仍不能实现多方认证，而且 SSL

中只有商家服务器的认证是必须的，客户端认证则是可选的。

SET 协议的认证要求较高，所有参与 SET 交易的成员都必须申请数字证书，并且解决了客户与银行、客户与商家、商家与银行之间的多方认证问题。

（六）加密机制

SSL 对网上传输的所有信息都加密，因此每次传输速度相对较慢，尤其是当网页中图片较多时。SET 对网上传输的信息进行加密，是有选择的，它只对敏感性信息加密，比如只对 Form 中输入的信用卡账号加密。由于 SSL 是基于传输层加密，SSL 为高层提供了特定接口，使得应用方无须了解传输层情况，对用户完全透明；但 SSL 大都采用 40 位密钥。SET 的加密过程则不同于 SSL。在很大程度上加密对它而言只是一种普及的技术手段，而不像 SSL 中把加密看作一种重要组成部分。SET 中广泛使用了数字信封等技术，并采用严密的系统约束来保证数据传输的安全性。

由于 SSL 协议的成本低、速度快、使用简单，对现有网络系统不需进行大的修改，因而目前取得了广泛的应用。但随着电子商务规模的扩大，网络欺诈的风险性也在提高，在未来的电子商务中 SET 协议将会逐步占据主导地位。

第五章 网络支付与交易

✦ 项目导航

- 了解网络支付概念及发展现状
- 重点掌握网上支付盈利模式及网上支付安全问题
- 难点：理解网上支付规定及其最新修订

✦ 课程思政

通过案例分享，培养学生的网络媒介素养，从而增强学生的文化自信。

思政导入

加强网络媒介素养教育，增强文化自信

2020年，新冠肺炎疫情的暴发大大刺激了互联网的应用，人们触网的时间成倍增加，尤其是大学生在上课、获取信息、生活娱乐及社交等方面都高度依赖互联网。互联网的影响力如此之大，对人们进行网络媒介素养教育就显得格外重要。网络媒介素养教育是指，使人们在了解网络知识的基础上形成其对网络媒介的正确认知，培养人们正确使用和有效利用网络的能力，并使人们理性地生产、传播和运用网络信息的一种教育。也有学者称之为新媒介素养教育。当前，网络文化对大学生的人生观、世界观、价值观的形成，对大学生的媒介学习、媒介生活和媒介社交活动等，都有重大影响，网络媒介素养教育作为大学生的在校基础素养教育课程非常有必要。

文化自信是两种以上文化在交流和竞争中，"面对其他文化而形成的一种心理意识状态"，包括文化内容的现实解释力以及文化表达和文化传播方面的自信。习近平总书记在十九大报告中强调，"全党要坚定道路自信、理论自信、制度自信、文化自信。"在庆祝中国共产党成立95周年大会上，习近平总书记强调指出："文化自信，是更基础、更广泛、更深厚的自信。"文化自信是一个国家、一个民族以及一个政党对自身文化价值的充分肯定和积极践行。我国的文化自信教育就是要让大学生了解我国博大精深的传

统文化,并传承其精华、去除其糟粕;要认同革命文化,即在革命、建设和改革的伟大实践中,我们党团结带领全国各族人民所创造的鲜明独特、奋发向上的革命文化;要坚信社会主义先进文化,它是以马克思主义为指导,植根于中华优秀传统文化,彰显社会主义核心价值观,既立足于中国实际,又吸收国外文化有益成果,并通过不断改革创新而形成的先进文化,它对各种社会思潮具有引领和纠偏的重要作用。

网络媒介建构了当代文化现状,面对复杂的网络媒介文化语境,网络媒介素养教育就显得尤为重要。我们从网络媒介与社会的互动关系入手培养大学生对网络媒介的理性分析能力,结合提升文化自信来培养其对网络信息的批判性思维能力。这次抗疫过程就是网络媒介与全社会互动的过程。地方政府从迅速决策和科学应对到现在取得阶段性胜利,在此期间还与普通民众通过网络媒介实现了全方位互动。可以通过这些新闻引导大学生们进行理性分析,使其在大量信息中不跟风、不盲从。另外,我们要在信息发布、网页制作、网站设计等教学内容中嵌入文化自信教育,培养大学生积极参与媒介活动、参与文化传承的公民意识。比如某些短视频中的中国文化背景,就展示了中国人传统而本真的生活方式,有利于让城市人找到心灵的归属,也有利于让世界了解到一种鲜活的中国文化。

(资料来源:邓榕,黄柏青,欧新良.文化自信教育视域下网络媒介素养教育课程改革探究.长沙大学学报,2020年7月.)

【案例思考】如何加强大学生的网络媒介素养教育?

【案例启示】

网络媒介素养教育的根本目的是提高大学生的媒介素养,而素养的提高不仅靠传授,更重在实践。网络信息具有多样化、复杂化和多变性,只有让学生身临其境地在网络媒介素养教育的活动中不断锻炼和探索,其媒介素养才能真正得以提高。对于非官方或非权威信息,教师要鼓励学生去怀疑和批判,以及审视信息背后隐藏的真实意图,养成反思、批判和立体思维的习惯;要求学生去感受被媒介包围的生活环境,体验各种媒介对自己的影响,从而从自身的感受入手,去辨析不同的媒介符号作用。学生利用的博客、播客、抖音、微信、QQ等网络媒介都是基于Web2.0定义的技术,都是在强调分众传播的对等信息交互,而学生既是信息接收者也是信息的创造者。因此,要鼓励其积极参与博客、播客等的内容构建,这既能提升他们对媒介素养教育基本理论的运用能力,又可以使他们通过制作网页、撰写博客等实践获得媒介信息制作、表达观点的能力,使他们在面对类似的媒介文本时更加理性、更加有批判精神,从而巩固和强化网络媒介素养教育和文化自信教育的叠加效果。

你习惯用微信还是支付宝?支付宝这样解释自己:"自2004年成立到现在,我们在行业里从0到1,开疆辟土敢为人先地做了一些事,有些事在当时是不可思议的,但现

在已化为寻常。互联网刚刚兴起时，大家都对网上付款不信任。卖家担心买家不给钱；买家担心卖家不发货。

支付宝首创了担保交易，解决了信任的问题。通过由支付宝作为担保方，买家把钱付给支付宝，当他收到货确认满意之后再通知支付宝把钱给到卖家。通过这样的方式初步解决了当时两个电子商务交易最基本的问题。让更多的人愿意网购，放心在网上支付，直到今天。

我们享受着网络带来支付的便利，支付宝乘上互联网扬帆起航。这绝对不是支付宝，当然也不是微信支付的终点。

第一节　网上支付概述

网上支付是电子商务的关键环节之一，也是电子商务得以顺利发展的基本条件。没有合适的支付手段相配合，电子商务就成了纸上谈兵，只能是电子商情、电子合同，而无法在网上成交。网上电子支付要求金融业务电子化，并建立网上银行。用户可以不受时间、空间的限制，只要用一台 PC 机，或是一部手机，就可以享受全天候的网上金融服务。这里的网上金融服务是指实质性的金融服务，除了传统的商业银行业务之外，还可以进行网上电子支付与结算。

一、网上支付的定义

网上支付是电子支付的一种形式。广义地讲，网上支付是以互联网为基础，利用银行所支持的某种数字金融工具，发生在购买者和销售者之间的金融交换，实现从买者到金融机构、商家之间的在线货币支付、现金流转、资金清算、查询、统计等过程。网上电子支付系统是一个包括买（消费者或用户）卖（商家或企业）双方、网络金融服务机构（包括商家银行、用户银行）、网络认证中心以及网上电子支付工具（电子货币，诸如电子支票、信用卡、电子现金）和网上银行等各方组成的大系统。网络支付系统有安全电子交易协议或安全套接层协议等安全控制协议，这些涉及安全的协议构成了网上交易的可靠环境；网上交易与支付的环境的外层，通过国家及国际相关法律、法规的支撑得以实现。个人用户的网上电子支付主要涉及网络购物、预订航空机票、教育（网络教育和考试网上报名等）、网上缴费、网络游戏、数字出版等等。

二、网上支付的功能

网上支付系统的功能是金融电子化网络，各类电子流通的支付工具，通过在线商用电子化机具以及互联网络中的交易信息来体现。网上电子支付的交易安全保证则通过网络交易安全认证机构的全过程认证以及互联网络本身的防火墙、信息加密措施以及对恶意攻击和欺诈的实时跟踪、检测、防卫措施来实现。网上电子支付系统是面向网络金融服务业务的总需求而搭建的，具有以下几个方面的功能：

（一）提供金融信息综合服务

包括银行信息服务，比如用户查询金融政策信息、市场利率、市场汇率、服务行情，以及金融产品的信息查询、余额查询、交易查询等；对银行提供的中间业务，比如网上担保业务、买方信贷业务、网上抵押按揭贷款评估业务等；货币支付服务，比如网上购物与消费时的在线支付服务等。

（二）提供网络银行的综合业务服务

包括网络营销、电子商务服务、网上银行服务等。

（三）解决支付过程中的各种问题

主要包括以下几个方面：第一，建立公开安全的认证体系，在交易行为发生时对电子证书和数字签名进行验证。第二，可靠、快捷地处理网上支付。例如，小额支付时可使用卡、存折、邮局汇款、电话支付等多种方法，大额支付时可使用转账及网上信用证等方法。第三，可靠的安全措施，即除了采用网上支付时的 128 位以上的高强度加密算法之外，还相应地对网络系统的核心软件配备高强度的交易安全协议，防止黑客的有效攻击。第四，完善的网上支付法律保障环境。第五，面向网上支付参与方的良好互联网环境，其中包括有效的网络结构、宽阔的干线与出口带宽、优秀的网络运行质量以及用宽带连接的网络转换中心等。同时，使上网交易和参与支付的各方得到上网资费的实惠。第六，有较好的公用电子商务基础设施。总之，满足上述诸多方面需求的网上电子支付系统，应包含一个大的公共互联网络环境，以及处在该环境中的在线电子支付系统、有效的网上支付工具群、网上交易安全认证体系、网上信息流安全传输与通信系统。

三、网上支付现状

现如今，网上支付逐渐演变成第三方支付为主导的网上支付平台，讨论网上支付现状应着眼于第三方支付的发展。从宏观层面来讲，第三方支付的出现犹如一把"双刃剑"。

（一）支付业务量保持快速增长

近年来，以互联网支付、手机支付、预付费卡、POS 收单等为首的第三方支付业在

国内蓬勃发展，第三方支付已成为中国多层次金融服务体系的重要组成部分，线上线下融合、跨境支付、互联网金融等有望成为第三方支付业未来的新"蓝海"。微信红包、手机打车软件、手机购物等的兴起，使国内许多消费者对手机支付不再陌生。据快的打车公布的数据显示，一年时间内，仅快的打车在线支付车费总交易额高达128亿元。手机支付只是当前第三方支付业爆发式增长的一个缩影。

（二）支付产品和服务创新深入发展

支付机构通过产品与创新、客户与行业细分，推动互联网支付、移动支付、数字电视支付等新兴电子支付快速发展，提高了支付服务的效率和质量，客户的支付体验明显改善。具体表现为：支付应用领域逐步拓展，涵盖网上购物、电子客票、电影票、游戏、话费充值等客户日常生活的各类便捷需要；支付应用场景不断丰富，覆盖地铁、公交、超市、加油站等应用；交易支付线上、线下融合发展和规模化应用，使资金渠道来源不断拓宽，实现了银行账户、支付账户、预付卡、电子现金账户等在移动支付中的应用，拓展了金融服务的广度和深度，满足客户多样化支付需求。

（三）个人隐私和消费者权益保护问题

目前，第三方支付方式主要有拉卡拉、支付宝、微信支付等，这些支付平台都需要交易双方提供真实可靠的个人信息，绑定银行卡才能进行交易。可见，第三方支付平台拥有大量的用户信息，而在这个信息时代，处处是商机。与此同时，不少非法分子将眼光瞄上了这一领域，他们利用第三方平台安全防护能力不足、内部管理不够完善等漏洞，获取了大量用户隐私信息，并由此获利。同时，由于第三方支付拥有交易成本低、跨区域交易便捷、可实现交易匿名等特点，不少犯罪分子利用它进行洗钱活动甚至涉黄涉毒，各种违法犯罪行为层出不穷。也正是因为这些特点，涉及网络支付的维权行为以及案件侦破难度倍增。

从交易功能来讲，中国的第三方支付市场可以划分为三个阶段，每个阶段出现一类新的模式，推动市场发展，而原有的模式也继续留在市场中。

第一阶段：服务于交易支付网关的模式，即最基本的第三方支付模式。第三方支付企业是各家商户和银行之间连接的"中转站"，能够有效地提升电子支付连接的效率，并从逻辑架构上降低搭建支付系统的成本。之所以称其价值为"服务于交易"，是指支付网关模式是服务于已经达成交易的资金支付，即交易是前提，一般第三方支付企业在交易流程中几乎没有体现。支付网关模式是最普遍的第三方支付模式，所有的第三方支付企业都提供该模式，但由于其属于被动响应的服务方式，因此其发展速度受限于应用市场的发展程度。至今该模式仍在广泛使用。

第二阶段：推动中国第三方支付市场发展的模式。该模式是2004年开始出现的信用中介模式，其由支付宝首创。随着该模式的发展，支付宝也快速成为第三方支付市场的绝对领先者。信用中介模式的价值在于促成交易，中国互联网交易信用体系一直不健全，而信用中介的模式能够通过第三方介入的模式有效解决在线交易中的信任问题，真正实现促成交易。随着这一瓶颈的突破，中国网上零售市场得以飞速发展，而信用中介模式的第三方支付方式迅速成为主流，也培养了最广泛的使用人群。信用中介模式的使用前提是用户需要注册一个虚拟账户，虚拟账户的出现也大大提升了用户在线支付操作的便捷性，成为中国第三方支付市场用户认知度最高的支付方式。除了创立该模式的支付宝外，腾讯旗下的财付通也在2005年年底以信用中介模式进入第三方支付市场。在中国第三方支付市场，除支付宝和财付通外，其他的厂商由于没有理想的商户平台，均没有成熟的信用支付模式应用。

第三阶段：创造交易便捷支付工具模式。其重点在于工具，即支付账户或者电子钱包成为用户经常使用的具有工具属性的应用之一。便捷支付工具模式有两个方面的体现，一是基于互联网的支付工具，支付宝在2008年注册账户达到1亿、2009年达到2亿之后，已经具备了中国互联网基本应用的属性，即与QQ等IM软件、电子邮箱一样成为中国网民上网必用的应用之一，而支付宝面向个人用户集成的公共事业缴费、信用卡还款、转账收款、电信缴费等功能则是用户主动使用支付宝的重要动因，也由此具有创造交易的价值；便捷支付工具的另一个体现则是基于手机客户端的移动支付业务。随着中国4G甚至5G时代的逐步深入，手机支付业务将会日趋成熟，支付应用与终端用户绑定得更加紧密，工具属性也将更加明确。

第二节　第三方支付

一、第三方支付概述

所谓第三方支付，就是通过与国内外各大银行签约并由具备一定实力和信誉保障的第三方独立机构提供交易支持平台。由独立的第三方平台作为中介，在网上交易的商家和消费者之间做一个信用的中转，通过改造支付流程来约束双方的行为，从而在一定程度上缓解彼此对双方信用的猜疑，增加网上购物的可信度。在通过第三方支付平台的交易中，买方选购商品后，使用第三方平台提供的账户进行货款支付，由第三方通知卖家货款到达、进行发货；买方检验物品后，就可以通知付款给卖家，第三方再将款项转至卖家账户。相对于传统的资金划拨交易方式，第三方支付可以比较有效地保障了货物质量、交易诚信、退换要求等环节，在整个交易过程中，都可以对交易双方进行约束和监督。在不需要面对面进行交易的电子商务形式中,第三方支付为保证交易成功提供必要的支持,因此随着电子商务在国内的快速发展,第三方支付行业也发展得比较快。中国的第三方支付产业,在整个国内电子支付业务中,占据很大的份额。

(一)银行方面

银行无须直接面对最终用户,极大地减少了服务成本,提高了处理速度和效率。

(二)商户方面

第三方支付平台提供了统一的应用接口,使商家不必分别同自成体系的多家银行连接,减少了重复开发和维护的成本。

(三)电子商务产业方面

第三方支付平台的努力推动和专业分工,反过来促进了电子商务产业的发展。

在现实的有形市场,异步交换权可以附加信用保障或法律支持来进行,而在虚拟的无形市场,交易双方互不认识,不知根底,这个支付问题曾经成为电子商务发展的瓶颈之一,卖家不愿先发货,怕货发出后不能收回货款;买家不愿先支付,担心支付后拿不到商品或商品质量得不到保证。博弈的结果是双方都不愿意先冒险,网上购物无法进行。为迎合同步交换的市场需求,第三方支付平台应运而生。第三方支付平台是买卖双方在缺乏信用保障或法律支持的情况下的资金支付"中间平台"。买方将货款付给买卖双方之外的第三方,第三方提供安全交易服务,其运作实质是在收付款人之间设立中间过渡账户,使汇转款项实现可控性停顿,只有双方意见达成一致才能决定资金去向。第三方支付平台担当中介保管及监督的职能,并不承担什么风险,简言之,这是一种支付托管行为,通过支付托管实现支付保证。

第三方支付是电子商务重要的一部分,网上购物和线下交易对于消费者而言,都已经是生活中不可缺少的一部分。在通过第三方平台支付的过程中,消费者的资金通常是先进入第三方支付在各银行开设的收款账户,然后第三方支付平台与商户进行结算,具体的做法如下:假设第三方支付平台在 A 银行和 B 银行均开设中间账户,并且存入一定的结算备付金。当顾客向商家付款时,平台通知 A 银行将顾客账户上的相应货款扣除,并在平台的中间账户上增加相同金额;然后通知 B 银行将平台中间账户扣除相同金额,并在商家账户上增加相同金额。这样,平台就分别通过与付款方和收款方的两次结算实现了一笔跨行支付。第三方支付平台要在各家参与银行都开设中间账户,并且存入备付金。消费者网上购物交易支付流程如下:

(1)网上消费者浏览商户检索网页,并选择相应商品,下订单达成交易;

(2)随后,在弹出的支付页面上,网上消费者选择具体的某一个第三方支付平台,

直接链接到其安全支付服务器上,在第三方支付的页面上选择合适的支付方式,单击后进入银行支付页面进行支付;

(3) 第三方支付平台将网上消费者的支付信息,按照各银行的支付网关技术要求,传递到相关银行;

(4) 由相关银行(银联)检查网上消费者的支付能力,实行冻结、扣账或者划账,并将结果信息回传给第三方支付平台和网上消费者;

(5) 第三方支付平台将支付结果通知商家;

(6) 接到支付成功的通知后,商户向网上消费者发货或者提供服务;

(7) 各个银行通过第三方支付平台与商户实施清算。

二、第三方支付盈利模式

就目前来说,以支付宝、微信为典型代表的第三方支付平台的营业收入主要来源于服务手续费收入、客户备付金利息收入、平台衍生收入(或增值服务收入)等。

(一) 服务手续费收入

1. 第三方支付平台针对个人客户转账、提现、信用卡还款等交易收取的服务费。如支付宝于 2016 年 10 月 12 日起对个人用户转账到银行卡(包括本人卡和他人卡)和账户余额提现等两项业务收费(具体收费标准略);又如微信支付自 2017 年 12 月 1 日起,对每位用户每个自然月累计信用卡还款额超出 5000 元的部分按 0.1% 进行收费(最低 0.1 元),未超过 5000 元的部分继续免费等等。

2. 第三方支付平台为商户或企业提供收付款服务、POS 机布放、款项查询、转移支付、退款等交易的服务收费。例如,微信支付的商户手续费标准中,针对不同行业的手续费费率通常为结算金额的 0.1%~1%,其中大多数为 0.60%;而传统 POS 机刷卡的手续费费率通常在 1%~3%。上述两部分收入是支付行业传统的收益来源,其增长主要依靠规模效应。

(二) 客户备付金利息收入

客户在使用第三方支付平台消费转账过程中,由于存在结算周期的时间差,会在备付金账户内沉淀出一定规模的资金。这部分资金的利息收入归第三方支付机构所有,但只能进行银行存款、基金购买,不能进行放贷等投资。

根据 WIND 资讯的数据统计,2017 年备付金利息收入在支付机构总收入中的占比大约为 9.52%。其中在预付卡发行与受理机构总收入中的占比为 22.24%,在类似支付宝、微信之类的网络支付机构总收入中的占比为 11.26%,在银行卡收单机构总收入中的占比为 1.81%。而随着中国人民银行逐步推进支付机构客户备付金集中存管制度,第三方支付机构依靠沉淀资金获取利息收入的空间将越来越小。

(三) 平台衍生收入 (或增值服务收入)

第三方支付平台通过累计客户信息、聚合交易信息、制造支付场景，衍生出诸如互联网营销、征信、金融等增值服务，分别对企业端客户及个人客户提供金融服务或产品销售。例如蚂蚁金服依托支付宝平台，拓展业务至小额贷款、网络银行、在线融资、在线理财、保险等多个衍生领域，这种类型的收入通常以"交易分成"形式计算和实现。

> **✓ 思政小贴士**
>
> 强化第三方支付平台的义务和责任，有利于保护经营者和消费者的资金安全和交易安全，从而保证社会主义核心价值观中的"平等、公正、法治、诚信"的践行。
>
> 1. 建立第三方支付平台的先行赔付制度
>
> 消费者和经营者在使用微信支付功能时，在通过官方链接进行付款和收账时，如果遭受木马等病毒的攻击而在交易中受到损失，第三方交易平台应当承担强制性的赔偿责任。同时，微信支付还有资金存储功能，如果发现这部分资金在正常的操作之中出现短缺、丢失、被盗用的情况，第三方交易平台应当在合理的范围内对用户先行赔付，然后再由交易平台对侵权人进行追责。
>
> 2. 建立第三方平台强制保险及风险防范机制
>
> 第三方支付平台承担着赔付用户资金损失的责任，这无形中加大了支付平台的义务，可以要求支付平台对用户资金进行保险，平摊支付平台的赔付风险，进而降低用户维权的难度。同时，建立第三方支付平台风险防范机制。在交易或者转账时，交易平台或支付平台可以弹出提示对话框，告知消费者支付风险等级和微商信用等级，提醒消费者慎重选择交易对象。电子商务相关行业协会等组织定期对消费者披露不合格商品信息和不诚信微商信息，便于消费者进行筛查。

第三节 网上交易安全

网民小胡是一名资深网络游戏玩家，常常网购游戏装备。小胡在某道具交易网站上物色到一位卖家，别人 1200 元的商品他只卖 1000 元。网购时，卖家发来一个网址链接，小胡匆匆扫了一眼，确认是支付地址后付了款。6 个多小时后，仍未收到货物的小胡觉得蹊跷，连忙打开支付宝核对，结果发现支付宝里没有一分钱。这时，小胡再次打开卖家发来的网址逐一比对,这才发现卖家所提供网址中一些字母被改了,他的货款并未打入支付宝,而是进了卖家伪造的支付宝。"只改了一些字母,不仔细看根本发现不了。"小胡大呼上当。

王女士在淘宝某网店看到了一款非常漂亮的项链装饰,其价格也适中。网店介绍该款项链装饰是从韩国引进,是时下最流行的。王女士看后非常动心,直接为自己和姐妹订购了10条,花费200元。但当第二天王女士收到项链时,却发现项链实物与网上照片存在巨大差距,像这种项链市面价最多也就5元钱,王女士立马感觉上当受骗了,随即要求退货。

在前面的章节中我们曾提到,电子商务安全问题一直是制约电子商务健康发展的瓶颈问题。作为电子商务中重要的一环——网上支付,其安全问题直接关系着整个电子商务链条的安全。那么,在网上购物及支付过程中究竟有哪些安全问题?作为我们个人消费者用户,需要如何保护自己的账户安全?支付宝在支付安全方面有哪些举措?在这一章节,我们将进行详细的讲述。在分析网购及支付风险之前,我们先来看几个案例。

1. 接收到的文件需谨慎

张女士可是一个真正的网购老手了,网购的四年来凭借着自己总结出来的一套行之有效的经验,可谓是"攻无不克,战无不胜"。但最近的两笔交易让她百思不得其解,明明是付了钱,却还是"等待买家付款"。联系卖家,说钱还没有收到,查看网上银行消费记录,钱却已汇出。在民警和支付宝的工作人员调查下,张女士终于揭开了谜底。原来问题出在几天前的一笔交易。当时张女士在与卖家沟通时,卖家发给了她一个名为"宝贝放大图"的文件,而这个文件就是问题的来由,它是一种劫持并篡改支付宝信息的病毒文件。所以随后的几笔交易都在张女士毫不知情的情况下,将收款的账户改为另一个支付平台。

2. 仿真号码需甄别

ID"小糊涂神"是淘宝的专业买家兼职卖家,一般的骗子无法动他分毫!一天,"小糊涂神"接到熟悉的"支付宝客服电话",客服声称账号被盗,要求提供支付宝登录密码及支付密码,以最大限度地减少损失。"小糊涂神"担心账号大量资金被盗,就告知了密码信息!电话过后"小糊涂神"不放心,上线查询支付宝账号,而所有资金全都转到了陌生人的账户中。"客服MM"其实是骗子伪装的,她以"小糊涂神"的支付宝账号被盗的名义,要求在电话中马上提供支付宝登录密码及支付密码,"小糊涂神"一时情急,就告诉了她,悲剧就这样发生了!其实骗子通过软件很容易把电话号码修改成他们想要的数字。骗子先用熟悉的号码骗取用户的信任,然后用一些危言耸听的话语恐吓用户,让用户乖乖地交出支付宝密码信息!一旦得手就会马上将资金转到其他账户上去!

3. 好友借钱需确认

某天,小张和往常一样在网上和朋友聊天消遣,突然好友小王发过来一条消息:

"要买东西,急用200元,你先借我,明天还你啊!"小王是小张多年的死党,所以,小张没有多想,就打了200元过去。可是后来,小张收到小王发过来的消息"我QQ被盗了,如果有人借钱,请大家千万不要借,以免上当!"小张就这样把200元白白地送给了骗子,真是追悔莫及啊!

4. 接收的链接地址慎打开

小王在淘宝上想充个话费,便找了找,在翻了几页后突然发现,"店庆半价优惠!"可卖家说因为要改价格,就要我接收链接,紧接着输入支付宝账户名、登录密码、支付密码!在最后一步,弹出了"系统升级,无法支付"的对话框。就在这时手机来了短信,是支付宝的确认信息,大意是说小王的账户出现异常操作,请输入×××××,确认是自己在操作。随后电话响了,是个外地号码,对方称是刚刚的话费充值卖家,说现在系统已经可以操作了,可以帮小王充话费,但是需要支付宝发送的校验码,小王当时竟然都没有怀疑,就把这个通向保险箱的大门给骗子打开了。挂掉了电话,小王就在等着话费,等呀等,就是没有充上话费的短信!嗯?小王有种不好的预感,惊了,快进账户查查吧!真的,什么都没有了!

当然,在网购及支付方面引起的安全问题还有很多很多,许多消费者往往因为自己一时的疏忽大意而造成惨重的损失。作为电子商务参与者,如何才能防患于未然?首先,有必要对网购过程中经常出现的一些诈骗手段进行一下归纳,然后才能有的放矢。

> **思政小贴士**
>
> 目前消费者普遍利用电子商务来进行购物和消费,但是在消费过程中对于网络安全支付消费者还没有给予应有的重视,缺乏一定的安全意识,不注重个人信息的保护,在收到不明链接和信息中没有科学处理,同时在电子商务的消费中也容易受到虚假广告等的诱骗,导致自身经济损失巨大。
>
> 电子商务以及网络安全支付在我国的发展和起步还比较晚,与之相配套的法律政策和制度还不够健全,当前我国在宏观上还缺乏完善的法律和信用体系,对于电子商务的交易活动以及网络安全支付无法起到有效的约束和管制,给网络安全支付风险的发生创造了有利条件。此外,电子商务的环境是开放、自由以及虚拟的,其中还存在一定的信用风险,虚拟的交易环境无论是电子商务企业还是消费者都缺乏一定的信用意识,商业欺诈、虚假交易以及交易信息泄露的问题层出不穷,这些问题都极大的影响着网络安全支付的安全性,对于践行社会主义核心价值观中"诚信、法制、公平、公正"也产生了消极的影响。

一、网上支付安全要素

网上电子支付系统是利用国际互联网、行业系统内和系统外网络及相关技术完成商业贸易交易的支付系统。网上电子支付安全问题的核心和关键是电子交易数据的安全性。由于互联网本身的开放性以及网络技术发展的局限性,使网上交易面临着种种安全威胁,对网上电子支付的安全要素控制是管理的重点。网上电子支付的安全要素主要有以下几个方面。

(一) 身份的可认证性

在传统交易中,交易双方往往是面对面进行交易,很容易确认对方身份,即使一开始不熟悉,也可以通过各种凭证鉴别身份。但在进行网上交易时,交易双方很可能在整个交易过程中不见面,如果不采取有效的保护措施,电子交易比传统的商务交易更容易发生假冒或欺诈等违法行为。对于顾客而言,必须能确认自己所访问的网上商店不是他人假冒的;而对于商家,则必须确认顾客确实有购买意愿和能力,会准时付款等。而满足这些需求的安全要素之一就是保证身份的可认证性,即双方在进行交易前,首先要确认对方的身份,不能被蒙骗。

(二) 信息的保密性

在传统的贸易中,一般都是通过面对面的信息交换,或是信件等通信渠道发送商业报文,达到保守商业机密的目的。而网上电子支付是建立在一个开放的网络环境上,如果不采取适当的保密措施,可能会有其他人知道交易双方的通信内容。另外,存储在网络上的文件如果不加密的话,也有可能被黑客窃取,造成敏感商业信息泄漏,导致商业上的巨大损失。例如,账户内的存款被转移,竞标价格被对手掌握等。因此,网上电子支付的第二个安全要素就是商业信息的保密性。也就是说,一定要对敏感信息进行加密,即使别人截获或窃取了数据,也无法识别信息的真实内容。

(三) 信息的完整性

信息的保密性问题,针对的是网络面临被动攻击威胁而提出的安全要求。所谓被动攻击,指的是不修改任何交易信息,而是通过截获、窃取、观察、监听、分析数据流和数据流模式获得有价值的情报。与之相对的主动攻击指的是篡改交易信息,破坏信息的完整性和有效性,以达到非法的目的。例如,改变汇款的收款人,更改信息的关键字眼等。因此,保证信息的完整性是网上电子支付的第三个安全要素,是针对主动攻击而提出的安全要求。也就是说,交易各方能够验证收到的信息是否完整且正确,是否曾经被人篡改过,或出现信息丢失等差错。

(四) 不可抵赖性

由于商情千变万化,随着时间的推移,商品的价格、质量、供需情况都会出现变化，这要求交易合同一旦达成就不能抵赖。在传统贸易中，贸易双方可通过书面文件或盖章、签名等证据作为保证。但在网上电子支付中，由于使用无纸化办公，必须使用新的技术防止抵赖行为。例如，延后或提前采购日期或不承认收到合同等。因此，不可抵赖性是网上电子支付的第四个安全要素。也就是说，网上电子支付的各个环节都必须是不可否认的，双方都不能否认自己曾发送或接收的信息。

（五）不可伪造性

在商务活动中，交易的文件是不可被修改的。传统贸易可通过笔迹鉴定等手段防止伪造行为，而网上电子支付没有书面的合同，又在开放的互联网上进行信息传播，很有可能出现伪造合同等行为。因此，不可伪造性是网上电子支付的第五个安全要素。也就是说，电子交易的合同文件也要做到不可修改，以维持其严肃性和公正性。

二、网上支付安全目标

网上电子支付的解决方案，必须保证达到以下目标：

（一）有效性

网上电子支付以电子形式取代了纸张，如何保证电子形式贸易信息的有效性是开展网上电子支付的前提。网上电子支付作为贸易支付的一种形式，其信息的有效性将直接关系到个人、企业或国家的经济利益和声誉。因此，要对网络故障、操作错误、应用程序错误、硬件故障、系统软件错误及计算机病毒所产生的潜在威胁加以控制和预防，以保证贸易数据在确定的时刻、确定的地点是有效的。

（二）机密性

网上电子支付作为贸易支付的一种手段，其信息直接代表着个人、企业或国家的商业机密。传统的纸面贸易支付都是通过邮寄封装的信件或通过可靠的通信渠道发送商业报文来达到保守机密的目的；而网上电子支付是建立在一个开放的网络环境（如 Internet）上的，维护商业机密是网上电子支付全面推广应用的重要保障。因此，要预防非法的信息存取和信息在传输过程中被非法窃取。

（三）完整性

网上电子支付简化了贸易支付过程，减少了人为的干预，同时也带来维护贸易各方商业信息的完整性和统一性的问题。由于数据输入时的意外差错或欺诈行为，可能导致贸易各方信息的差异。此外，数据传输过程中信息的丢失、信息重复或信息传送的次序差异也会导致贸易各方信息的失真。贸易各方信息是否完整将影响到贸易各方的交易和经营策略，保持贸易各方信息的完整性是网上电子支付应用的基础。因此，要预防他人对信息的随意生成、修改和删除，同时也要防止数据传送过程中信息的丢失和重复，并保证信息传送次序的统一。

（四）可靠性

网上电子支付可能直接关系到贸易双方的商业交易，如何确定要进行交易的贸易方正是所期望的贸易方，这一问题是保证网上电子支付顺利进行的关键。在传统的纸面贸易中，贸易双方通过在交易合同、契约或贸易单据等书面文件上手写签名或印章来鉴别贸易伙伴，确定合同、契约、单据的可靠性并预防抵赖行为的发生。这也就是人们常说的"白纸黑字"。在无纸化的交易方式下，通过手写签名和印章进行贸易方的鉴别已不可能。因此，要为在交易信息的传输过程中参与交易的个人、企业或国家提供可靠的标识。

第四节　网上支付新规

2015年6月21日，中国人民银行在网站上正式公布了《非金融机构支付服务管理办法》全文，办法规定未经中国人民银行批准，任何非金融机构和个人不得从事或变相从事支付业务。

办法所称非金融机构支付服务，是指非金融机构在收付款人之间作为中介机构提供部分或全部货币资金转移服务，这意味着支付宝、财付通、快钱等第三方支付机构均在管理之列。

办法规定，非金融机构如果要提供支付服务，应当依据本办法规定进行申请取得《支付业务许可证》，成为支付机构。

对于本办法实施前已经从事支付业务的非金融机构，应当在本办法实施之日起1年内申请取得《支付业务许可证》。逾期未取得的，不得继续从事支付业务。

2015年12月28日下午17点，中国人民银行公告〔2015〕第43号正式颁布了《非银行支付机构网络支付业务管理办法》（下称《办法》），困扰互联网金融行业多年的支付业务相关问题算是尘埃落地、真相大白，悬在空中的靴子，终于落了下来。从实名制的认定方式、交易金额、转账对象的限制以及监管的标准等大众关心的问题进行了详细的说明。

一、明确概念定义

哪些是非银行支付机构？《办法》所称的支付机构，是指"依法取得《支付业务许可证》，获准办理网络支付业务的非银行机构"。这就明确了支付机构的两个核心要素：第一，支付机构应取得支付业务许可证；第二，支付机构不是金融机构，更不是银行。因此，第三方支付是支付市场的补充者，应"去银行化""去银联化"，协助商业银行开展支付结算业务，与商业银行形成互助、互补的关系。

那么，什么是网络支付业务？网络支付业务是指"收款人或付款人通过计算机、移动终端等电子设备，依托公共网络信息系统远程发起支付指令，且付款人电子设备不与收款人特定专属设备交互，由支付机构为收付款人提供货币资金转移服务的活动"。这个听起来有点晦涩的定义，界定了网络支付的业务边界，也向我们传递了一个信息：目前比较普遍的线下扫描二维码进行支付的行为，并未得到央行认可，不属于网络支付业务。

二、回归业务本质

《办法》强调，支付机构应当遵循主要服务电子商务发展和为社会提供小额、快捷、便民小微支付服务的宗旨，这是对支付机构的根本定位。这就要求，支付机构不忘初心、回归本质，以服务好电子商务发展为出发点和落脚点，不经营或者变相经营证券、保险、信贷、融资、理财、担保、信托、货币兑换、现金存取等业务。

支付机构为客户提供网络支付服务，既可以基于客户的银行账户，也可以按照《办法》规定为客户开立支付账户。那么，支付账户的本质又是什么？《办法》强调，支付账户所反映余额的本质是预付价值，类似于预付费卡中的余额，与客户的银行存款完全不同。预付价值仅代表支付机构的企业信用，法律保障机制上远低于货币，也不受存款保险保障。一旦支付机构出现经营风险或信用风险，将可能导致支付账户余额无法使用，也不能回兑为银行存款，使客户遭受财产损失。在现实中，这样的案例已经多次出现。

三、实施分类管理

《办法》的最大亮点在于对支付账户和支付机构实施分类管理：

第一，优化了个人支付账户分类方式，从征求意见稿的综合类、消费类账户等两类扩充为Ⅰ类、Ⅱ类、Ⅲ类账户等三类，三类账户相应身份核实方式、余额付款功能和限额各有不同：Ⅰ类的开立仅需通过1个外部渠道验证客户身份，开户过程最为便捷，但仅用于消费和转账，且累计付款限额1000元；Ⅱ类如果以非面对面方式，应通过至少3个外部渠道验证身份，功能也是消费和转账，但限额提高到每年10万元；Ⅲ类最强大，除了消费和转账，还有投资理财功能，年累计限额为20万元，但需要至少5个外部渠道验证身份。

第二，对支付机构实施分类管理，将支付机构分为A、B、C等三类，对于高等级的支付机构,在客户身份验证、账户转账功能、单日交易限额、快捷支付验证、个人卖家管理等方面,制定了差别化措施。如 A、B 类机构的客户,在安全认证级别不足情况下的单日交易限额,可以从 5000 元分别提高到 10000 元、7500 元。

四、加强风险防范

近年来,网络支付领域风险隐患较多,《办法》着重从 5 个方面对支付机构提出要求:综合客户类型、身份核实方式、交易行为特征、资信状况等因素,建立客户风险评级管理制度和机制;根据客户风险评级、验证方式、交易渠道等因素,建立交易风险管理制度和交易监测系统,对疑似风险及时采取控制措施;向客户充分提示潜在风险,及时揭示不法分子新型作案手段,加强安全教育,与其他机构合作开展金融类产品销售前必须允分了解合作机构信息并向客户充分提示;以"最小化"原则采集和使用客户信息,告知客户相关信息的使用目的和范围,不得向其他机构或个人提供客户信息;提高交易验证方式的安全级别,采用的数字证书、电子签名、一次性密码、生理特征等验证要素应符合法律法规要求。

此外,《办法》还对网络支付系统设施、数据备份、技术规范等提出要求,并要求支付机构制定突发事件应急预案。

五、保护客户权益

《办法》针对支付机构客户权益保护方面的不足,明确 4 个方面要求:

在知情权方面,以显著方式提示客户注意服务协议中重要事项,确认客户充分知晓并清晰理解相关权责利,每年 1 月底前公布上一年度客户投诉和风险事件报告;

在选择权方面,充分尊重客户真实意愿,由客户自主选择支付机构、收付方式,不得以诱导、强迫等方式侵害客户自主选择权;

在信息安全方面,制定客户信息保护措施和风险控制机制,特别强调应对商户采取有效措施进行监督,防范因商户违规存储信息而导致客户信息泄露或资金损失;

在资金安全方面,及时处理客户提出的差错争议和投诉,建立健全风险准备金和客户损失赔付机制,对不能有效证明因客户原因导致的资金损失及时先行赔付或无条件赔付。

《办法》对三类个人支付账户余额进行管理,即 I 类支付账户,账户余额仅可用于消费和转账,余额付款交易自账户开立起累计不超过 1000 元(包括支付账户向客户本人同名银行账户转账)。II 类支付账户,账户余额仅可用于消费和转账,其所有支付账户的余额付款交易年累计不超过 10 万元(不包括支付账户向客户本人同名银行账户转账)。III 类支付账户,账户余额可以用于消费、转账以及购买投资理财等金融类产品,其所有支付账户的余额付款交易年累计不超过 20 万元(不包括支付账户向客户本人同名银行账户转账）。与此同时建立支付机构分类指标体系。此部分也是本规定中的精髓，什么是指标体系，即门槛。《办法》第三十二条中国人民银行可以结合支付机构的企业资质、风险管控特别是客户备付金管理等因素，确立支付机构分类监管指标体系，建立持续分类评价工作机制，并对支付机构实施动态分类管理。具体办法由中国人民银行另行制定。而这个指标体系中最主要的门槛便是：评定为"A"类且Ⅱ类、Ⅲ类支付账户实名比例超过95%的支付机构。能否越过这个门槛，将完全决定支付业务的用户体验、使用效果、未来发展甚至生死存亡。我们分别从五个方面来进行比较：

（一）客户身份核实方式

未跨过门槛的：

第十一条　对于支付机构自主或委托合作机构以面对面方式核实身份的个人客户，或以非面对面方式通过至少三个合法安全的外部渠道进行身份基本信息多重交叉验证的个人客户，支付机构可以为其开立Ⅱ类支付账户。

对于支付机构自主或委托合作机构以面对面方式核实身份的个人客户，或以非面对面方式通过至少五个合法安全的外部渠道进行身份基本信息多重交叉验证的个人客户，支付机构可以为其开立Ⅲ类支付账户。

跨过门槛的：

第三十三条　评定为"A"类且Ⅱ类、Ⅲ类支付账户实名比例超过95%的支付机构，可以采用能够切实落实实名制要求的其他客户身份核实方法，经法人所在地中国人民银行分支机构评估认可并向中国人民银行备案后实施。

意思就是说，门槛外的，除了面对面现场核实身份外，还可以通过"三个""五个"外部渠道进行核实，包括公安、社保、民政、住建、交通、工商、教育、财税等政府部门，以及商业银行、保险公司、证券公司、征信机构、移动运营商、铁路公司、航空公司、电力公司、自来水公司、燃气公司等单位。门槛内的，满足落实实名制要求的，依据央行规定进行。

（二）银行账户与支付账户互转

未跨过门槛的：

第十二条　支付机构办理银行账户与支付账户之间转账业务的，相关银行账户与支付账户应属于同一客户。

跨过门槛的：

第三十五条　评定为"A"类且Ⅱ类、Ⅲ类支付账户实名比例超过95%的支付机构，对于已经实名确认、达到实名制管理要求的支付账户，在《办理》第十二条第一款所述转账业务时，相关银行账户与支付账户可以不属于同一客户。

意思是说，门槛外的，只能自己转给自己，门槛内的，并未对交易对象进行限制。

（三）付款单日累计限额

未跨过门槛的：

第二十四条

1. 支付机构采用包括数字证书或电子签名在内的两类（含）以上有效要素进行验证的交易，单日累计限额由支付机构与客户通过协议自主约定；

2. 支付机构采用不包括数字证书、电子签名在内的两类（含）以上有效要素进行验证的交易，单个客户所有支付账户单日累计金额应不超过5000元（不包括支付账户向客户本人同名银行账户转账）；

3. 支付机构采用不足两类有效要素进行验证的交易，单个客户所有支付账户单日累计金额应不超过1000元（不包括支付账户向客户本人同名银行账户转账），且支付机构应当承诺无条件全额承担此类交易的风险损失赔付责任。

跨过门槛的：

第三十六条 评定为"A"类且Ⅱ类、Ⅲ类支付账户实名比例超过95%的支付机构，可以将达到实名制管理要求的Ⅱ类、Ⅲ类支付账户的余额付款单日累计限额，提高至第二十四条规定的2倍。

评定为"B"类及以上，且Ⅱ类、Ⅲ类支付账户实名比例超过90%的支付机构，可以将达到实名制管理要求的Ⅱ类、Ⅲ类支付账户的余额付款单日累计限额，提高至第二十四条规定的1.5倍。

日累计支付余额一直是大众关心的重要问题，如果达到最高等级要求，10000元和2000元的等级是完全满足大部分用户需要的了，这下没法说买个IPHONE都不行了吧？而且，通过银行网关还不受此限制。

（四）个人卖家管理

未跨过门槛的：参照个人支付账户管理，受余额影响，即Ⅱ类支付账户年累计不超过10万元、Ⅲ类支付账户年累计不超过20万元。

跨过门槛的：参照单位客户进行管理，不受此额度限制。

（五）便捷支付验证方式

未跨过门槛的：

第十条 （三）除单笔金额不超过200元的小额支付业务，公共事业缴费、税费缴纳、信用卡还款等收款人固定并且定期发生的支付业务，以及符合第三十七条规定的情形以外，支付机构不得代替银行进行交易验证。

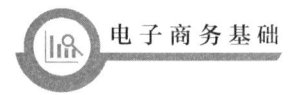

跨过门槛的：

第三十七条 评定为"A"类的支付机构按照第十条规定办理相关业务时，可以与银行根据业务需要，通过协议自主约定由支付机构代替进行交易验证的情形。

意思是说，门槛外的支付机构，200元以上的支付就需要跳转到银行网关进行密码、安全介质等校验工作，门槛内的，和现有情况相同。

综上所述，《办法》的正式出台，对于规范支付业务有着举足轻重的意义，而且把老百姓最关心的问题都讲得很明白，对第三方支付未来的长远发展是重大利好。基本上老百姓想要的功能银行都给了，而且充分考虑了安全性和便捷性。但对第三方支付行业内部却是几家欢喜几家愁，通过门槛的高度我们可以看到，优秀的第三方支付机构将得到功能和性能上的最大便利，而较弱的支付机构却要收到更多的监管和制约，高下立判。

网络旅游与教育服务

✦ 项目导航

- 了解电子商务中网络旅游及网络教育的概念
- 重点掌握网络旅游及网络教育的服务模式
- 难点：精准区分网络旅游及网络教育各服务模式之间的界定

✦ 课程思政

通过案例分享，以网络等多媒体形式对学生加强爱国主义教育。

思政导入

后疫情时代，网络教育进课堂

新冠肺炎疫情发生以来，在以习近平同志为核心的党中央统一领导、统一指挥下，各地各部门戮力同心、全力奋战，展现了一幅幅惊天动地的感人画面。最美逆行的白衣天使、军民同心的硬核力量、"搬家""散装"的驰援方式、乡村社区的守望相助、拔地而起的救治医院、志愿服务的快递小哥，无不触动着人的心灵、挑战着人的泪点。越是在艰难困苦和紧要关头，越能体会到中华儿女的爱国主义精神和家国情怀，感受到"党的集中统一领导"和"社会主义集中力量办大事"的磅礴伟力，感悟到中国特色社会主义制度的独特优势。这些，都是高校讲好师生教育思政课的生动案例和素材。日前，教育部印发《教育系统关于学习宣传贯彻落实〈新时代爱国主义教育实施纲要〉的工作方案》，高校要结合疫情防控的实际形势，认真组织开展深入、持久、生动的爱国主义教育活动。一要充分发挥课堂教学的主渠道作用，及时将此次疫情防控纳入"形势与政策"课程教学内容，设置《在抗击重大疫情中成熟和成长》等讲授专题，将党中央重大决策部署、各地区各部门联防联控措施成效以及抗疫防疫中涌现的先进人物、典型事迹等贯穿融入思政课教学。二要精心设计第二课堂育人活动，如开展书记、校长主讲"师生同上一堂课"网课，在学生中全面推行"网络主题教育班会"，在师生中开

通"共防疫，中华情"网络对话等，立体化教育引导广大师生在疫情防控中感受中国力量、坚定必胜信心。

（资料来源：武贵龙. 在战疫中讲好思政大课. 光明网, 2020年3月.）

【案例思考】以新冠肺炎疫情为背景，谈谈如何加强网络教育？

【案例启示】

疫情发生以来，网络海量信息爆炸式传播，网络信息鱼龙混杂，网络意识形态安全不容小觑，网络阵地已成为战疫斗争的第二战场。此外，高校在做好疫情防控的同时，还要确保"停课不停学、停课不停教、停课不停研"的总体教学秩序，意味着疫情期间广大师生要通过网络连线、隔空对话来实现日常的教学任务。基于此，高校要突出加强师生网络文明教育，积极引导广大师生争做有高度的安全意识、有文明的网络素养、有守法的行为习惯、有必备的防护技能的"四有好网民"。一要立足在线教学这一实际，充分发挥互联网信息技术的优势，加强师生网络教育培训指导，提升师生应用网络技术的能力。二要注重教育形式创新，积极利用新媒体开展网络征文、书画、短视频等网络作品创作活动，提高网络资源供给质量，持续加强舆论正面引导和官方媒体发声，回应师生关切问题，帮助师生增强理性分析问题、明辨是非的意识和能力。三要制定网络文明公约，教育引导师生科学用网、文明用网，共同维护清朗和谐的网络空间。

防控就是最好的课堂、眼前就是最好的教科书。在这堂疫情防控的思政大课堂中，没有旁观者，更没有局外人，大家都是课堂中的一分子。在以习近平同志为核心的党中央坚强领导下，全国上下众志成城、风雨无阻，终将打赢这场没有硝烟的人民战争。

2016年10月9日，同程旅游创始人、CEO吴志祥发内部信，确认万达旅业将与同程旅游大度假实现合并。同程随后对外公布了合并消息：同程旅游旗下的同程国际旅行社（集团）（以下简称"同程国旅"）将合并重组万达集团旗下的北京万达旅业投资有限公司（以下简称"万达旅业"）。与此同时，同程旅游还宣布其管理层已完成新一轮对公司的10亿元增资，继续保持投票权第一的比例。包括万达、携程、腾讯在内的所有同程股东均支持同程旅游的独立发展，并支持公司适时进入资本市场。同程旅游网是中国著名的在线旅游服务企业，万达集团作为进军旅游业的国内著名房地产企业，两者的合作是中国在线旅游服务业的新模式。这一事件的背后，可以看到众多互联网企业及其资本的运作方法，在线旅游服务行业在不断竞争和变革中，正在酝酿着新的发展机遇。

第一节 网络旅游概念

网络旅游服务是在互联网应用于旅游行业中诞生的词语，也称在线旅游。一般把依托互联网,以满足旅游消费者进行信息查询、产品预订、交易及评价分享等的服务,囊括了基于互联网的吃、住、行、游、购、娱的在线服务,与传统旅游产业以门店销售的方式不同,具有明确的互联网基因。电子商务技术的不断进步,使网络旅游服务能力有了多层次跨越式的进步,也成为网络旅游服务发展的有力动力,使一大批网络旅游服务商得以迅速成长,成为中国旅游服务业的重要力量。网络旅游服务商是在旅游电子商务发展中逐步成长起来的。在旅游电子商务发展初期,许多计算机类企业开始为传统旅游企业制作互联网名片、黄页、企业网站,以及提供一些网络服务。由于旅游业对信息传播的强烈需求,很多计算机企业很快发现了旅游行业在计算机和网络应用方面的巨大市场潜力,开始专门针对旅游行业进行服务。旅游业主要是信息流与资金流的流动,很少或极少有物流流动,有着实现电子商务的天然优势,其很快就进入最早一批实现电子商务产业的行列,并且开始了从传统旅游业服务商到"传统旅游业的掘墓人"的角色转变,不断利用互联网优势蚕食传统旅游企业市场,成为一种独立的旅游服务企业。

在经历了创新、自由发展和相互的激烈竞争后,中国曾经纷乱的在线旅游服务企业之间开始出现服务同质化趋势,在几年的价格战之后也出现了合并和协作趋势,特别是在各个在线旅游服务商背后资本的不断推动下,在经历了多轮重组后,基本上形成了以携程旅行网、飞猪(原阿里旅行)、同程旅游三大巨头为引领,由众多旅游网分割的格局。

在线旅游服务企业所属的旅游电子商务分类,一般也可以借鉴电子商务类型的经典分类而划分。由于电子商务自身的分类,往往根据商务活动中参与者的不同,把电子商务划分为四类:企业与消费者之间的电子商务,即 B2C(Business to Consumer);企业与企业之间的电子商务,即 B2B(Business to Business);消费者与消费者之间的电子商务,即 C2C(Consumer to Consumer);企业与政府方面的电子商务,即 B2G(Business to Government)。其中 B2G 的商务活动覆盖企业与政府组织间的各项事务。所以对在线旅游企业的商务模式划分中,一般也引入这种分类方式,同时还结合自身特点,进行更具特色的分类。在创业、探索、竞争和发展中,在线旅游企业也经历了不断的自我否定和发展,结合产业特点可以分为:B2C 旅游电子商务平台、在线旅行社即 OTA(Online Travel Agent)、旅游资讯分享网站、B2B 旅游交易服务平台等。

特别需要注意的是,当前的在线旅游服务企业大多数已经不再属于某一个单一模式,每个企业几乎都具备两种以上的模式特点,所以只能按照其主流特点来进行区分。特别是传统企业的互联网化进程加快,让我国的在线旅游服务商的组成日新月异,其服务内容和范围也日益变化。

一、B2C 旅游电子商务平台

1996 年,中国开始出现旅游类网站,最开始大多数是企业和行业的信息发布式网站。随着网络技术从静态技术时代进入动态技术时代,各种采用新技术包括图文动态、交互模式、即时服务功能的网站层出不穷，并且逐步具备了开展电子商务服务的能力。其中一些网站在"行业平台热"的背景下，开始向旅游业的电子商务平台方向发展。最早的旅游电子商务平台多起步于为旅行社企业、景区企业开发旅游信息管理系统、代旅行社发布信息、代旅行社建立电子商务窗口等服务。这些企业在旅游行业迅猛发展的背景下不断分化，一些杰出者逐步建设成了旅游企业与客户进行电子商务业务的环境平台。例如，早期的同程旅游、欣欣旅游网、飞猪的前身阿里旅行网等。这些网站早期的电子商务实现模式很多都属于企业对顾客（即B2C）的旅游电子商务平台类型，一般也称为平台型旅游电子商务企业。B2C旅游电子商务平台最根本的特点是作为电子商务环境存在，是独立于拥有产品的销售企业和购买产品的顾客之外的第三方，旅游电子商务平台自身不参与交易，只为交易提供交易平台环境，是交易环境的提供者，不是直接参与交易的双方中的任何一方。

在B2C旅游电子商务平台中，飞猪作为阿里巴巴集团旗下的旅游事业板块，也是迄今为止依然最具平台电商血统的B2C旅游电子商务平台型的在线旅游服务企业。它源于阿里巴巴的平台思想，原是一家完全为旅游企业提供电商环境的在线旅游企业。大量中国旅游企业都在这一平台上开有自己的店铺，早在淘宝旅行的时代，阿里巴巴已经在天猫的特色中国项目中，开始重点进行流量倾斜，借助阿里电商生态环境成长迅速，2016年飞猪已经成为中国最大的B2C旅游电子商务平台。

在20多年的发展中，许多旅游电商平台不断适应市场，一方面开始掌握旅游资源，开发自己的旅游产品；另一方面调整经营方式，逐步走向O2O（线上线下互动）。他们通过部分直接采购线下产品或者直接拥有自己的旅游资源而形成独立产品，在自己的平台销售。目前的旅游电子商务平台，都逐渐呈现混合平台的特点，单一的旅游电子商务平台都在进行改良。

二、在线旅行社——OTA

OTA（Online Travel Agent）是指在线旅行社，是在线旅游服务商的另一个主要类型。它的出现最早来自传统旅游业经营的思维。由于早期的面向旅游者的旅游组织主要是旅行社，在网络服务进入旅游业后的主要转型方式，就是通过网络平台更广泛地传递旅游产品信息，升级原来传统的旅行社销售模式，通过互动式的交流更方便客人的咨询和订购。由于初期的OTA被认为是旅行社的网络形式经营，而不是从互联网旅游业态的角度看待它，以至于现在，还有很多人把基于互联网的旅游企业统称为OTA，从中可以看到旅行社作为旅游业核心的这一历史痕迹。但从实质性商务模式上区分，我们还是把一些与旅行社经营模式相似、主要从事旅游产品中介性服务的在线服务商称为OTA，携程旅行网是其典型代表。

携程旅行网是中国比较早的OTA企业，也是目前中国最大的在线旅游企业。携程旅行网创立于 1999 年，其发展初期是一个典型的在线票务服务类公司，是中国当时最领先的酒店预订服务中心；2002 年 3 月并购北京海岸航空服务有限公司，迅速进入机票在线销售市场，后来逐步拓展经营范围，开始出售景区门票、酒店以及旅行社类产品。2003 年 12 月，携程旅行网在美国纳斯达克成功上市。携程旅行网发展迅猛，截至 2016 年，在短时间内合并了去哪儿网、艺龙网（二者依然独立运营），是中国在线旅游市场占有率最高的 OTA。携程旅行网旗下原来的去哪儿网于 2005 年 5 月成立，它最初并不是 OTA，而是作为中国首创的旅游搜索引擎出现的，它可以帮助使用者比较国内航班和酒店的价格和功能，目标是协助消费者搜索到最有价值的机票、酒店、签证、度假线路和其他旅游服务；它凭借其搜索技术，对互联网上的机票、酒店、度假和签证等信息进行整合，为用户提供及时的旅游产品价格查询和比较服务，让消费者可以更全面地搜索全国各地的各种等级与类别的酒店；其后开始涉足 OTA 业务，现在去哪儿网已经成为拥有自己忠实用户的 OTA 企业之一。而携程旅行网最先收购的艺龙旅行网则曾是中国前 3 名的 OTA 企业之一，通过官方网站、24 小时预订热线以及手机艺龙网为消费者提供强大的地图搜索、酒店 360 度全景、国内外热点目的地指南和用户真实点评等在线服务，使用户可以在获取广泛信息的基础上进行酒店、机票和度假等全方位的旅行产品预订服务。在相当长的一个发展历程中，包括携程旅行网收购的多家企业在内，主要经营项目都可以归结为：在合作旅游资源企业采购线下产品，然后通过自己的线上渠道进行销售。其业务的实质就是通过互联网完成了传统旅行社的业务，作为网络中介出现在传统旅游业与游客之间，通过网络整合各种旅游六要素（吃、住、行、游、购、娱）资源，采用分别销售和组合销售的方式获得销售中间利润。

三、旅游资讯分享网站

虽然人们更多的关注在于旅游电子商务的结果，但旅游在线服务首先是旅游资讯的服务，以旅游资讯的网络传递完成商家与用户沟通，并最终为用户的出行完成商务服务。在海量的旅游资讯中，如果想要找到自己所要的东西，若单纯依靠搜索引擎等工具，既不专业，也不方便，这就要求在线旅游服务类网站能够为使用者提供专业的服务资讯分享。旅游资讯的分享几乎存在于所有的在线旅游网站中，其中一些网站核心服务在于旅游资讯分享，这一类网站在在线旅游服务中占有重要地位，最具代表性的是马蜂窝旅行网。

马蜂窝旅行网创立于 2006 年，从 2010 年正式开始公司化运营，马蜂窝旅行网的用户主要通过口碑获得。2017 年 11 月马蜂窝刚刚完成 1.33 亿美元 D 轮融资，成为新旅游时代下的代表性企业。在过去的两年，该公司取得快速发展，注册用户已超过 1.3 亿，提供覆盖全球 6 万多个目的地的旅游攻略及产品预订服务，探索出独有的"内容 + 交易"的商业模式，2017 年整体网站成交金额近百亿元。马蜂窝提供全球 60000 个旅游目的地的旅游攻略、旅游问答、旅游点评等资讯，还有酒店、交通、当地游等自由行产品及服务。马蜂窝旅行网的景点、餐饮、酒店等点评信息均来自数千万用户的真实分享，网站站在自由行消费者的角度，每年帮助过亿的旅行者制定自由行方案。帮助用户做出最佳的旅游消费决策。UGC、旅游大数据、自由行交易平台是马蜂窝旅行网的三大核心竞争力，社交基因是马蜂窝旅行网区别于其他在线旅游网站的本质特征。马蜂窝旅行网的目标是为全球的自由行消费者提供靠谱、有爱、值得信赖的旅行信息，以帮助他们更好地进行消费决策，并获得高性价比的自由行产品及服务。而除了专门的旅游资讯服务商外，很多门户网站、跨行业的网站也积极参与到旅游资讯业务中，也承担一定的在线旅游服务业务，特别是一些社交媒体如微博、微信公众平台等，被旅游企业用来进行自媒体开发以及在线服务，也是在线旅游资讯服务的重要组成部分，特别是在在线即时服务方面有很大优势。以新浪网的旅游频道为例，作为中国最早一批门户网站，通过其巨大的网站流量、博客平台、微博平台协同合作，成为中国旅游企业最看重的网络营销环境。很多企业通过网站发布企业旅游资讯、新浪名博的博客发布软文、旅游体验师的微博对旅游过程进行实时分享和互动等共同组成自己的网络营销体系，并通过官方微博实现在线的即时客服，进而推动自己的旅游电子商务工作。目前旅游资讯的内涵和外延范围都很广，按照旅游业的惯例，凡是涉及旅游吃、住、行、游、购、娱六要素的各方面信息，包括旅游者的需求信息、旅游从业者（如优秀导游等）的信息等都属于此类网站的服务范畴。

四、B2B 旅游交易服务平台

正如电子商务行业发展的一般规律，在旅游业的企业间电子商务发展也很早，也是旅游业电子商务交易量的大户。但由于它是在旅游业行业内部运营，并不为大众所熟知，因此在用户层面没有太大的知名度。这些身处大众视野之外的企业间旅游电子商务平台，大多起源于旅游行业批发、旅游同业商务等业务。传统的旅游批发商属于旅游中间商，由于旅游服务中间商的存在，大大节省了旅游产品生产者在产品销售上所花费的时间与精力，便于把旅游产品分销到更远的地域；既有利于发挥生产企业在旅游产品生产方面的专长，也有利于发挥旅游产品与服务中间商在经销方面的特长，从而形成旅游产品生产者和经营者共赢的局面。B2B 旅游交易服务平台就是这类旅游中间商互联网化的产物。

但是随着互联网思维和技术的发展，B2B 旅游交易服务平台已经成为独具特色的旅游电子商务形式。目前旅游 B2B 平台可以分为两种模式：第一种是供应商或联盟自建的渠道运营模式，就是通过吸引原有的经销商在系统上查询下单，这种模式仍然是把线下业务放到线上而形成的 B2B 平台，在行业内部交易，不针对直接的 C 端用户。但这种模式不够开放，只是借助网络参与了信息共享和部分交易结算。企业的参与度和企业所在的地域性是限制其发展的瓶颈。第二种是开放平台模式，如旅游圈和欣旅通。这种同业交易平台通过整合形成了交易闭环和旅游生态圈，特别是兼顾到直接面向消费者的问题,不仅具有企业间交易能力,还具有一定的零售能力,分为由 B2B 向 C 端拓展和 B2C 向 B 端拓展两种倾向。

旅游产业是比较典型的现金流充裕、低毛利、资源分散行业,旅游产品的需求逐渐向个性化、碎片化转移,目的地产品多而分散,更加需要 B2B 平台的交易整合。对于旅游 B2B 交易服务平台来说,最大对手就是传统旅游业同业渠道,最有代表性的旅游 B2B 交易平台是旅交汇网站,这是同程网(苏州同程旅游网络科技有限公司)旗下网站,原名中国旅游交易网,为包括旅行社、酒店、景区、交通、票务代理等在内的旅游企业提供专业的交易、交流和信息化管理服务。同程旅游网得益于其 B2B、B2C、C2C 体系的全面构架,旅交汇网站具有良好的生态环境优势,可以实现相互连接与协作,甚至具有了一定的终端销售功能。

目前 B2B 旅游交易平台已经发展到一个新的阶段,主流方向在于通过互联网改造以降低原有的人力和营销成本,缩短产业链,从而达到新的利润分配体系,成为旅游经济运转的效率放大器,特别是在许多细分的市场诞生了很多细分的专业 B2B 平台。未来行业的大整合是个必然趋势,无论是交通、住宿向餐饮、娱乐产品的横向业务范围拓展,还是从目的地旅游产品供应商到客户的纵向产业链扩张,甚至是从国内到全球的旅游产品拓展,都给 B2B 旅游电子商务服务平台留有非常大的市场空间。

第二节 网络旅游服务模式

不同的在线服务商都在摸索自己的服务模式,由于理念和模式不同,形成的各种模式有着不同的优势和特点。2015 年,飞猪旅行的前身阿里旅行,就曾经遭到在线旅游行业老大携程旅游网的强烈冲击。引发这一事件的原因有很多,但最为重要的一点是,阿里旅行背靠阿里巴巴集团发展大平台的模式对携程产生了很大的威胁,而携程也正在由 OTA 逐渐向平台模式转变,所以阿里旅行一旦做大,携程的行业地位必将面临挑战。由此我们可以看到,在线旅游服务在行业发展初期,经历了不同的发展和探索后各自成长,不同的企业在不同的经营模式下都取得了长足的进步。但在线旅游市场进入薄利时代后,竞争逐步激烈,已经形成不同模式的企业之间互相学习、取长补短和扩容完善,也必然出现由于综合布局产生的同质化发展倾向。

一、中介服务模式

从在线旅游服务出现起,它的信息服务功能就是其最大的竞争优势。因此通过信息资讯吸引和占有用户资源,提供信息和商务服务实现中介服务功能并获得商业回报,是所有在线旅游服务的基本服务。中介服务主要有商务过程中介和信息中介两种。

1. 商务过程中介

商务过程中介一般由在线旅游服务商代销传统旅游产品，如机票、酒店客房、景区门票等，通过销售分成或收取佣金方式，获得商业利益。目前主流OTA大多数就是靠销售的分成盈利。对于B2B旅游交易服务平台和B2C旅游电子商务平台来说，则主要依靠收取平台使用费、广告费用以及部分佣金来获利。

2. 信息中介

在各种在线旅游服务企业中，有很多专门从事信息中介的旅游信息资讯网站，也是我国旅游网站中发展最早、模式最成熟、受众最多的一种类型，该类网站大多依靠广告收入、流量分成获利，它可以细分为两个小类：一是综合门户网站的旅游频道；二是专业提供信息的旅游网站。第一类网站的特点是依靠自身流量大、点击率高、资源多的优势，一般将"建立权威的旅游信息交流平台"作为发展战略的主要方向，同时经营网上营销代理，提供预订酒店、设计旅游线路、经营交通票务和设计旅行计划等服务。例如，新浪网旅游频道、搜狐网旅游频道、网易旅游频道、腾讯网旅游频道、凤凰网时尚·旅游频道等。第二类专业提供信息的旅游网站最大特点是信息全面，可以帮助驴友们获得出游信息较理想的场所。例如乐途旅游网，以丰富的资讯、百万注册网民和上万注册企业为依托，为世界各地的人们在中国旅游提供帮助，号称中国最大的旅游信息门户网站，类似的还有游多多旅行网、九游网、遨游网等。

二、自有产品的直接销售模式

随着传统企业的电子商务化改造深入，许多掌握旅游产品资源的企业已经实现了自营，如酒店客户、景区门票的自主网销售，在经历了多年的电商平台外委（委托销售）销售后积累了经验，培养了队伍，完成了用户教育，完善了销售体系，建立了自己的网上渠道，逐步谋求自主销售、提高利润的同时，也加强了对经营的掌控。除了自主平台的销售，各种企业还借助旅游电商平台进行直接销售，如在飞猪平台上开店自营销售，充分借助大平台的流量提高销售量。例如如家酒店，不仅在自己的官网上销售，在飞猪上也有直营销售。

如家酒店的电商模式具有典型的自有产品销售特征。酒店业虽然是典型的传统旅游行业，但如家酒店具有鲜明的互联网基因。2001年8月，著名的OTA携程旅行网成立了唐人酒店管理（香港）有限公司，计划在国内发展经济型连锁酒店项目，重点发展3星以下的宾馆成为唐人品牌的连锁加盟店，并把特许经营作为商业模型的核心。2001年12月公司正式将"如家"（Home Inn）定为品牌名，并申请商标注册（曾用名：唐人、朋来），2002年5月华东地区第一家如家酒店——上海世纪公园店改建工程开工，同时标志着如家酒店连锁把直营店作为品牌发展的重点。2002年6月携程旅行网与首都旅游集团,正式成立合资公司,定名为"如家酒店连锁",如家酒店是核心品牌。目前,如家酒店已是国内商务酒店品牌中规模最大的品牌,在全国300个城市拥有近2000家酒店。由于自身典型的互联网基因,如家酒店建立之初就实现了互联网化管理与经营。除了依靠携程旅行网的营销迅速成为经济型酒店的经典,还很早就实现了自己的会员化管理,并实现了自有如家酒店官网的电子商务直营。

三、重组产品再销售模式

较多在线服务商产品采购的受限,导致在线旅游企业经营范围开始向线下延伸,努力拥有自己的旅游资源,开发自己的旅游产品。同样,一些旅游资源企业也开始自主开发旅游产品,以自己的资源为基础拓展经营范围,这就诞生了一些产品重组的新产品,采购的产品与自营的产品组合后投放市场,具有更强的竞争力。例如某特色两日游产品,产品组合中可能是:景区自营、酒店与餐饮采购、交通产品自营形成新的产品组合,该产品通过OTA或者自主在线平台销售。客栈民宿产业旅游电商的发展,是这一模式的最好实践者。作为特殊的住宿业态,和酒店行业的发展相差很大,和酒店业的标准化相比,客栈民宿行业具有更多的个性化经营的特色。

由于客栈民宿具备更多的本地特色、丰富的文化和内涵、轻松的社交关系等,逐渐吸引越来越多的游客选择客栈民宿。而同时,客栈民宿行业的这些特点也决定其将成为旅游资源中的重要环节。客栈民宿通常依托周边旅游资源提供具备当地特色的经营项目,与其他旅游产品具备较强的协同性和融合能力。非常多的客栈民宿收入的很大部分,并不是依靠房间销售,而是周边产品的销售。作为游客,也更愿意在客栈完成本地消费产品的购买,因为一方面客栈经营者作为资深"本地人",对目的地的吃喝玩乐了如指掌,提供的旅游相关产品更有可信度。

随着自媒体的诞生,基于自媒体的社交型电商模式高速发展,利用微博、微信公众平台吸引精准顾客,利用在线服务平台以及自己的交易平台实现销售的重组产品。支持特色企业市场细分,特色的重组产品开发将成为旅游业的一股新风。

四、个性化定制服务模式

随着旅游电商技术的飞跃和旅游电商市场的扩大和成熟,旅游个性化需求逐步得到很好的满足,已经形成了新的线上旅游服务特点。众多有个性化需求的用户,借助旅游电商的独立产品销售,自由组合购买,自主形成个性化旅游产品组合。但在这一人群中又催生了一个新的服务模式,即服务商提供个性化定制服务接口。将个性化需求通过个人定制方式向在线服务商提出,由服务商专门定制产品,打包销售,这种方式既有效发挥了专业旅游人员的特长,又最大限度地满足了顾客需求。

由于大数据的优势,在线服务商可以有效提供专业咨询和相关服务,还可以借助网络优势，收集分散的用户需求形成批量优势。降低定制成本，形成超小众个性定制产品的良好性价比，给顾客带来超值体验。例如流行的各种自助游产品，多属此类。目前的许多自由行产品，已经成为在线旅行服务商的重要服务项目。特别是一些小众的旅游需求，通过一些小众人员的强关系社交组织就可以实现在线服务。例如很特殊、相对稀缺的一些高端高品质旅游资源，并不通过大众化的旅游电子商务平台推广，通过微信公众平台、QQ群、微博群或者微信群等社交软件实现营销，通过支付工具（例如支付宝）或者微商城实现交易，有针对性地进行产品定制和服务。这一类产品由于灵活、自由，又可以为游客提供最基础或者最急需的服务，深受有独特需求的游客欢迎，特别是在出境游中占有很大比重，前途光明。

第三节　网络教育概念

随着互联网技术的发展，教育如同旅游一样逐步通过终端形成在线教育模式，也称网络教育。

> **思政小贴士**
>
> 退费难、诱导贷款、霸王条款、教师资格造假、虚假宣传……2020年以来，在线教育市场受新冠肺炎影响迎来爆发式增长，但一系列乱象接连曝光于媒体，也让这个产业站在风口浪尖。《经济参考报》记者调查发现，尽管质疑和监督声音不断，但此前被反映一些乱象至今依然以各种形式存在于在线教育市场的平台上，称为消费者维权老大难的新领域。
>
> 在线教育一致热度不减，此次疫情更是让其"高烧不退"，不断曝光的乱象已经让在线教育之路越行越远，要想寻求破解之道，回归教育本质，做好教育服务，做好产品才是关键。

一、网络教育模式

在线教育模式按照服务方及接受服务方的形式可分为以下几类：

（一）B2C模式

B2C模式是指企业向个人提供教育培训服务的交易模式，现在很多都属于B2C模式。B2C模式因为具有很大量的用户数，如数千万用户甚至上亿的市场容量，所以吸引了大量投资投向这个领域。

（二）C2C 模式

C2C 模式算是这几年新兴的一种模式。它的特征就是搭建在线教育平台，跳过传统的线下培训机构，让老师和学生直接在平台进行授课教学及交易，这样的模式在今天看来，通过互联网进行招收学生，老师的收入基本都会超过在传统线下教育机构当老师的收入，这个例子就比如时薪过万的教师王羽。

（三）O2O 模式

O2O 模式是在原本的线下培训机构开展在线教育网络授课业务，或者原本做线上教育的企业开展线下业务，这种线上线下相结合同时发展的模式就是 O2O 模式。

（四）B2B 模式

B2B 模式主要指的是企业与企业之间，在这里就是商业对商业，比如向企业、学校、团体提供在线教育服务的都属于 B2B，像企业在线内训、客户培训等。

（五）B2B2C 模式

通过和线下教育机构合作，让个人老师入驻到平台的形式，向学习者提供课程资源。

二、网络教育类型

在线教育行业内容可以依据不同的方式进行分类，其中最容易被大众理解的就是按照用户的年龄一般可以分为以下十类：

（一）母婴类

1. 市场现状

尽管母婴在线教育市场已经发展多年，但行业总体仍处于赚吆喝不赚钱的状态，主要原因在于国内垂直母婴网站大多存在同质化竞争激烈和盈利模式单一问题，从在线教育的内容来看，大部分母婴网站功能大多是基础的母婴知识库问题，咨询交流社区的内容，特色区分并不明显。

2. 未来发展

中国母婴产业是朝阳产业，现在处于快速发展的初期，国内每年将近有 2000 万新生儿，0~36 个月的婴幼儿超过 6000 万人，加上还有 2000 万人左右的孕妈妈，婴童市场规模已经超过万亿，所以发展母婴产品的在线教育市场，前景非常广阔。

传统母婴网站与在线教育行业巨头相结合的模式已经成为一种趋势，其中最典型的

案例是好未来集团战略投资国内母婴服务企业宝宝树，根据双方公告显示，合作之后将在母婴与教育领域展开一系列探索，实现从孕育阶段至中小学时期的战略接轨。

（二）学前教育

1. 市场现状

相比基础教育的市场火热程度，最近两年儿童早教市场逐渐冷却，国内在学前教育方面融资仍然比较多，但是融资金额不大，大多数企业缺乏有效的产品形态，没有充分地开发在线教育的巨大市场，目前现状是市场逐步步入平缓发展期。

2. 未来发展

学前教育的市场，消费规模并不亚于母婴产品市场，不过目前国内各区域的经济发展水平不平衡，所以整体市场还处于起步阶段，主要集中在北京、上海等一线城市。随着针对孩子的培养和教育的重视，未来市场的发展将潜力无限。

有统计数据显示，针对家长的亲子课程，拥有更高、更稳定的播放量，所以为家长设计育儿教育方面课程成为新突破点，其中童谣教学、益智游戏等产品成为最受欢迎的早教服务，对于专注学前教育的企业而言，将产品虚拟化，预计能获得更大的发展空间。目前在这方面有广泛影响力的APP不多，主要有爱宝宝、宝宝巴士等。

（三）少儿外语

1. 市场现状

2015年国内在线少儿外语教育领域持续风起云涌，有三股势力正在向这一市场发起进攻，分别是以VIP ABC、51talk为代表的英语在线教育公司，以新东方、好未来、英孚为代表的传统培训机构，以及直接瞄准这一细分市场的创业公司。少儿外语的市场虽然广阔，但是已经有多家培训机构因线下高昂成本等诸多因素而倒闭。

2. 未来发展

目前市场发展处于最初探索期，产品升级迫在眉睫，大部分家长对这种在线教育形式仍然存在疑虑，但有越来越多的家长开始接受，随着认可程度的提高，未来市场同样有一定的潜力。

语言教育方面的在线教育出现已久，其中具备广泛影响力的企业较多，比如新东方VIPabC、51talk、Englishbreak、海绵外语、爱卡微口语、魔方英语、沪江网校等，在以后发展中各方企业都将承受较大的竞争压力。目前在这方面影响力广泛的APP有很多，比如以掌上新东方为代表的企业APP和英语流利说为代表的非企业APP。

（四）中小学生

1. 市场现状

国内中小学生的数量在2020年将达到1.35亿，但目前在线教育占比仍旧不高，市场仍有很大的发展空间。

2. 未来发展

O2O 教育方式对中小学的影响极其深远，其中未来教育的发展中最重要的机会上门家教或者线下机构合作都能对原有的线上教育形成有效补充，目前几乎所有的教育机构都在尝试 O2O 模式。

中小学在线教育呈现多样化发展，题库、英语家教等领域内均有产品获得千万美元以上投资，同时竞争压力在加剧，不断有创业者进入这个领域，或者传统教育机构开始布局，尤其在国内的一线城市。目前这方面影响力广泛的 APP 有很多，比如学而思网校学大教育网、一起作业网、猿题库文库等。

（五）高校学生

1. 市场现状

目前市场主要集中在学历教育方面，国家对于网校的毕业证正在逐步认可，但是这方面教学的内容需要较高的知识基础，而且需要教学机构相当大的影响力。除了学历教育以外，就是大学各自开发的在线课程平台，专业性课程主要对内部学生开放，其他基础性课程的公开课对外开放。

2. 未来发展

对于学历教育而言，无法有效地做到 O2O 模式，一般以移动端的学历考证知识的学习为主，现代社会对个人水平要求越来越高，在未来的趋势中，大学相关的在线教育领域会迎来一个快速的发展期。

大学或教育机构的公开课是大部分人对在线教育的第一印象，所以家底厚实的互联网巨头进入在线教育行业以后大额投资公开课，希望打造品牌。目前在这方面，除了教育机构的平台自带 APP 以外，还有以课程格子超级课程表提供具体某方面工具作用的 APP。

（六）留学类型

1. 市场现状

教育部统计显示，中国目前每年的出国留学生总数在 70 万人左右，其中本科及以下层面就读的人数增长迅猛，低龄化趋势明显，在线教育市场向二三线城市蔓延，与留学相关的在线教育培训机构迅速增加。

2. 未来发展

未来的发展离不开全球化，对于个人而言，留学是一个增加阅历、提高教育经历、获得更高发展的方式，未来的需求量将不断增长。同样进入该行业的教育机构或企业，也会增加金融教育机构与留学机构的结合。

已经有部分机构开始寻求综合发展，比如启德教育推出了静陪同服务和学习生活管理服务，同时开设了高端的艺术留学直通车、RWP项目、公众演讲公开课等业务，可看作是教育机构在留学领域的改变。目前这方面的APP主要是面向师生的出国留学服务，比如我是留学党等。

（七）职业考试

1. 市场现状

职业教育的投融资情况表现稳定，目前仍是在线教育领域内的热门投资板块，数据显示2019年中国在线教育市场规模约为1600亿，其中职业教育的占比约高达30%，另外官方也鼓励发展职业教育。

2. 未来发展

职业考试主要是针对一些与职业相关的证书的考试，受职业教育整体热门的影响，未来在线职业教育的发展同样很有前景，但是考试类的证书需要国家教育机构承认才具备实际效果，因此对进入在线职业教育领域的要求较高。

职业考试是从业人员从事某个工作需要具有的相关职业资格证书的考试，目前有不少大型教育机构或多或少参与这个领域。职业考试的代表性APP相当多，这种专业的职业考试系统，未来会有一定的发展。

（八）职业技能

1. 市场现状

职业技能的培训，是目前在线教育市场发展迅速的领域，其中一些企业已经形成了一定的品牌，如中国会计网校、网易云课堂、yy教育、新浪微课堂、新东方在线等，总体占据了市场很高的使用率；另外现有在线职业教育服务和it培训等，聚焦于垂直领域，专业性虽强，但服务过于分散，规模较小，平台化在线职业教育有望通过提升用户搜索效率、降低寻找成本而获得用户青睐。

2. 未来发展

在线用户对资格认证证书需求异常猛烈，职业培训的未来市场十分广阔，并且与其他领域的盈利模式不同，容易盈利，大部分在线教育平台都是依靠这个领域的课程获得一定的利润。

职业技能在未来的发展潜力巨大，资格证书有望发展为线上服务的核心资源，能够提供认证的线上机构及竞争力将因此获得巨大提升，但是对于新创企业而言，进入其中分享一块蛋糕并不是很靠谱，其他巨头占据了市场的主要份额，如果选择垂直化某个细分领域进行运作，可获得意外的惊喜。

（九）成人外语

1. 市场现状

2019年，中国网络语言培训市场已达390亿元市场规模，预计2022年达到876亿元，2017—2022年年均增长率达到34%，成人外语是其中的重要部分，与少儿外语更注重基础性不同，成人外语主要是培优业务较多，更注重高水平的外语知识，同时小语种的学习人数也在增多。

2. 未来发展

随着从业者增加，在线教育语言学习领域竞争不断加剧，部分语言学习产品因此竞争增加，提前遭遇发展瓶颈，随着资源越来越向大型语言教育机构汇聚，功能细分的小型垂直机构，未来的生存将更加艰难。

O2O模式对于成人外语同样重要，语言培训课程在线下拥有更高的用户体验，与传统培训机构合作，也能缓解线上线下的竞争关系。更需要注意的是小语种的学习，日语和韩语拥有较多的用户群体，国内在线语言学习培训领域中日语、韩语受众比较高，未来的发展空间相对较大。

（十）个人兴趣

1. 市场现状

超过30%的用户表示在网上学习是满足个人的兴趣爱好，即使传统的教育中兴趣爱好学习群体也是具有强大的驱动力。

2. 未来发展

社会主流人群可支配收入的增长，促使兴趣培训市场进一步提升，个人兴趣领域，在未来空间发展可以与k12教育相媲美。随着个体对于精神满足的追求，国内市场将迎来一个长期稳定的发展期。

需要注意的是，目前网络上出现了很多诸如一分钟飞碟说的融合知识与个人脱口秀的节目，很受大众欢迎，在聚合人气之后未来发展空间巨大。

第四节　网络教育服务模式

一、同步在线教学模式

同步在线教学模式是老师和学生在不同时空的同一时间进行互动和教学的模式。这种模式一般来说可以利用直播类的工具构建虚拟教室,可以实现一对一或者是一对多的同步在线的教学。直播系统的视频会议基本上能够满足这一类模式的要求。

一般来说,直播系统都集成了群体授课所需要的多人视音频的交流、演示文稿的展示、文字研讨等等,而且都能够在平板、手机、电脑等多种终端上进行显示。这种教学模式的核心特点就是教和学的空间不在一起,是异地,但是时间是同步的。这种教学模式常见的支持工具例如腾讯会议。

通过直播形态同步类的在线教育实施上要特别注意:

(1)在讲解的时候知识要有效嵌入情景,要培养学生解决问题的能力。

(2)要以任务驱动推进学生自我调控学习,培养学生的自主学习能力。

(3)基于同伴互评的小组合作学习,培养学生的合作交流能力和思辨能力。

(4)提供合适的学习框架,培养学生的批判性思维能力。

(5)以合作辩论促进学生的思维拓展,培养学生的创造性思维能力。

(6)适时、适机转换角色,加强学生的课后辅导。

二、异步在线教学模式

异步在线教学是指教师教的活动和学生学的活动在时空上是分离的。该模式能够适应学生灵活的时间投入,允许学生灵活支配时间,根据个人学习特点自我调节学习步调,自我控制学习进度,实现4A(Anyone、Anytime、Anywhere、Anything)这种学习方式。代表性的MOOC平台,例如爱课程网。

异步教学模式实施时要特别注意:

(1)异步教学的关键是要有完整教学活动设计,而非堆砌资源,是从内容开放到教育过程开放,要从面向内容设计到面向学习过程设计。

(2)在视频录制之前,教师应做好详细的教学设计,并对学习内容保持持续更新。

(3)学习支持服务非常关键,要组织讨论、答疑、作业、作品展示等系列的在线交互活动,激励学生的学习投入,保持学习的持续性。

(4)在课程开始前,教师需要结合课堂目标设计好评价方案,并确保每个学生能够自主学习,并且能够采取一些激励性的评价措施调动学生的学习主动性。

三、基于学习社区的协作学习模式

虚拟学习社区是一种重要网络教学形式,一般来说由教学、社会互动和平台技术支持三个维度组成。

学习社区不追求交互的实时性,但强调通过多种学习资源和异步交互支持学生的认知提升。

这种基于学习社区的协作学习模式,一般来说教师首先设计讨论的主题,然后给学生提供一些资源、设计一些活动，然后学生进行讨论，同时还可以检索一些资源，进一步地丰富问题的讨论。然后基于这些讨论，生成学习的结果，然后做知识迁移，最后达成对知识的深刻理解。在这个过程中教师对学生整个的参与过程进行整体的引导、评价和反馈，这是典型的基于学习社区的协作学习模式。这种基于学习社区的学习平台例如知乎平台。

基于社区的教学模式要特别注意：

（1）可供学习的资源要丰富。在线学习社区的学习资源丰富程度将决定社区内成员的活跃程度和教学质量。

（2）学习活动设计要遵循社会性原则。学习者之间要借助社会性软件开展深度交互活动。

（3）在线学习活动设计要遵循整合性原则。将学生的社会性学习环境与自主性学习环境进行整合。合作学习活动中有自主性学习环节，自主性学习活动中又包含社会性学习环节。

（4）帮助学生构建学习社区的生态文化，形成集体性的知识沉淀、共享的价值观与行为规范。

四、基于学情分析工具的精准教学模式

这种基于学情分析工具的精准教学模式，它基本上包括学情诊断、设定目标、在线教学、分析最临近发展区、个性化补偿教学这五个关键步骤。最重要的是要利用学生学习过程中产生的数据，分析学生已有的发展区和最临近的发展区，在学生最临近发展区的时候教师相继提供相应的支持、相应的学习服务，引导学生在最临近发展区实现可持续性的发展。

基于这种教学模式一般来说包括三个主要环节，第一步是基于数据以学定教；第二步是基于数据因材施教；第三步是基于数据以评促教。

学情分析的重要意义在于可以为教学预设提供基本依据与重要的指导。另外它可以为课堂教学活动的调节与生成提供重要反馈；可以为教学生成提供重要的子资源；还可以为教学理论与学习理论的生成提供丰富的素材和有益启发。

学情分析的主要内容包括：学生的知识储备，学生的能力素养，学生的情感、态度和价值观，以及班级整体的学习情况。

常见的学情分析工具，以智慧学伴为例。

用以实现全学习过程数据的采集、知识与能力结构的建模、学习问题的诊断与分析、学科优势的发现与增强。采集学生学习过程中的数据，通过数据对学生知识的能力结构进行建模，建模以后通过对学生能力结构的建模和可视化，对学生的学习问题进行诊断分析，然后发现学生的学科优势，加强培养学生的学科优势。

基于学情分析可以对学生的学习、教师的教学、老师的评价、调研、教学管理、教学公共服务提供很好的支撑作用。这是智慧学伴的学情分析报告的一个样例。

教师通过多维度的学科能力分析报告可以为学生提供自主学习支架，通过这种自主学习的支架，教师可以精确了解学生对核心知识的掌握情况和学科能力的水平，支持学生个性化地自主学习。在每一个知识点上教师设定九个能力层级，通过数据分析，可以了解学生处在哪个能力层级，根据对应的能力层级，教师推荐相应的学习内容，实现学生个性化的、精准的自主性学习。

教师还可以基于学习数据可视化不同层级学生知识点的学习情况，跟踪学生的学习进度，定位学生不同知识点的掌握情况，然后教师根据每一个学生的情况提供不同的教学干预方案。智慧学伴可以精细管理到每个学生的学习进度，教师可以根据不同学生学科能力发展的情况，提供个性化的学习资源。

教师还可以基于数据，对于班级数据进行整体分析和反馈。通过这个分析可以了解整个班级的整体情况，从而让学科老师和班主任老师对整个班级情况进行有效的、个性化的干预，为不同的角色提供不同的能力诊断和分析报告。使得这些角色达成对学生学习的共同理解，从而使采取的教学干预行为能够产生整体的联动效应。

精准教学模式在实施过程中的注意事项：

（1）设计多元化评价方法，收集学生多模态学习数据，重点通过学习过程数据的收集和分析，力求客观真实地反映学生的学习情况。

（2）学情分析的主体应包括教师和学生，是实现教师评价、学生自评和学生互评相结合的评价方式。

（3）为学生提供及时反馈，将个性化分析报告推送至学习系统的学生端和教师端，便于学习者和教师查看个人学习评价与分析报告。

五、在线翻转课堂教学模式

（1）在线翻转课堂教学模式中，学生可以在课前线上自主学习课程内容，在线上直播课堂中，做应用练习和参与讨论。

（2）在线翻转课堂要求学生在课前通过线上观看微课、网上查阅资料、完成在线检测等方式，自学课程内容。

（3）老师主要解答学生问题、澄清相关概念、启发在线讨论以及引导学生开展在线交流等，同时通过线上应用练习或者检测来进一步强调、巩固、加深或者是延伸相关知识，这就是在线教学模式。

这种在线翻转课堂教学模式以腾讯课堂为例。

在线翻转课堂教学在实施过程中要特别注意：

（1）需要针对翻转课堂的特点进行精心设计，突出以学生为中心。强调小组合作；

给予充分时间讨论，鼓励挑战权威，鼓励创新。

（2）在课前自主学习阶段，教师可采取同伴互助、小组合作、游戏化等形式加强学生自主学习，提高课前学习的效率。

（3）教师需要精心设计教学设计和微课，并为学生提供丰富的多样化学习资源和学习支持。

（4）尽量组合使用学情分析工具，了解学生学习的状态，做到更有针对性引导。如果不了解学生课前学习的状态，课堂的讨论，课堂的点拨、答疑、点评就会失去焦点，所以学情分析工具对于更好地实施翻转课堂也是非常重要的。

六、基于学科工具的自主学习模式

（1）自主学习包含自我监控、自我指导、自我强化三个子过程，强调自我效能和榜样示范在自主学习中的作用。

（2）学科类工具可作为学生认知发展的工具，为学习者提供学习资源、学习支架、学习指导等，从而支持学习者自主学习，帮助学习者对学习内容进行加工处理，构建自己的知识体系。

在这种自主学习过程中，学生要自我确定明确的学习目标，确定自己的学习任务，选择相应的学习策略，根据自己的个性特点做自主学习和自主探索，然后进行评价反思。家长或者老师应帮助学生进行自我监控、自我指导和自我强化。

这种自主学习类的在线教学模式策略的注意事项：

（1）为学习者提供优质的自主学习资源；在选择学科类工具时要考虑学科特点，以及学科工具与教学内容的融合程度。

（2）提高学生的自主学习意识和能力，采用同伴助学、教师指导、支架式学习等策略加强学生自主学习。

（3）为学习者提供操作训练机会，通过练习或测验强化学生知识获得，促进学生知识迁移。

（4）在自主学习过程中应加强学习交互，鼓励学生与教师、学习同伴交流讨论。

自我效能感是影响自主学习的内在因素之一，教师应帮助学生建立良好的自我效能感。

七、基于问卷调查工具的操练与练习教学模式

（1）操练与练习是由计算机向学生逐个显示问题，学生在机上作答，计算机给予适当的即时反馈。

（2）计算机逐个或一批批地向学生提出问题，学生回答，计算机再根据学生回答问题的情况给予反馈，以促进学生掌握某种知识与技能技巧。运用多媒体，可将许多可

视化动态情景作为提问的背景,也可以做出更有表现力的反馈。

(3)操练和练习的教学模式是让学生快速掌握某一个技能或者快速掌握某一个知识的一个非常有效手段,尤其是对于简单性的知识,这个手段非常有效。

支持这种操练和练习的软件例如问卷星。

操练和练习类的教学模式要特别注意:

(1)设计习题时遵循分层分类和贴近生活的原则,保证不同层次水平学生的不同发展,帮助他们消除对习题的陌生感,调动学习兴趣。

(2)要求教师必须深度钻研教材,了解考试及大纲要求,掌握真实学情。要求教师在认真批改学生作业的基础上分析筛选出学生易错且具代表性的习题。

(3)给予学生及时的激励、及时的纠正性反馈与指导,引导学生一步步逼近正确答案。

八、基于学习资源网站的主题探究教学模式

这种教学模式是学习资源网站为学生提供丰富的学习支持,老师精心设计问题,学生能够实施探索式的学习,利用网站的交互功能,学习者可以实现师生交互、生生交互,从而支持协作探究性的学习。

这种教学模式一般来说有几个步骤:

(1)根据课程学习需要,选择并确定学习主题,制订主题学习计划(包括确定目标、小组分工、计划进度);

(2)组织协作学习小组;

(3)教师提供与学习主题相关的资源目录、网址、资料收集方法(包括社会资源、学校资源、网络资源的收集);

(4)指导学生浏览相关网页和资源,并对所得信息进行去伪存真、选优除劣的分析;

(5)根据需要组织有关协作学习活动(如竞争、辩论、设计问题解决或角色扮演等);

(6)形成作品,要求学生以所找到的资料为基础,做一个主题相关的研究报告(形式可以是文本、电子文稿、网页等),并向全体同学展示;

(7)教师组织学生通过评价作品,形成观点意见,达到意义建构的目的。

这种网站非常多,有一些非常有价值的网站,比如说中国科学技术馆。

探究性学习模式实施的策略或是注意事项如下:

(1)精心设计好探究的问题,强调把学习设计在复杂、有意义的问题和情景中,通过学生合作解决问题,促进学生对所学知识的理解与建构。

(2)为学生提供丰富的、多样化学习资源,支持学生多通道的知识获取,加强知

识在学生生活中的应用。

（3）遵循建构主义学习理论，体现学生的主体性，教师的角色是学生的指导者、引导者和合作伙伴。

（4）采用小组合作学习形式，鼓励学生交互，鼓励学生进行个人反思。

（5）采用多元评价方法，关注学习过程，实施形成性评价和表现性评价。

九、基于认知工具的支架式的教学模式

（1）支架式教学强调为学习者建构知识提供一种概念框架。

（2）事先要把复杂的学习任务加以分解，以便于把学习者的理解逐步引向深入。

（3）通过为学习者提供支架或称脚手架，不停顿地把学生的智力从一个水平提升到另一个新的更高水平，真正做到使教学走在发展的前面。

支持这种支架式教学的工具例如思维导图（MindManager）。

支架式教学模式的注意事项：

（1）在创设情境时，可以利用认知工具创设虚拟学习情境、游戏化学习情境、问题情境、任务情境等。

（2）在为学生提供支架时要充分考虑学生的现有知识发展水平，即考虑学生的最近发展区。

（3）学习支架的搭建要循序渐进，要注意在适当的时候撤掉学习支架。

（4）在学生协作学习中，有意识地为学生提供能够支持协作的学习支架，如协作策略指导等等。

十、基于互联网的互动教学模式

这类教学模式跟直播教学模式有一点类似，但是它特别强调在跟学生进行讲授的同时，强调师生之间的互动，互动的多样性，互动的丰富性。

（1）在基于互联网的互动教学模式中，能够建立教师、学生与学习内容之间的多元化联系，实现"教师—学生—内容"的多重交互。利用互动类教学工具进行课堂教学信息反馈，能够使所有学生广泛地参与教学活动。

（2）在基于互联网的互动教学模式中，支持学生探索和发现，支持小组协作，支持游戏化学习，提供练习和反馈，帮助教师和学生开展实质性评估。

这种教学模式常见的工具例如 Classin 在线教室。

基于互联网的互动教学模式的实施策略及注意事项：

（1）在实施互动教学过程中，在使用互动式教学平台的时候，教师需要根据"课前课中课后"三个不同阶段进行调整和配置教学内容，引导学生对所学知识进行有意义的建构，产生自己的理解和思维，促进学生自主学习。

（2）教师需要准备在线微视频、图文等网络资源，使学生能够利用现代教育技术和手段主动学习。在教师的干预、引导下自主建构自身的知识体系，系统而有效地获取知识。

（3）教师需要精心设计课上教学环节，从课前预习要点与提出问题，到课上随堂小测验的考查重点和课后拓展领域，都要有周密的计划和安排，要将"课前预习、课上精讲、课后拓展"有机地整合为一体，强调学生在学习过程中对知识的理解和运用。

第七章 网络信息检索

✸ 项目导航

- 了解信息检索特点与信息检索工具
- 重点掌握大数据的发展与应用
- 思考：如何在电子商务中应用大数据技术

✸ 课程思政

通过案例分享，让同学了解大数据时代学校如何进行思想政治教育。

思政导入

大数据时代大学生网络思想政治教育创新

大数据时代大学生网络思政创新是思政管理与科学高度整合所产生的新思维。在当前大数据不断改变高校"人"的生存形式、思维变革、行为量化的背景下，坚持"立德树人"的数据导向，运用大数据技术实现大学生群体和个人思想政治教育的实效性，触及传统思政管理无法或无力涉及的领域，拓宽思政育人教育范围，全方位使大学生感受到数据思政带给他们的理解与帮助，切实发挥数据思政时代感与吸引力的作用。在新思维的引领下，教育主体与大学生需要建立一种新型的数据关系，把数据诚信作为双方共同治校的基础，营造大数据思政的时代感，增强大学生在思政过程中的获得感。特别要重视培养课程思政人才，既懂专业技术，又懂思想政治教育。

推进"智慧校园"的建设与发展，是融入智慧城市"大智移云"的重要组成部分。随着教育现代化的发展，庞大的数据量将成为教育的基础，利用数据技术手段将数据转化为信息，将信息转化为知识价值，实现个性化的因材施教和个性化的服务理念。在建设过程中，特别要重新鉴别数据的公开程度，哪些是在大数据时代必须公开的信息，哪些是大数据时代需要保护的信息，如何建立起系统有效的数据信息保护机制，营造诚信的网络环境，提升数据质量。高校要使大学生数据真正发挥作用，实现大学生网络思政的数据管理智能化，缩减与学生面对面的时间，使教育过程更多地转向通过网络实现。随着信息化的快速发展，社会各行业都有意识推进信息化建设工作，个人信息在社会中被各行业多次采集、使用，很难保证个人信息不被泄露。高校大学生作为社会组成成员也会遭遇个人信息被盗取的状况。这对高校大学生个人隐私数据管理工作提出挑战，在大学生日常数据管理方面需要有分层分级管理的权限，以保证大学生的财产安全。在机制保障方面，要构建数据涉入者责任承担机制，这是大数据网络思政育人的根本保障。要完善大学生个人隐私伦理保障机制，健全数据监管、保密和安全防控措施。在微观方面强调数据采集的广泛性、独特性与代表性，数据分析的高概率性，数据总结的相关性，力求通过大数据的研究方式达到思政教育的全面性。

【案例思考】在大数据时代为何要加强大学生的网络思政教育？

【案例启示】

进入大数据时代的网络内涵越来越丰富，不仅包括已经比较成熟的技术和手段，在计算设备、通信设备、机器、人机之间传递和交付的网络，还包括已渐渐融入人类生活快速发展的物联网、互联网、人工智能等相关网络技术设备。大学生成为网络技术和手段重要考虑的客户群体，在迎合大学生群体需求的过程中，许多网络公司找到自身生存与发展的营销思路，同时大学生也被网络技术和传输的规定价值所影响，被动转变了本来不属于他们自己的认知逻辑。高校思政工作者作为社会群体的组成部分，也难以摆脱网络对自身思想行为的影响，个别思政工作者网络表达表现出随意性、盲目性、非理性的特点，这是尴尬的现状。思政工作者队伍结构也将发生巨大变化，从过去固定的岗位人员辅导员、学工团委干部、思政课教师、党建人员等扩大到学校的全员，思想政治素质必须成为高校全体工作人员的入职最低条件，只有具备思政素质，思政工作者才能正确运用大数据开展分析研究工作，才能进一步提升思政工作者的数据处理能力，保证大数据处理过程的高质量运行。当今很多高校思政工作人员年龄普遍偏大，他们习惯于传统的思想政治教育方式方法，习惯用传统经验处理大学生网络思想政治教育工作，对大学生小数据的结构化数据能够有一定的操作和分析，效果也比较理想。然而，面对一时溢出的大数据巨大体量，显得束手无策，往往选择继续延用老办法，使数据流失，与思政工作分道扬镳。还有一些高校看清大数据对思政工作的促进作用，为了抢占先机，引进了计算机专业技术人员来操控思政数据，在海量数据中只能提出少量有价值的数据信息，很难辨析大杂烩数据中的重要数据及数据与数据之间的关联意义。

信息检索始终是从事信息科学研究的一个热点，随着计算机技术的飞速发展及 Internet 的普及，网络信息检索已基本取代了手工检索。经过几年的发展和努力，网络信息检索工具的检索功能已从比较基本和初级的阶段进步到具有相当规模的状况，日益发挥着至关重要的作用。例如在知网对文献进行匹配性查询，在万德数据库对财务指标进行精确统计。

第一节 信息检索概述

信息检索起源于图书馆的参考咨询和文摘索引工作,从 19 世纪下半叶首先开始发展,至 20 世纪 40 年代,索引和检索已成为图书馆独立的工具和用户服务项目。随着 1946 年世界上第一台电子计算机问世,计算机技术逐步走进信息检索领域,并与信息检索理论紧密结合起来;脱机批量情报检索系统、联机实时情报检索系统相继研制成功并商业化;20 世纪 60~80 年代,在信息处理技术、通信技术、计算机和数据库技术的推动下,信息检索在教育、军事和商业等各领域高速发展,得到了广泛的应用,直至目前所广泛应用的依赖 Internet 对数据进行定向搜索。

自 20 世纪 80 年代以来,人类创造的信息量高速增长,以缩微品、录像带、磁盘、光盘等形式记录的非纸介信息急剧上升。伴随计算机进入多媒体时代,信息科技也步入了多媒体发展时期。长期以来的手工检索方式依靠"手翻、眼看、大脑判断"已很难全面适应当今信息的发展,计算机信息检索必然地提到了应用与发展阶段,特别是以 Internet 为代表的全球互联网络的迅猛发展,更进一步推动了信息检索技术的发展,这既是对手工检索的扩展,也是时代的需要,这一阶段的检索被称为网络信息检索。

网络信息检索具有以下特性:

一、智能化

智能化是网络信息检索未来主要的发展方向。智能检索是基于自然语言的检索形式,机器根据用户所提供的以自然语言表述的检索要求进行分析,而后形成检索策略进行搜索。用户所需要做的仅仅是告诉计算机想做什么,至于怎样实现则无须人工干预,这意味着用户将彻底从烦琐的规则中解脱出来。近几年来,智能信息检索(intelligent information retrieval)作为人工智能(AI)的一个独立研究分支得到了迅速发展。在 Internet 技术迅速普及的今天,面向 Internet 的信息获取与精化技术已成为当代计算机科学与技术领域中迫切需要研究的课题,将人工智能技术应用于这一领域是人工智能走向应用的一种新的契机与突破口。

二、可视化

可视化(visualization)的历史可以追溯到 2400 多年前。哲学家柏拉图指出,我们通过看来识别物体。据统计,人获取信息有70%~80%靠视觉,20%靠听觉,10%靠触觉。用图像(visual)取代文字帮助人们检索的优点在于:图像的表达方式生动、形象、准确、效率更高,能从多角度揭示,而纯文字的表达方式是模糊的、一维的。

三、简单化

未来家用电脑将朝着智能化、网络化、人性化和绿色环保的方向发展;操作系统的用户友好性将不断增强,如微软和苹果公司都在致力于操作系统网络化研究,以便使其中的任一应用程序都能"连接"进行"网络检索",并与网络"交互";各搜索引擎检索界面更加"傻瓜化"。使用户学习和进行网络信息检索更加容易;网上自动标引、自动文摘、自动跟踪、自动漫游、机器翻译、多媒体技术、动态链技术、数据挖掘和信息推拉等技术逐步发展、完善,会越来越方便用户及时准确地检索信息。这些硬件与软件技术的发展都有利于网络信息检索的简单化。

四、多样化

多样化,首先表现在可以检索的信息形态多样化,如文本、声音、图像、动画。目前网络信息检索的主体是文本信息,基于内容的检索技术和语音识别技术的发展,将使多媒体信息的检索变得逐渐普遍。

多样化的第二个表现是检索工具向多国化、多语种化方向发展。网络的迅速发展,使得整个世界变成了地球村,世界各地上网人数的不断增多,使得英语已无法满足所有用户的需要,语言障碍越来越明显。

多样化的第三个表现是网上检索工具的服务多元化。网上检索工具已不仅仅是单纯的检索工具,正在向其他服务范畴扩展,提供站点评论、天气预报、新闻报道、股票点评、各种黄页(如电话号码)、航班和列车时刻表、地图等多种面向大众的信息服务、免费电子信箱,以多种形式满足用户的需要。无论是在国际上还是在国内,检索工具都在朝多元化方向发展,为用户提供全方位服务。

多样化还表现在网络信息检索可以间接地服务于其他行业。例如数据挖掘技术可用于分析历史数据的变化趋势,预测未来发展方向,发现大量数据中潜在的模式规律,为投资、科研、项目评估等提供有力的依据;还可以系统地、定量地分析目前较为热门的研究发展领域及查询频繁更新的文献资料种类,可使信息中心、图书馆等信息服务机构不断调整文献资料及图书的订阅、收集工作,有的放矢,向以需求为驱动的方向发展,建立一套更为系统、科学的管理方式。

五、个性化

个性化是指各网站注重内容的特色化和注重个性化的服务。

网络资源的指数级膨胀，使得用户在获得自己需要的信息资源时要花费大量的时间和精力。随着互联网的飞速发展，每个人的不同信息需求将凸显于标准化、单一的"大众需求"之上，并成为各个搜索网站努力追求的对象。不同的打有消费者个人烙印的产品将成为某个消费者区别他人、感觉自我存在及独特的外在标志，个性化服务成功的实质在于提供了真正适应用户需要的产品，贯彻了以用户为中心的理念。

六、商业化

网络检索系统拥有全世界数量众多的用户，吸引了大量的广告，为电子信息的增值服务提供了广阔的空间。网络检索系统已成为新的投资热点。网络检索系统不再仅仅是一种检索工具，而且成为一项产业，它的商业利益成为推动系统完善和扩展的主要动力，网络信息的检索与利用由公用性转向商业化。美国著名的数字媒体评估公司 JupiterMediaMetrix 日前发布研究报告称，"搜索引擎公司推出的付费添加服务是一个正在兴起的、前景光明的因特网领域，相对于目前低迷的在线广告市场来说，它的发展潜力是非常巨大的。"

第二节 信息检索工具

网络信息检索工具按其检索方式与所对应的检索资源大体分为以下几种类型：

一、FTP（文件传输协议）类的检索工具

这是一种实时的联机检索工具，用户首先要登录到对方的计算机，登录后即可以进行文献搜索及文献传输有关的操作。使用 FTP 几乎可以传输任何类型的正文文件、二进制文件、图像文件、声音文件、数据压缩文件等。在这类检索工具中，Archie 是最常用的。Archie 是自动标题检索软件，它借助于 FTP 来访问。用户只需告诉其要检索文件名的有关信息便可获得文件所在的主机名、路径。有了这些信息后，用户可以利用 FTP 获得自己想要的文件。与一般检索工具不同的是，它不用主题来实现相应的检索，而只能根据文件名和目录名进行检索。简单来说，就相当于在电脑端用包含的汉字或英文字母等信息对文件名进行搜索，并查到目标文件的过程。例如，在我的电脑里查找"电子商务概论第一章"。

二、基于菜单式的检索工具

这类检索工具是一种分布式信息查询工具，它将用户的请求自动转换成 FTP 或 Tel-

net 命令，在一级一级的菜单引导下，用户可以选取自己感兴趣的信息资源。这对于不熟悉网络资源、网络地址和查询命令的用户是十分简便的方法。在这类检索工具中最常见的是 Veronica 和 Jughead。如 Veronica 用于检索可由 Go—pher 菜单访问的信息资源，是与 Gopher 配套的检索工具。它根据用户给出的检索词进行检索，可检索文件名、目录名、文档及其他信息资源。

三、基于关键词的检索工具

WAIS（wideareainformationserve）信息服务软件是基于关键词的检索工具。使用 WAIS 用户不必操心检索信息在网络中的哪台计算机上，也不用关心如何去获取这些文件。WAIS 检索步骤如下：先从 WAIS 给出的数据库中用光标选择自己希望检索的数据源名称；在选定的数据源范围内进行关键词检索，系统会自动进行远程检索；查询完成后，WAIS 在显示检索结果时，将结果与检索词按相关度权数大小排列，供用户选择；WAIS 不仅可以显示文件的出处，而且可以将文件中的信息显示出来，供用户联机浏览。

四、基于超文本式的检索工具

著名的 www 是一种基于超文本方式的信息查询工具，通过将位于全世界因特网上的各站点的相关数据库信息有机地编织在一起，从而提供了一种界面友好的信息查询接口，用户只需要提出查询要求，至于到什么地方查询以及如何查询均由 www 自动完成。www 上的检索工具按其搜索的数据库类型可划分为指南类和检索类。指南类的数据库包括了 Web 文档标题索引树、URL 和描述信息的数据库，而且包含部分文档的关键词、摘要，甚至全文信息，这类程序库是由程序来创建和维护的，用户可以依靠这些程序定期访问 LycoS、Web2Crawler、Alta、Vista、Excite、InfoSeek 等。www 上的检索工具不仅可以搜索 www 上的信息，也可以搜索因特网上的其他信息资源，如 FTP、Gopher、新闻组等，www 大有成为因特网上标准检索工具的趋势。

五、多元搜索引擎

多元搜索引擎是将多个搜索引擎集成在一起，并提供一个统一的检索界面；且将一个检索提问同时发送给多个搜索引擎，同时检索多个数据库，再经过聚合、去重之后输出检索结果。其优点是省时，缺点是由于不同搜索引擎的检索机制、所支持的检索算法、对提问式的解读等均不相同，导致检索结果的准确性差，且速度慢。

第三节 大数据发展趋势

一、大数据的发端与发展

"大数据"作为一种概念和思潮由计算领域发端,之后逐渐延伸到科学和商业领域。大多数学者认为,"大数据"这一概念最早公开出现于1998年,美国高性能计算公司SGI的首席科学家约翰·马西(John Mashey)在一个国际会议报告中指出:随着数据量的快速增长,必将出现数据难理解、难获取、难处理和难组织等四个难题,并用"Big Data(大数据)"来描述这一挑战,在计算领域引发思考。2012年,牛津大学教授维克托·迈尔—舍恩伯格(Viktor Mayer – Schnberger)在其畅销著作《大数据时代(Big Data: A Revolution That Will Transform How We Live, Work, and Think)》中指出,数据分析将从"随机采样""精确求解"和"强调因果"的传统模式演变为大数据时代的"全体数据""近似求解"和"只看关联不问因果"的新模式,从而引发商业应用领域对大数据方法的广泛思考与探讨。

大数据于2012年、2013年达到其宣传高潮,2014年后概念体系逐渐成形,对其认知亦趋于理性。其价值本质上体现为:提供了一种人类认识复杂系统的新思维和新手段。用以了解现实世界中某些行为或者活动的运行规律,并通过对其进行深度分析,以期理解和发现现实复杂系统的运行行为、状态和规律。应该说大数据为人类提供了全新的思维方式和探知客观规律、改造自然和社会的新手段,这也是大数据引发经济社会变革最根本性的原因。

二、大数据的现状与趋势

全球范围内,研究发展大数据技术、运用大数据推动经济发展、完善社会治理、提升政府服务和监管能力正成为趋势。下面将从应用、治理和技术三个方面对当前大数据的现状与趋势进行梳理。

(一)已有众多成功的大数据应用,但就其效果和深度而言,当前大数据应用尚处于初级阶段,根据大数据分析预测未来、指导实践的深层次应用将成为发展重点

按照数据开发应用深入程度的不同,可将众多的大数据应用分为三个层次。

第一层次,描述性分析应用,是指从大数据中总结、抽取相关的信息和知识,帮助人们分析发生了什么,并呈现事物的发展历程。如美国的DOMO公司从其企业客户的

各个信息系统中抽取、整合数据，再以统计图表等可视化形式，将数据蕴含的信息推送给不同岗位的业务人员和管理者，帮助其更好地了解企业现状，进而做出判断和决策。

第二层次，预测性分析应用，是指从大数据中分析事物之间的关联关系、发展模式等，并据此对事物发展的趋势进行预测。如微软公司纽约研究院研究员 David Rothschild 通过收集和分析赌博市场、好莱坞证券交易所、社交媒体用户发布的帖子等大量公开数据，建立预测模型，对多届奥斯卡奖项的归属进行预测。2014 年和 2015 年，均准确预测了奥斯卡共 24 个奖项中的 21 个，准确率达 87.5%。

第三层次，指导性分析应用，是指在前两个层次的基础上，分析不同决策将导致的后果，并对决策进行指导和优化。如无人驾驶汽车分析高精度地图数据和海量的激光雷达、摄像头等传感器的实时感知数据，对车辆不同驾驶行为的后果进行预判，并据此指导车辆的自动驾驶。

当前，在大数据应用的实践中，描述性、预测性分析应用多，决策指导性等更深层次分析应用偏少。一般而言，人们做出决策的流程通常包括：认知现状、预测未来和选择策略这三个基本步骤。这些步骤也对应了上述大数据分析应用的三个不同类型。不同类型的应用意味着人类和计算机在决策流程中不同的分工和协作。例如，第一层次的描述性分析中，计算机仅负责将与现状相关的信息和知识展现给人类专家，而对未来态势的判断及对最优策略的选择仍然由人类专家完成。应用层次越深，计算机承担的任务越多、越复杂，效率提升也越大，价值也越大。然而，随着研究应用的不断深入，人们逐渐意识到前期在大数据分析应用中大放异彩的深度神经网络尚存在基础理论不完善、模型不具可解释性、鲁棒性较差等问题。因此，虽然应用层次最深的决策指导性应用，当前已在人机博弈等非关键性领域取得较好应用效果，但是，在自动驾驶、政府决策、军事指挥、医疗健康等应用价值更高，且与人类生命、财产、发展和安全紧密关联的领域，要真正获得有效应用，仍面临一系列待解决的重大基础理论和核心技术挑战。虽然已有很多成功的大数据应用案例，但还远未达到我们的预期，大数据应用仍处于初级阶段。未来，随着应用领域的拓展、技术的提升、数据共享开放机制的完善，以及产业生态的成熟，具有更大潜在价值的预测性和指导性应用将是发展的重点。

（二）大数据治理体系远未形成，特别是隐私保护、数据安全与数据共享利用效率之间尚存在明显矛盾，成为制约大数据发展的重要短板，各界已经意识到构建大数据治理体系的重要意义，相关的研究与实践将持续加强

随着大数据作为战略资源的地位日益凸显，人们越来越强烈地意识到制约大数据发展最大的短板之一就是：数据治理体系远未形成，如数据资产地位的确立尚未达成共识，数据的确权、流通和管控面临多重挑战；数据壁垒广泛存在，阻碍了数据的共享和开放；法律法规发展滞后，导致大数据应用存在安全与隐私风险；等等。如此种种因素，制约了数据资源中所蕴含价值的挖掘与转化。

其中，隐私、安全与共享利用之间的矛盾问题尤为凸显。一方面，数据共享开放的需求十分迫切。近年来人工智能应用取得的重要进展，主要源于对海量、高质量数据资源的分析和挖掘。而对于单一组织机构而言，往往靠自身的积累难以聚集足够的高质量数据。另外，大数据应用的威力，在很多情况下源于对多源数据的综合融合和深度分析，从而获得从不同角度观察、认知事物的全方位视图。而单个系统、组织的数据往往仅包含事物某个片面、局部的信息，因此，只有通过共享开放和数据跨域流通才能建立信息完整的数据集。

然而，另一方面，数据的无序流通与共享，又可能导致隐私保护和数据安全方面的重大风险，必须对其加以规范和限制。例如，鉴于互联网公司频发的、由于对个人数据的不正当使用而导致的隐私安全问题。我国在个人信息保护方面也开展了较长时间的工作，针对互联网环境下的个人信息保护，制定了《全国人民代表大会常务委员会关于加强网络信息保护的决定》《电信和互联网用户个人信息保护规定》《全国人民代表大会常务委员会关于维护互联网安全的决定》和《消费者权益保护法》等相关法律文件。相信这些法律法规将在促进数据的合规使用、保障个人隐私和数据安全等方面发挥不可或缺的重要作用。然而，从体系化、确保一致性、避免碎片化考虑，制订专门的数据安全法、个人信息保护法是必要的。这些法律法规也将在客观上不可避免地增加数据流通的成本、降低数据综合利用的效率。

当前，各界已经普遍认识到了大数据治理的重要意义，大数据治理体系建设已经成为大数据发展重点，但仍处在发展的雏形阶段，推进大数据治理体系建设将是未来较长一段时间内需要持续努力的方向。

（三）数据规模高速增长，现有技术体系难以满足大数据应用的需求，大数据理论与技术远未成熟，未来信息技术体系将需要颠覆式创新和变革

近年来，数据规模呈几何级数高速成长。据国际信息技术咨询企业国际数据公司（IDC）的报告，2020年全球数据存储量将达到44ZB（1021），到2030年将达到2500ZB。当前，需要处理的数据量已经大大超过处理能力的上限，从而导致大量数据因无法或来不及处理，而处于未被利用、价值不明的状态，这些数据被称为"暗数据"。据国际商业机器公司（IBM）的研究报告估计，大多数企业仅对其所有数据的1%进行了分析应用。大数据获取、存储、管理、处理、分析等相关的技术已有显著进展，但是大数据技术体系尚不完善，大数据基础理论的研究仍处于萌芽期。

推演信息技术的未来发展趋势，较长时期内仍将保持渐进式发展态势，随着技术发展带来的数据处理能力的提升将远远落后于按指数增长模式快速递增的数据体量大数据现象将长期存在。在此背景下，大数据现象倒逼技术变革，将使得信息技术体系进行一

次重构，这也带来了颠覆式发展的机遇。例如，计算机体系结构以数据为中心的宏观走向和存算一体的微观走向，软件定义方法论的广泛采用，云边端融合的新型计算模式等；网络通信向宽带、移动、泛在发展，海量数据的快速传输和汇聚带来的网络的 Pb/s 级带宽需求，千亿级设备联网带来的 Gb/s 级高密度泛在移动接入需求；大数据的时空复杂度亟需在表示、组织、处理和分析等方面的基础性原理性突破，高性能、高时效、高吞吐等极端化需求呼唤基础器件的创新和变革；软硬件开源开放趋势导致产业发展生态的重构；等等。

> **☑ 思政小贴士**
>
> 大数据时代的到来使得大学生思想政治教育不断向前发展，人类运用大数据技术的本领不断增强，大数据时代，海量数据提供了全面预测大学生思想政治教育的新途径，提供了实现个性化教育的新方式，大数据时代，大学生思想政治教育面临着很多机遇，同时也面临着一些挑战。因此，大学生思想政治工作者只有精准把握大数据带给我们的机遇与挑战，抢抓机遇，正视挑战，顺应时代的潮流，才能不断提升大学生思政教育有效性研究，大数据时代提升大学生思想政治教育有效性研究，必须以深入贯彻落实党的十九大精神为契机，主动迎接大数据时代到来的机遇与挑战。

三、大数据与数字经济

大数据是信息技术发展的必然产物，更是信息化进程的新阶段，其发展推动了数字经济的形成与繁荣。在信息化发展历程中，数字化、网络化和智能化是三条并行不悖的主线。数字化奠定基础，实现数据资源的获取和积累；网络化构建平台，促进数据资源的流通和汇聚；智能化展现能力，通过多源数据的融合分析呈现信息应用的类人智能，帮助人类更好地认知复杂事物和解决问题。

互联网高速发展引发了一场社会经济的"革命"，深刻地改变了人类社会，现在可以看到，互联网革命的上半场已经结束。上半场的主要特征是"2C"（面向最终用户），主战场是面向个人提供社交、购物、教育、娱乐等服务，可称为"消费互联网"。而互联网革命的下半场正在开启，其主要特征将是"2B"（面向组织机构），重点在于促进供给侧的深刻变革，互联网应用将面向各行业，特别是制造业，以优化资源配置、提质增效为目标，构建以工业物联为基础和工业大数据为要素的工业互联网。作为互联网发展的新领域，工业互联网是新一代信息技术与生产技术深度融合的产物，它通过人、机、物的深度互联，全要素、全产业链、全价值链的全面链接，推动形成新的工业生产制造和服务体系。当前，新一轮工业革命正在拉开帷幕，在全球范围内不断颠覆传统制造模式、生产组织方式和产业形态，而我国正处于由数量和规模扩张向质量和效益提升转变的关键期，需要抓住历史机遇期，促进新旧动能转换，形成竞争新优势。我国是制造大国和互联网大国，推动工业互联网创新发展具备丰富的应用场景、广阔的市场空间和巨大的推进动力。

数字经济未来发展呈现如下趋势：

一是以互联网为核心的新一代信息技术正逐步演化为人类社会经济活动的基础设施，并将对原有的物理基础设施完成深度信息化改造和软件定义，在其支撑下，人类极大地突破了沟通和协作的时空约束，推动平台经济、共享经济等新经济模式的快速发展。以平台经济中的零售平台为例，百货大楼在前互联网时代对促进零售业发展起到了重要作用。而从20世纪90年代中后期开始，伴随互联网的普及，电子商务平台逐渐兴起。与要求供需方必须在同一时空达成交易的百货大楼不同，电子商务平台依托互联网，将遍布全球各个角落的消费者、供货方连接在一起，并聚合物流、支付、信用管理等配套服务，突破了时空约束，大幅减少了中间环节，降低了交易成本，提高了交易效率。按阿里研究院的报告，过去十年间，中国电子商务规模增长了10倍，并呈加速发展趋势。

二是各行业工业互联网的构建将促进各种业态围绕信息化主线深度协作、融合，在完成自身提升变革的同时，不断催生新的业态，并使一些传统业态走向消亡。如随着无人驾驶汽车技术的成熟和应用，传统出租车业态将可能面临消亡。其他很多重复性的、对创新创意要求不高的传统行业也将退出历史舞台。

三是在信息化理念和政务大数据的支撑下，政府的综合管理服务能力和政务服务的便捷性持续提升，公众积极参与社会治理，形成共策共商共治的良好生态。

四是信息技术体系将完成蜕变升华式的重构，释放出远超当前的技术能力，从而使蕴含在大数据中的巨大价值得以充分释放，带来数字经济的爆发式增长。

四、我国大数据发展的态势

作为人口大国和制造大国，我国数据产生能力巨大，大数据资源极为丰富。随着数字中国建设的推进，各行业的数据资源采集、应用能力不断提升，将会导致更快更多的数据积累。预计到2020年，我国数据总量有望达到8000EB（1018），占全球数据总量的21%，将成为名列前茅的数据资源大国和全球数据中心。

我国互联网人数据领域发展态势良好，市场化程度较高，一些互联网公司建成了具有国际领先水平的大数据存储与处理平台，并在移动支付、网络征信、电子商务等应用领域取得国际先进甚至领先的重要进展。然而，大数据与实体经济融合还远远不够，行业大数据应用的广度和深度明显不足，生态系统亟待形成和发展。

随着政务信息化的不断发展，各级政府积累了大量与公众生产生活息息相关的信息系统和数据,并成为最具价值数据的保有者。如何盘活这些数据,更好地支撑政府决策和便民服务,进而引领促进大数据事业发展,是事关全局的关键。

我国已经具备加快技术创新的良好基础。在科研投入方面,前期通过国家科技计划在大规模集群计算、服务器、处理器芯片、基础软件等方面系统性部署了研发任务,成绩斐然。"十三五"期间在国家重点研发计划中实施了"云计算和大数据"重点专项。当前科技创新2030大数据重大项目正在紧锣密鼓地筹划、部署中。我国在大数据内存计算、协处理芯片、分析方法等方面突破了一些关键技术,特别是打破"信息孤岛"的数据互操作技术和互联网大数据应用技术已处于国际领先水平;在大数据存储、处理方面,研发了一些重要产品,有效地支撑了大数据应用;国内互联网公司推出的大数据平台和服务,处理能力跻身世界前列。

第四节　大数据在电商行业的应用

一、通过大数据进行市场营销

通过大数据进行市场营销能够有效地节约企业或是电子商务平台的营销成本,还能够通过大数据来实现营销的精准化,达成精准营销。

通过分析大数据对消费者的消费偏好进行分析,在消费者输入关键词之后,提供与消费者消费偏好匹配程度较高的产品,节约了消费者寻找商品的时间成本,使交易双方实现快速的对接。实现电子商务平台或是企业营销的高效化。在数据化时代,针对消费者进行针对性的营销能够实现精准营销,提升产品的下单率,提升电子商务的营销效率。

二、实现导购服务的个性化

对于电子商务的平台来讲,往往都会针对用户提供一些推荐和导购服务。通过大数据的分析和挖掘能够实现导购服务的个性化。针对消费者的年龄、性别、职业、购买历史、购买商品种类、查询历史等信息,对消费者的消费意向、消费习惯、消费特点进行系统性的分析,根据大数据的分析针对消费者个人制定个性化的推荐和导购服务。

大数据的运用能够抵消电子商务虚拟性所带来的影响,提升竞争力,挖掘更多的潜在消费者。针对消费者的消费偏好,进行适宜的广告推广,提升产品的广告转化率,同时提供个性化的导购服务。

对于一些大型的电子商务平台来讲,产品种类繁多,想要提升消费者的消费量,提升消费者的下单率就要通过分析消费者的消费偏好，主动进行商品的推送。这种通过大数据进行分析的方式不仅仅能提升产品的浏览量，还能针对消费者的消费需求提供商品的推送，提升消费者的用户体验，进而提升消费者的忠诚度。

三、为商家提供数据服务

大数据的分析不仅仅能够帮助电子商务平台提升下单率和销售额，还能将大数据的分析作为产品和服务向中小型的电子商务商家进行销售。这样不仅仅能够提升平台的收益，还能帮助商家了解消费者的消费偏好、消费者对于该类产品的喜好等信息，来帮助商家及时针对大部分消费者的消费偏好以及市场的动态，针对产品的性能等进行研发和调整。

四、趋势预测

利用大数据，可以预测市场将会经历的趋势，并利用它获取优势。无论是社交媒体，浏览潜在客户的习惯，购买广告数据，甚至是情绪分析，大数据都可以帮助企业确定将在一段时间内主导市场的产品。

五、识别模式

根据客户的偏好和习惯，企业可以尝试预测客户将要进行的下一步工作。这有什么帮助？考虑一种不经常销售的产品，但是如果将它与另一种产品结合起来，就会很畅销。例如，如果商家的一位顾客正在从其电子商务网站购买哑铃，根据其他一些观察，商家就可以发现这个客户是一个健身爱好者，所以可以推荐给他一罐乳清蛋白，看看他是否购买。往往他对此不会拒绝。而在电子商务网站识别个性化模式方面，大数据是关键。

六、季节性购物

大数据还可以帮助企业通过结合预测趋势和识别模式这两点为客户提供季节性的物品，从而显著改善商家的业务。因此，无论是圣诞节还是复活节，商家都可以保持领先客户一步，并引导他们购买正在寻找的东西，而不会浪费时间和精力。

七、更好的客户服务

电子商务公司的客户服务部是其第一道防线。每当客户对其产品或服务有任何顾虑时，他们的顾虑都将交给客户服务部门处理。所以这样做会使企业的客户关怀团队成为公司最重要的部分之一。

现在借助大数据，电子商务公司可以使用这些客户提供的信息，通过他们的浏览记录、在线搜索和模式，为他们制定个性化的客户服务体验。这又反过来帮助电子商务公司留住这些顾客并与他们建立终身的关系。

案例思考

　　交通银行股份有限公司（简称交通银行）始建于1908年，是中国近代以来延续历史最悠久最古老的银行，也是近代中国的发钞行之一。现为中国五大银行之一。背景在"大数据时代"，银行所面临的竞争不仅仅来自于同行业内部，外部的挑战也日益严峻。互联网、电子商务等新兴企业在产品创新能力、市场敏感度和"大数据"处理经验等方面都拥有明显的优势，一旦涉足金融领域，将对银行形成较大的威胁。互联网公司阿里巴巴已开始在利用大数据技术提供金融服务，通过其掌握的电商平台阿里巴巴、淘宝网和支付宝等的各种信息数据，借助大数据分析技术自动判定是否给予企业贷款，全程几乎不用出现人工干预。这种基于"大数据"分析能力的竞争优势已明确显示了这种威胁的现实性和急迫性。数据将是未来银行的核心竞争力之一，这已成为银行业界的共识。应该说，银行对于传统的结构化数据的挖掘和分析是处于领先水平的，但一方面银行传统的数据库信息量并不丰富和完整。如客户信息，银行拥有客户的基本身份信息，但客户其他的信息，如性格特征、兴趣爱好、生活习惯、行业领域、家庭状况等却是银行难以准确掌握的；另一方面对于多种异构数据的分析是难以处理的，如银行有客户的资金往来的信息、网页浏览的行为信息、服务通话的语音信息、营业厅、ATM的录像信息，但除了结构化数据外，其他数据无法进行分析，更谈不上对多种信息进行综合分析，无法打破"信息孤岛"的格局。也就是说，在"大数据时代"，银行的数据挖掘和分析能力严重不足。商业银行使用大数据的原因有以下几个方面：(1) IT 的运营。商业银行 IT 系统规模非常庞大，大规模的 IT 系统运营必须实现端到端的运维流程服务，而使用云计算可以大大降低成本。(2) 商务智能的大数据，还有面向客户的营销。传统的运营是按产品进行推送。但是未来的营销是个性化的营销，必须是对客户需求进行分析挖掘。(3) 产品的创新。一方面是产品 IT 基础的开发，快速的上线，快速的变化。另外就是创新，云计算和大数据可能不仅仅是技术，它还是一种商务的模式。

　　因此，对于银行来讲，要拥有强大的"大数据"处理能力，才能使数据真正成为核心竞争力。银行与专业厂商在数据分析领域的合作有着悠久的历史，在传统结构化数据分析方面有着众多的成功案例，但由于"大数据"的分析处理仍处于初创的时期，各家银行和专业厂商都在进行探索。在这方面，交通银行信用卡中心应用智能语音云对银行的语音数据进行分析处理是一个较为成功的案例，为同业提供了很多有益的经验和启示。

打造一流商业银行信息科技体系。交通银行通过加大科技投入、强化科技作用，对业务模式、营销模式和管理模式进行了深层次的改革和整合，积极打造基于数据资源、客户信息、管理信息、业务流程、授权管理全行集中的现代商业银行IT平台。数据大集中工程建成后，交通银行的业务管理、风险管理和成本管理迈上了新的台阶。海内外近100家分支机构、2600多个网点能够跨越地域限制，在数据流、业务流和管理信息流上实现高度统一，全行的信息资源、业务资源、客户资源、管理资源得到最优配置和最大利用，经营管理水平得到了进一步的提升。数据大集中系统的运行，将为交通银行管理层的科学决策提供准确的依据；在统一处理平台下，实现业务一体化操作；通过优化核算流程、资金汇划流程、业务操作流程、日终处理流程和报表生成流程，实现多重管理目标。同时，系统的可扩展性，又为业务创新、交叉销售、差别化服务创造了有利条件。随着数据大集中系统上线后的管理流程再造，交通银行自上而下的主动风险防范和控制体系得以建立，风险控制和管理能力将迈上新台阶。数据大集中工程的完成，交行实现了在全行范围内对账户的统一管理，建立了事前设权、事中授权复合、事后集中异地监督的处理模式；设置了由总行到分行、分行到网点、网点到柜员的层层分解、层层监控的分级授权体制；增加了总行远程监控，使总行对任何企业、任何个人贷款审批状况，以及分支机构不良贷款的迁徙情况能进行实时监控。

智能语音云。交通银行信用卡中心的大量服务基于电话完成，客服、电话销售、信用审核、催收等部门包括自有和外包的电话服务人员总计达数千人，而且随着银行业务的不断扩展，人员规模还在持续增加。由于业务繁忙、工作压力大，员工的流失频率高，服务质量控制难度大。银行之间的信用卡业务竞争非常激烈，各行的信用卡部门经常推出新的服务或活动，不断冲击固有的市场，因此急需提高响应速度、应变能力和创新能力。面对以上问题，交通银行信用卡中心着眼于"大数据"的挖掘和分析，通过对海量语音数据的持续在线和实时处理，为服务质量改善、经营效率提升、服务模式创新提供支撑，全面提升运营管理水平。交通银行信用卡中心最丰富的数据，是与客户电话沟通过程中的录音数据。录音数据是典型的非结构化数据，也是典型的"大数据"。一方面，数据不断累积，而且随着业务的繁忙，还在不断加速增长，存储和管理都较为麻烦，除了存储备用和少量的人工的质检调听外，几乎没有其他用途，海量数据大都成为了"沉没数据"；另一方面，大家都知道这些语音数据里蕴含了丰富的客户信息，如客户身份信息、客户偏好信息、服务质量信息、市场动态信息、竞争对手信息等，但由于技术的限制，一直没有有效的分析处理手段，数据的价值无法体现，具有丰富价值的数据却成为了"死数据"。交通银行信用卡中心的破局之道，是采用智能语音云（SmartVoiceCloud）产品对海量语音数据进行分析处理。智能语音云是新型数据服务平台,它采用了大规模异构数据的高效存管和流式数据处理机制,实现了海量语音数据的归集、处理、存储、调用和分析。

交通银行信用卡中心的智能语音云于 2011 年 9 月开始使用,2012 年 2 月 11 日一期产品正式上线投产。数据处理时效采用 T+1 的准实时方式,每天平均数据处理量约 5000 小时、20GB,高峰日超过 100GB,历史语音检索调听花费的时间从 3~5 个工作日缩短为 5 分钟,检索反馈时效低于 100 毫秒,调听反馈时效低于 1 秒,系统整体可用性达到 97.9%,达到了预期的指标,取得了令人满意的效果。后续拟基于当前平台陆续增加自动质检和业务分析应用,预计实施完成后,质检覆盖率可提高到 70% 以上,违规行为检出率可提高到 15% 以上。

(1) 录音的高效检索。采用语音识别技术对海量语音内容进行分析识别,较准确地还原出每段录音的具体内容,通过输入语音内容中的关键词即可快速找到所需要的语音,大幅度提高了语音的使用效率,极大地方便了客户录音的检索和调用,为服务质量管理和风险控制提供了更高效的支撑。

(2) 准实时自动质检。采用语义分析和情绪分析技术,通过预先定义的质检规则,对每段录音的内容进行自动检查,筛选出服务质量较差的录音,供质检人员进行人工检查和复核,改变了以往由质检人员随即抽查的质检方式,一方面大大提高了的质检部门的工作质量和工作效率;另一方面提升了服务质量的控制水平,服务改进的周期明显缩短。

(3) 多维度业务分析。基于语音识别和语义分析的结果,综合多种类型数据分析算法,对海量语音的内容进行了多维度、多角度、全方位的深入分析,并以图形化方式直观地呈现出来。应用的话务量结构分析、话务异常原因分析、客户流失原因分析、业务热点趋势分析等,已经对提高对市场的反应能力、促进经营效率的改善起到了较为明显的作用。

(4) 声纹识别与语音导航。采用了基于声纹分析的对话识别技术,利用人类声纹的独特性,快速、准确地分辨出通话人的身份,提供了安全、便捷的客户身份验证方式和渠道,一方面为服务流程的改善提供了新的方法;另一方面为服务模式的创新提供了新的思路。

交通银行采用的智能语音云是平台架构,各项服务既能单独成为独立的向客户提供专项服务,也可以根据客户的需要将多种服务灵活组合。由于采用了基于业务需求的持续迭代开发方式,智能语音云将采取分期实施方式,根据业务需要逐步增加应用内容,从而减少了产品生产与项目实施的风险。这也是交通银行信用卡中心选择智能语音云的重要原因。通过对智能语音云的应用,交通银行信用卡中心的海量语音数据得到了深入的挖掘和应用,对提高工作效率、改善服务质量起到了明显的作用,为创新服务模式提供了很多新的方法和途径,对经营效率和运营管理水平的提高起到了良好的推动作用。

【案例点评】"互联网+"时代,"数据为王"被视为电商、P2P或是社交平台的专利。事实上,传统银行作为各类支付渠道的终端,同样是大数据的"缔造者"。交通银行信用卡中心重磅推出"买单联盟",正是借助数据资源优势从而提升客户黏性和忠诚度。有别于简单的数据搜集,"买单联盟"着力挖掘大数据的深层关联,深耕细作地对其归纳分析并加以利用,最终以消费指数、用户画像等方式将数据活灵活现地展现,不仅牢牢抓住了年轻用户群体,也让持卡用户对自我的消费习惯、偏好有了明确定位。

问题:

(1) 结合你对大数据的了解,你觉得大数据会给银行服务带来哪些改变?

(2) 简析大数据在商业银行发展中的作用和应用前景?

第八章 网络营销

✦ 项目导航

- 掌握网络营销策略
- 掌握网络营销方法
- 熟悉网络营销的基本内容
- 了解网络营销的概念
- 了解网络营销的产生与发展
- 了解网络营销的功能

✦ 课程思政

通过案例分享,树立学生正确的网络营销意识和职业规范,培养学生的社会责任意识和职业道德意识。

📁 思政导入

微博:恶意营销账号专项整治行动

2020年5月1日,微博官方账号发布关于进一步明确恶意营销号专项整治行动整治措施的公告,称为进一步落实《网络信息内容生态治理规定》,贯彻落实国家和北京市委网信办关于开展网络恶意营销账号专项整治行动的通知要求,微博将开展为期两个月的恶意营销账号专项整治行动。

微博数据显示,今年以来,特别是新冠肺炎疫情发生以来,微博即对平台内出现的恶意营销内容和账号采取了高压管控措施。截至4月29日,共有效标记和处置不实信息10875条,处置账号714个,辟除新增新冠肺炎谣言298例,累计处置挑动地域攻击和歧视的账号359个,微博3977条。

微博本次恶意营销号专项整治行动的整治措施主要包括:

(1) 通过主动巡查和投诉受理,发现并及时处置以上恶意营销内容和账号;

（2）利用技术过滤结合人工标记和巡查，7×24 小时针对重点位置保持监看，及时处置涉黄和低俗内容；

（3）约谈主要 MCN 机构及负责人，宣讲传达本次专项整治行动的政策和要求。

对以上恶意营销内容和账号，用户可直接通过线上投诉至有害信息、涉黄信息、不实信息、垃圾营销等投诉分类。

微博方面称，站方随后还将上线专门的"恶意营销"投诉分类，专门受理此类投诉。

【案例思考】微博官方账号为什么要开展恶意营销号专项整治行动？

【案例启示】

微博营销是网络营销的主要方式之一，微博作为企业与消费者进行沟通和交流的纽带，它通过关注经营者、为客户服务、解决客户问题等来实现品牌宣传进而实现销售转化，目的是获得正的外部效应。而恶意营销号及内容为了吸引流量故意歪曲或臆造事实，甚至伪造、传播虚假信息，扰乱公众视听，严重者能引起公众恐慌，这次疫情期间发生的种种我们大家都有切实的感受。例如喝酒抽烟能预防新冠肺炎等一系列不实言论，这些都给我们社会带来了极大的负外部效应。我们作为一个未来的营销策划者，要正确认识营销的功能和意义，树立科学的网络营销意识和服务意识，具有一个营销人的职业规范意识和社会责任意识，明白营销的目的是为了创造社会价值，产生正向经济效应、增加社会财富，如此人们才能获得更好的服务和产品，才能拥有更幸福和谐的生活。

互联网特别是电子商务的发展，让我们的生活有了太多的变化。越来越多的企业将线下店转型为体验店，把电商当成一个新的渠道，以求建立新的商业模式。电子商务带来的变化让很多企业不知所措，究其原因是不了解互联网、不知道这里的游戏规则。其中重要的一环便是网络营销，不同于以往的线下营销，如何在线上通过丰富的活动形式吸引消费者，成为很多企业刚接触电子商务时头疼的问题。例如每年的淘宝"双十一"，各企业选择的网络营销方案复杂多样，不仅把优惠券玩出花，还有满减、满赠、限时特价等形式，甚至还有拼团、订金预售等等，如何利用合适的网络营销手段使企业产品脱颖而出，赢得消费者的青睐，对企业电子商务的运营和发展至关重要。下面就一起来看一下有关网络营销的介绍吧！

第一节 网络营销概述

一、网络营销的概念

营销是企业为了与客户建立关系,并促使其购买自己的产品和服务所采取的策略和行动。网络营销是建立在互联网基础之上,随着互联网的产生和发展而产生的新的营销方式。广义的网络营销概念是指企业利用一切计算机网络进行的营销活动;狭义的网络营销概念则专指以互联网为主要手段开展的营销活动。网络营销是手段而不是目的,它不局限于网上,也不等于电子商务,它不是孤立存在的,不能脱离一般营销环境而存在,它应该被看作是传统营销理论在互联网环境中的应用和发展。

二、网络营销的产生与发展

网络营销的产生是科学技术的发展、消费者观念改变和商业竞争等多种因素促成的。

(一)技术基础

互联网的发展和应用是网络营销产生的技术基础。随着互联网技术飞速发展,全球范围内掀起了互联网狂潮,网络技术的使用改变了人们的工作、学习、生活以及交流和合作的环境,同时也很大程度上改变了信息的传递和接收方式。各大企业纷纷利用互联网技术所带来的大量信息拓展业务范围,积极重建企业内部结构并发挥网络营销管理方法的作用,促进自身的飞速发展。

(二)消费者观念基础

满足消费者的需求是企业经营的重中之重。随着现如今科技的发展、社会的进步以及文明程度的提高,消费者的观念在不断地发生变化。

1. 倾向个性化消费

消费者往往以自身喜好为前提挑选和购买商品或服务,心理上的认可感是消费者决定购买商品的基础。消费者选择的不止是商品本身的使用价值,很多情况下量身订做的个性化产品更能引起消费者的兴趣。

2. 消费主动性增强

随着产品日益细化和专业化及品种的增多,消费者的选择范围逐渐扩大,风险意识也不断加强,他们开始不信任传统的"填鸭式"的单向营销,主动通过各种渠道获取并分析比较同类商品的相关信息,进而增加对产品的信任并争取心理上的满足感,以降低购买产品不合心意的可能性。

3. 追求购买便利性

由于如今人们的工作负荷普遍升高,消费者希望尽量节省时间和精力支出,特别是对某些品牌的消费品已经形成固定偏好的消费者而言,购物便利性成为消费者购买商品时考虑的因素之一。

4. 享受购物乐趣

在现如今丰富多彩的生活中,购物活动不仅是为了满足消费需求,更是对消费心理需要的满足,很多消费者将购物作为提高生活幸福感的一部分。

5. 关注价格差异

虽然营销人员一直以来都致力于以质量、品牌等差别化来降低消费者对价格的敏感度,但价格始终是消费者购买过程中的重要考虑因素。这表明即使在当代发达的营销技术面前,价格作用仍不可忽视。只要价格降低幅度超过消费者的心理界限,消费者就难免会改变既定的购物原则。

(三)网络营销产生的现实基础

随着市场竞争的日益激烈,为了在竞争中占有优势,各企业都想方设法地吸引客户,很难说还有什么新颖独特的方法以奇制胜。市场竞争已不再依靠表层营销手段的竞争,而是依赖更深层次的竞争。面对这样的市场环境,相比于传统营销手段,网络营销展现了多种竞争优势,主要优势如表8-1所示。

表8-1　　　　　　　　　　　网络营销的优势

主要优势	具体说明
营销成本较低	企业可以降低经营过程中的交通、通信、人工、财务和办公室租金等成本费用,实现企业成本费用最大限度的控制。同时,由于促销和流通费用等产品成本的降低,企业可以使产品以更低的价格实现销售
消除时间和空间的限制	企业可以将产品介绍、优惠政策、物流情况等信息放在网上,从而消除时间和空间的限制,使消费者可以自主地根据自己的需求随时随地了解感兴趣的信息,从而为企业创造更多新的市场机会
增加客户的满意度	①网络营销能将文字、图像和声音有机地组合在一起,传递多感官的信息,让顾客如身临其境般地感受商品或服务;②消费者不但可以获取与产品相关的信息,而且可以量身订制产品,使购物更加个性化;③简化购物环节,节约消费者的时间和精力,提高购物效率
能建立完整的用户数据库	通过提供商品买卖等服务,网站一般都能建立完整的用户数据库,包括用户的地域分布、年龄、性别、收入、职业、婚姻状况、爱好等

续表

主要优势	具体说明
互动传播	网络营销具有交互性和纵深性，它不同于传统媒体的信息单向传播，而是互动传播
周期较短	营销内容制作周期较短
关注度高	网上用户群体庞大，移动网络用户关注度高

思政小贴士

随着互联网经济的高速发展，电子商务浪潮在互联网力量的支持下席卷全球，提高了交易效率，为世界各地的经济注入了新的动力。中国电子商务的发展改变了国人购物的习惯，更为创业、就业带来了新的机会。如今越来越多的年轻人投身到电子商务，而大学生是电商创业的生力军，已经成为一种潮流，不可阻挡。鉴于此，企业或个人在网络平台上经营不同类别的网店。在网店运营环境中，消费者有权知晓信息和进行自我保护，然而我国网络环境中存在一些伦理失范现象，如虚假广告宣传、制假售假问题、侵犯知识产权、刷单、诚信问题等，严重影响了电商的健康发展，更危害了网络市场秩序和消费者的切身利益。

一方面，学生作为网店商家从网店开设注册信息要真实、有效，商品描述要详尽（信息要客观、图片要实拍真实、不隐瞒、不夸张，不出售假货、水货等），同时学生作为网络消费者下单购买要慎重，不要随意退换货，收到商品后及时确认，客观、理智地进行收货评价等，从而真正体会社会主义核心价值观中的诚信。另一方面，电商专业学生在实践经营自己网店过程中要更加懂得新的电子商务法，做到诚信经营、合理经营、合法经营，同时作为网络消费者在网上购买商品更加维护自身权益。

三、网络营销的基本内容

由于人们的认识和企业的经营理念逐步变化以及网络营销所依赖的技术基础逐步完善，网络营销在发展过程的不同阶段，其内容是有所侧重的。

1. 信息发布与收集阶段

企业利用互联网，在自己的门户网站上发布产品信息、宣传企业经营理念、展示企业形象等，使消费者多了一个了解企业的途径。同时，企业通过互联网大数据收集并分析客户资料，有利于企业的经营决策。

2. 网络营销阶段

企业以互联网为依托，通过虚拟商店、在线交易等手段，重构市场营销组合，将传统的4P组合发展为4C组合，帮助消费者顺利过渡到网络营销时代，并接受这一先进的理念,从而拓展了企业的营销活动的空间。

3. 电子商务阶段

随着网络技术的普及与成熟,越来越多的企业被纳入由 Internet、Intranet、Extranet 构成的网络世界,交易、结算、提供服务、洽谈等都可以通过网络进行。一些国家还规定电子文书与书面凭证具有同等的法律效力,使网络营销达到了更高的层次。

四、网络营销的功能

网络营销是企业整体营销战略的一个组成部分,是为实现企业总体经营目标所进行的以互联网为基本手段营造网上经营环境的各种活动。网络营销的核心思想就是"营造网上经营环境"。所谓网上经营环境,是指企业内部和外部与开展网上经营活动的相关的环境,包括网站本身、客户、网络营销服务商、合作伙伴、供应商、销售商相关行业的网络环境等。网络营销的开展就是与这些环境建立关系以达到提升企业竞争力的过程。因此,网络营销具有以下几项主要功能:

(一)品牌价值扩展和延伸

美国广告专家莱利·莱特预言:未来的营销是品牌的战争。拥有市场比拥有工厂更重要,而拥有市场的唯一方法就是拥有占市场主导地位的品牌。互联网的出现和发展不仅能够给品牌带来了新的生机,而且推动了品牌的拓展和延伸。网络营销的重要任务之一就是通过一系列的措施,在互联网上建立并推广企业的品牌。知名企业的网下品牌可以在网上得以延伸;一般企业则可以通过互联网快速树立品牌形象,获得客户和公众对企业的认可。在一定程度上说,网络品牌的价值甚至高于通过网络获得的直接收益。实践证明,互联网在重塑品牌形象、提升品牌的核心竞争力、打造品牌资产等方面具有其他媒体不可替代的效果和作用。

对于电子商务企业,其网络品牌建设是以企业网站建设为基础的。网络所有功能的发挥都要以一定的访问量为基础,所以,网站建设和推广是电子商务企业网络营销的核心工作。

(二)信息搜索与信息发布

在网络营销平台中,企业通过多种搜索方法主动获取与产品相关的有用信息和商机,如市场同类价格比较、竞争对手的态势等,以辅助企业经营决策。随着信息搜索功能向集群化、智能化方向的发展,网络搜索的商业价值得到了进一步的体现。

发布信息是网络营销的主要方法之一,也是网络营销的重要功能。无论哪种营销方式,都是将有利信息最大化地传递给目标人群(包括已有客户和潜在客户、合作伙伴、竞争者、媒体等)。网络营销利用互联网的覆盖性和互动性,在任何时间以最佳的表现形式将信息发布到全球的任何地点。

（三）销售渠道的开拓

网上销售是企业销售渠道在网上的延伸，具备网上交易功能的企业网站为企业提供了新的交易场所。网上销售渠道的建设不仅仅是网站本身，还包括建立在综合电子商务平台上的网上商店，以及与其他电子商务网站不同形式的合作等。不仅如此，网络所具有的传播和扩散能力打破了传统经济时代的经济壁垒、人为屏障、交通阻隔、地区封锁、信息封闭等，极大程度促进了销售渠道的开拓。

（四）网上市场调研

在激烈的市场竞争条件下，企业确定竞争战略的基础和前提是主动地了解商情、研究趋势、分析客户心理、窥探竞争对手动态。通过在线调查表、电子邮件、后台数据搜集等方式，可以获得充分的市场信息，从而完成网上市场调研。相对于传统市场调研而言，网上调研高效率、低成本的特点使得网上调研成为网络营销的主要职能之一。

（五）客户关系管理

客户关系管理源于以客户为中心的管理思想，是一种旨在改善企业与客户之间关系的新型管理模式，是网络营销取得成效的必要条件，是企业重要的战略资源。传统的经济模式存在认识不足或自身条件的局限，企业在管理客户资源方面存在疏忽、不同部门和人员各自为战。为解决上述问题，网络营销整合客户资源、销售、市场、服务以及决策管理，统筹协调销售、市场、售前和售后服务与业务，这样一来，既可以跟踪订单，利于企业了解客户需求，规范销售行为，监控订单的执行过程，提高客户资源的整体价值；又能够避免销售隔阂，帮助企业及时地调整营销策略和营销方法。

总而言之，开展网络营销的意义就在于充分发挥各种功能推动产品的销售，提高企业竞争力，使企业经营的整体效益最大化。

> **思政小贴士**
>
> 近日，同时在唯品会和爱库存入驻的商家突然遭遇了一场"二选一"风暴。2020年9月3日，上海大众（爱库存）在其官方微博上发布声明称，近期不断有商家向爱库存反馈：唯品会命令要求商家不得与爱库存继续合作，强令商家下架在爱库存上的所有商品与活动，并对商家进行日常巡查，一经发现在爱库存上继续有售，唯品会即对商家进行通告惩戒，甚至直接下线商家在唯品会上的所有在售商品，该行为让广大商家蒙受了严重损失。
>
> "二选一"口水战接连不断，其背后是电商平台的责任缺失，更是随意支配流量的不良后果。因此，要解决这一问题，就要让互联网巨头学会敬畏手中握有的用户与流量，只有维护消费者的正当权益，才会终结这一现象。

五、网络营销策略

网络营销策略主要涉及产品、定价、渠道、促销4个方面。

(一) 产品策略

同传统营销一样,网络营销也必须向市场提供满足消费者需求的产品,从而实现其营销目标。

1. 产品整体概念分层

基于营销意义上的产品的概念具有宽广的延伸和深刻的内涵。对于具体产品来说,由于消费者具有不同层次的需求,产品的整体概念就是产品满足客户不同需求的各个方面。

在网络营销中,产品的整体概念可分为5个层次,如图8-1所示。

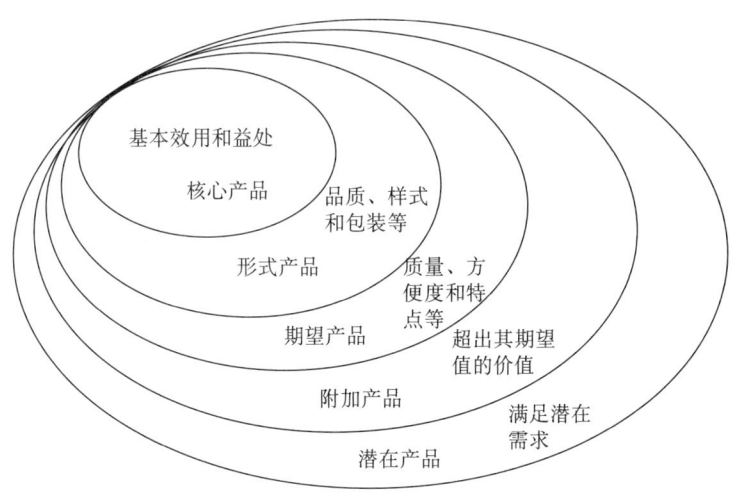

图 8-1 产品概念的 5 个层次

- 核心产品:能够为消费者提供基本效用和益处。网络营销是以消费者为中心的营销,产品必须能够满足消费者的需求。企业在设计和生产产品时,要从客户的需求出发,使产品真正令消费者满意。
- 形式产品:核心产品借以实现的形式,主要表现为外观、质量、特色、包装、品牌、商标。
- 期望产品:消费者在购买前对产品质量、特点、使用方便程度等方面的期望。
- 附加产品:由产品的生产者或经营者提供的、能更好提升企业核心利益的服务,例如送货上门、安装、售后服务、咨询、培训等。
- 潜在产品:在延伸产品层次之外,由企业提供的、能满足客户潜在需求的产品

或服务。它主要是产品的一种增值服务，例如汽车销售提供贷款服务业务。

2. 常见产品策略

（1）产品差异化策略。产品差异化策略是指企业提供同一种类不同类型的产品和服务，利用顾客的求知欲和挑剔心理，来完成企业目标计划的一种竞争生存战略。差异化的竞争，需要企业突出产品和服务的特色，才能吸引众多的消费者，成为行业的典范。产品差异化体现在 4 个方面：

- 产品质量差异化策略：企业向市场提供竞争对手无法达到的高质量产品所采取的策略。产品质量优异能产生较高的产品价值，进而提高销售收入，获得比对手更高的利润。例如，海尔集团通过完善生产过程的全面质量管理，并推出星级服务理念，提高产品质量，获得在冰箱市场的高品牌知名度，因此产品获得消费者的一致好评。

- 产品可靠性差异化策略：与质量差异化相关的一种战略。其含义是：企业产品具有绝对的可靠性，甚至出现意外故障时，也不会丧失使用价值。例如，华为手机由于华为自身通信设备可靠性高，企业的产品得到用户的认可。

- 产品创新差异化策略：企业及时引进新的产品，与其他企业产品形成差异化。例如，联想集团基于研发实力和技术支撑，推出具有降噪、免工具维护、五重硬盘防护等创新设计的八款服务器，并凭借完善的销售渠道和科学的营销策略，实现了自身的跨越式发展。

- 产品特性差异化策略：如果产品中具有顾客需要，而其他产品不具备的某些特性，就会产生别具一格的形象。例如，伦芭童装专卖网店专做花童礼服，成为该细分市场的领军者。

（2）产品组合策略。产品组合策略是指企业采用多种产品组合的营销策略。产品组合的方式有以下几种：

- 采用不同功能的产品进行组合。例如，某彩妆店通过将不同功能和效果的产品进行组合营销，来满足消费者的一系列相关需求。

- 采用不同品牌的产品进行组合。例如，零食大礼包组合不同品牌的零食进行销售。

- 采用不同规格、型号、颜色和样式进行组合。例如，某文具店对不同颜色、不同类型的文具组成成套文具袋进行组合销售。

- 采用不同配件进行组合。例如，某相机专卖店在销售某种类型数码相机时，配备了不同规格的镜头进行组合销售。

（3）新产品策略。新产品策略是指企业通过不断推出新产品来达到增加销售额的目的。与传统新产品研制不同的是，客户、供应商和经销商可以主动地全程参与网络环境下的新产品研制与开发，共同协作满足最终需要。因此，在新产品开发过程中，要重点关注加强与以产品为纽带的伙伴的合作。

(二) 定价策略

1. 影响定价的因素

价格往往是影响交易成功与否的重要因素。企业需要考虑成本以及消费者对价格的接受程度,从而使定价策略具有买卖双方双向决策的特征。价格的灵活性可以让市场做出灵敏的反应,是市场营销组合中较难以确定的因素。

影响产品价格的因素有很多,主要有3种,见表8-2。

表8-2 影响产品价格的因素

影响因素	具体说明
成本因素	产品成本是由产品在生产过程和流通过程中消费的物质资料和付出的劳动报酬所形成的
供求关系	供求关系对产品价格的影响是显而易见的,当商品供小于求的时候价格就会上升;反之,价格就会降低
竞争因素	价格是否高于竞争者,主要取决于企业所处的竞争环境和在竞争中的地位

当然,影响企业产品网上定价的因素除了以上几点外,还要考虑网络因素。网络营销由于促销和流通费用等产品成本的降低,也会对价格产生一定的影响。

2. 网络定价策略

(1) 低价策略。目前低价策略有三种,第一种是直接低价定价策略,即定价时采用成本加一定利润,甚至是零利润,在公开价格时就低于同类产品,一般是制造业企业在网上进行直销时采用的定价形式;第二种是折扣策略,在原价基础上进行打折来定价的,可以让客户直接了解产品的降价幅度以促进客户的购买,主要用于一些网上商店;第三种是季节策略,根据消费者、商品消费季节、时间的不同而采取不同价格,鼓励买方在淡季购买以减轻仓储压力。由于在网上销售减少了一些成本费用,所以产品在网上的价格明显低于传统市场上的价格,从而可以吸引消费者进行购买。例如,某类衬衫在网店的平均售价在120元左右,卖家通过99.9元的低价格打造爆款,提高店铺销量。

(2) 定制生产定价策略。定制生产定价策略是企业在能满足客户个性化需求的基础上,利用网络技术和辅助软件,帮助消费者选择配置或自行设计产品,同时承担自己愿意付出的价格成本。企业可以根据市场上定制产品的平均价格,以及消费者对产品外观、颜色样式等方面的个性化需求来确定价格。

(3) 许可使用定价策略。客户可以直接使用某公司的产品,根据使用次数付费,而不需要将产品完全购买,即仅购买产品的使用许可权。企业减少了为完全出售产品而进行的不必要的大量的生产及包装,同时还可以吸引那些只想使用几次而不想拥有

该产品的客户;客户则省去了购买产品、拆包、处置产品的麻烦,且减少了不必要的开销。

(4) 零定价策略。零定价策略是企业通过对商品以成本价格出售,而取得消费者某些回报的策略。零定价并不意味着企业为用户提供免费的商品或服务,而是以这种策略得到消费者的一些回报,如提升品牌形象、提升产品口碑、赢取客户的回头率、获取消费者的个人资料、实现广告效应、使客户同意参与产品测试等。

(5) 拍卖竞价策略。经济学认为市场要想形成最合理价格,拍卖竞价是最合理的方式。网上拍卖由消费者通过互联网轮流公开竞价,在规定时间内出价高者赢得。根据供需关系,网上拍卖竞价方式有竞价拍卖、竞价拍买(逆拍卖)。

(三) 渠道策略

营销渠道的主要任务就是将产品由生产商向最终消费者转移。互联网缩短了生产者和消费者之间的距离,使得生产者能够直接面向最终消费者。但是对于多数的产品生产者,仍需要中间渠道发挥作用。

网络营销渠道包括网络直销和网络间接销售。

1. 网络直销策略

网络直销是指企业通过网络分销渠道直接销售产品。网络直销的优点如下:

(1) 快速了解消费者需求。营销人员可利用互联网的工具,如在线服务等,随时随地了解消费者当下的需求,并据此迅速开展营销活动,扩大产品市场占有率。

(2) 快速获取用户反应。可以结合从网上收集到的用户对产品的意见和建议,合理地、有针对性地改进和安排生产活动,提高产品质量,改善经营管理,同时与消费者建立良好的互动关系。

(3) 降低产品成本。由于网络直销降低了企业的营销成本,企业能够以较低的价格销售自己的产品,消费者也能够以低于传统市场的价格购买产品。

(4) 避免经销商恶性竞争。减少销售环节有利于企业的统一定价以及运作的规范化,从而避免经销商们的恶性竞争。

2. 网络间接销售策略

在网络间接销售过程中,网络商品交易中介是连接买卖双方的枢纽,帮助网络销售流程的实现。例如,淘宝网、京东商城等。

网络商品交易中介的优势:

(1) 借助于自身的品牌影响力、经验、用户数量以及掌握的大量信息,以更快的速度、更简化的流程、更低的成本、更高的效率将商品由生产者推向消费者。

(2) 有效、快速地把买卖双方联系起来,有助于买卖双方的信息收集过程。

(3) 能够综合大量消费者的需求,使企业组织商品的批量生产,满足生产者对规模经济的发展要求。

因此,企业在选择网络商品交易中介时,需要考虑网络商品交易中介的特色、服务和影响力。

(四)促销策略

网络促销是利用计算机及网络技术向虚拟市场传递有关商品和劳务的信息,以激发消费者的需求,唤起购买欲望和促成购买行为的各种活动。

1. 网络促销的主要作用

(1)告知功能。网络促销中开展的活动将企业的产品、服务、价格等信息通过网络传递给消费者,从而引起消费者的关注。

(2)诱导功能。网络促销通过各种有效的方式解除潜在消费者对产品或服务存在的顾虑和疑惑,坚定其购买产品的决心。

(3)创造需求。企业通过运作良好的网络促销活动,不仅可以诱导消费者满足自身消费需求,而且可以创造需求,发掘潜在的消费者,拓展市场范围,扩大销售量。

(4)反馈功能。结合网络促销活动,企业可以及时地收集和汇总消费者的想法和需求,迅速反馈回企业管理层,从而帮助企业更好地确定经营决策。

(5)稳定销售。受到季节和消费周期等因素的影响,企业的销售水平并不稳定。企业通过适当的网络促销活动,刺激消费者购买欲望,树立良好的产品形象和企业形象,提高产品的知名度和客户的忠诚度,进而锁定用户、实现稳定销售。

2. 网络促销策略

根据网络营销活动的特征和产品的不同,网络促销策略主要有以下几种:

(1)打折促销。通过打折降价销售来吸引顾客购买商品。

(2)提供免费资源或者服务。通过免费赠予资源或者服务,达到较好的促销效果。

(3)发放购物券促销。一般分为有门槛的购物券(如满100元可用购物券10元)和无门槛购物券(购买网店任一商品均可使用的购物券5元),可根据网店产品的价格和成本,设置购物券的门槛和金额。

(4)网上赠品促销。买一件或者几件产品就赠送礼品,提高产品的吸引力。

【案例8-1】

当当网的搜索引擎营销

当当网在利用搜索引擎推广B2C网站的业务上积累了非常丰富的经验,每年投入数百万费用在搜索引擎领域,资金投入排在中国的前十名,同时也获得了巨大回报,如图8-2。

图 8-2　360 引擎搜索"当当网"结果

针对几十万关键词投放的管理，企业除支付巨额的推广费用外，还支付大量的管理成本，从而不断修改和调整关键词的投放，并且都有相应的策略来具体管理搜索引擎。在具体的搜索引擎营销细节方面，当当采用的是品牌专区模式，这种模式主要适用于大品牌客户，这样既可以进行品牌传播，又可以直接发展电子商务。

（资料来源：http：//blog. sina. com. cn/s/blog_ 136bf676e0102xznc. html）

第二节　网络营销的方法

一、搜索引擎营销

（一）搜索引擎营销的定义

搜索引擎营销是通过搜索引擎优化，搜索引擎排名以及研究关键词的流行程度和相关性在搜索引擎的结果页面取得较高排名的营销手段。搜索引擎营销对网站的排名至关重要，当客户在搜索引擎中查找相关产品或者服务的时候，通过专业的搜索引擎营销通常可以取得较好的营销效果。

（二）搜索引擎营销的途径

1. 选择恰当的关键词

第一，尽量增加相关联想关键词。比如卖鲜花的店铺可以考虑的关键词有"花"

"鲜花""玫瑰花"等，还可以根据鲜花应用的场合来选择关键词，比如"情人节鲜花""生日鲜花"等。

第二，站在用户的角度给出符合大众习惯称谓的词。

第三，要给出较专业的关键词，使用具体词汇以及组合词汇，使得客户能够精确地找到产品。

2. 搜索引擎优化

搜索引擎优化是指为了提高网站流量、提升网站销售和品牌建设，遵循搜索引擎自然排名机制，对网站内部和外部调整优化，从而使关键词在搜索引擎中自然排名靠前的过程。

3. 竞价排名

竞价排名是指网站通过付费方式来获得搜索引擎的靠前排名，付费越高者排名越靠前。推广企业可以通过调整每次点击价格，控制自己在特定关键词搜索结果中的排名，并可以通过设定不同的关键词捕捉到不同类型的目标访问者。竞价排名的典型代表是百度推广。

（三）搜索引擎推广可能存在的不足

（1）搜索结果太多，排名不靠前时，营销效果较差。
（2）不同时间段内客户查询结果不同，存在波动性。
（3）不同的搜索引擎的查询结果不同。
（4）关键词的选择较为困难，只有选择合适的关键词，才能保证较高的关注度。
（5）搜索引擎对语义的理解有限，导致查找结果混乱、有歧义等负面效果。

二、电子邮件营销

（一）电子邮件营销的定义

电子邮件营销是以发布内容为产品信息、促销信息、会员福利、电子杂志等的电子邮件进行宣传推广。

（二）电子邮件营销的基础

开展电子邮件营销面临三个基本问题：向哪些用户发送电子邮件、发送什么内容以及如何发送电子邮件。这三个基本问题代表了电子邮件营销的三大基础，即技术基础、资源基础和内容基础。

1. 技术基础

技术基础即从技术上保证用户加入、退出邮件列表，并实现对用户资料的管理、邮件发送及效果跟踪等功能。经营邮件列表所面临的基本问题中，发送邮件列表的技术保证又是基础中的基础。无论哪种形式的邮件列表，首先要解决的问题是如何用技术手段来实现用户加入、退出以及发送邮件、管理用户地址等基本功能。具有这些功能的系统被称为"邮件列表发行平台"。发行平台是邮件列表营销的技术基础，是建立自己的邮件列表发行平台，还是选择专业服务商的发行，主要取决于企业的资源和网络营销目标。一般来说，邮件列表专业服务上的发行平台无论在功能上还是在技术保证上都会优于一般企业自行开发的邮件列表程序，并且可以很快投入应用，大大减少了自行开发所需要的时间。因此与专业邮件列表服务商合作，采用专业的邮件列表发行服务是常用的手段。当企业互联网应用水平比较低、邮件列表规模不是很大、并不需要每天发送大量电子邮件时，没有必要自行建立一个完善的发行系统。如果用户数量比较多时，企业自行发送邮件往往对系统有较高要求，并且大量发送的邮件可能被其他电子邮件服务商视为垃圾邮件而遭到屏蔽。这时，自行建立邮件列表发行平台的优势更为明显。不过也有例外，出于对用户资料保密性等因素的考虑，一些电子商务网站发送大量的电子邮件时，通常也需要利用自己的邮件系统发行。

2. 资源基础

在用户自愿加入邮件列表的前提下，获得足够多的用户邮件地址资源，是邮件营销发挥作用的必要条件。获取用户资源是邮件营销中最为基础的工作内容，也是一项长期工作，特别是对于开展内部列表邮件营销的企业来讲，尽量多地获取用户的邮件地址，需要付出较多的代价。这个环节在实际工作中往往被忽视，以至于一些邮件列表建立很久，加入的用户数量仍然很少，邮件营销的优势也难以发挥出来。一些网站的许可邮件营销甚至会因此半途而废。可见，在获取邮件列表用户资源过程中应利用各种有效的方法和技巧，这样才能真正做到专业的邮件营销。

3. 内容基础

内容基础是指电子邮件的内容必须对用户有价值才能引起用户的关注，因此，电子邮件营销应注意在提供有价值信息的前提下才可附带一定数量的商业广告。电子邮件的内容一般要保证目标一致，内容系统、简洁、灵活，格式美观等。

（三）电子邮件营销的评价指标

1. 退信率

退信率是指没有送达的邮件所占比率。退信率是评价列表质量的一个重要指标。

2. 开信率

开信率也称为浏览率，是指用户在收到信件后打开阅览的比例。

3. 点击率

点击率是指用户收到信件后点击其中的链接进入广告主指定网页的比例。

4. 转化率

转化率是指用户收到信件后产生购买、用户注册、期刊订阅等预期行动的比例。

5. 新顾客获得率

新顾客获得率是指收到信件的用户转化为公司新顾客的比率。该比率可用来评价列表的质量和促销效果。

6. 退订率

退订率是指用户收到了邮件但是要求退订的比率。该比率可用来评价营销信息的质量以及发送的频率是否恰当。正常的退订率应在1%以下。

【案例8-2】

麦包包的电子邮件营销

许多人在注册麦包包这种商城类的网站的会员时，通常是通过一定的注册协议，或是要进行电子杂志的订阅而输入email地址，其实这些都是商家进行网络营销的一种手段。麦包包的电子邮件营销有哪些可取之处呢？

（1）麦包包使用的邮箱名很简洁而且突出了自己的品牌。当用户看到邮件名就能知道是麦包包公司发送的邮件，简单、直接，增强了客户对公司的印象。

（2）麦包包发送的广告邮件在标题处都有明确的标识，如果用户不喜欢看广告可以直接略过，避免客户打开后引起客户的反感；如果用户打开看了，说明该客户可能是潜在客户，该企业在以后就可以有针对性地制定策略将潜在客户变为现实客户，如此做法相比于其他客户开发策略降低了挖掘客户的成本。

（3）麦包包的邮件发放频率控制得很好，每三天发放一次，不发送重复的信息，这样也会避免客户的反感。

（4）麦包包发放邮件时在邮件标题运用数字，这样更有说服力。

（5）麦包包邮件内容的头部如果无法显示，则会引导点击进入网站电子杂志的位置，这样就会吸引客户阅读邮件。

（资料来源：王林萍. 以麦包包为例分析电子邮件营销 [J]. 商情, 2018, (22): 71.）

三、病毒营销

（一）病毒营销的定义

病毒营销又称病毒式营销、病毒性营销，是一种信息传递战略，包括通过任何刺激个体将营销信息向他人传递，为信息的爆炸和影响的指数级增长创造潜力的各种方式。所谓"病毒式营销"，并非真的以传播病毒的方式开展营销，而是通过利用公众的积极

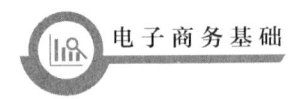

性和人际网络，使营销信息像病毒一样被快速复制，传向数以万计、数以百万计的受众。这是一种口碑营销，人们在获得利益的同时不知不觉地、不断缠绕式地宣传了企业的营销信息，因此，病毒性营销是由企业发动、用户自愿参加、结果双赢的方式。

（二）病毒营销的基本要素

病毒性营销的特点是快速传播，用户是传播链中的中继者，因此，病毒性营销的效果取决于"病毒"是否容易传播和用户是否乐于传播该"病毒"。美国著名的电子商务顾问 Ralph I. Wilson 博士将一个有效的病毒性营销战略归纳为六项基本要素，一个病毒性营销战略不一定要包含所有要素，但是包含的要素越多，营销效果可能越好。这六个基本要素是：提供有价值的产品或服务，提供无须努力地向他人传递信息的方式，信息传递范围很容易从小向大规模扩散，利用公共的积极性和行为，利用现有的通信网络，利用别人的资源进行信息传播。

> **【案例 8-3】**
> **可口可乐的"火炬在线传递活动"**
>
> 2008 年 3 月 24 日，可口可乐公司推出了"火炬在线传递"活动。活动的具体内容是：网民在争取到火炬在线传递的资格后可获得"火炬大使"的称号，本人的 QQ 头像处也将出现一枚未点亮的图标。如果在 10 分钟内该网民可以成功邀请其他用户参加活动，图标将被成功点亮，同时将获取"可口可乐火炬在线传递活动"专属 QQ 皮肤的使用权。而受邀请参加活动的好友就可以继续邀请下一个好友进行火炬在线传递，以此类推。
>
> 活动方提供的数据显示：在短短 40 天之内，该活动就"拉拢"了 4000 万人参与其中。平均每秒钟就有 12 万多人参与。网民们以成为在线火炬传递手为荣，"病毒式"的链式反应一发不可收拾，"犹如滔滔江水，绵延不绝"。
>
> （资料来源：http://www.doc88.com/p-0532632907318.html）

四、合作推广

（一）合作推广的定义

合作推广是通过网站间交换链接、交换广告、内容合作、用户资源合作等方式，在具有类似目标网站之间实现互相推广的目的。其中最常用的资源合作方式为网站链接交换，即分别在自己的网站上放置对方网站的 Logo 或网站名称或设置对方网站的超级链接，使得用户可以从合作网站中发现自己的网站，达到互相推广的目的。

（二）合作推广的作用

1. 吸引点击量

通过和其他站点的交换链接，可以吸引更多的用户点击访问自己的网站。

2. 为搜索引擎的收录提供参考

搜索引擎会根据交换链接的数量以及交换链接网站质量等对一个网站做出综合评价，这也将是影响网站在搜索引擎排名的因素之一。交换链接在吸引更多用户访问的同时起到搜索引擎优化的作用。但交换链接面临双方网站的知名度、点击率等可能不相同的困难，因此需要加入广告交换组织。广告交换组织通过不同站点的加盟，提高了链接交换的机会，起到相互促进的作用。

五、会员制营销

（一）会员制营销的定义

会员制营销是通过利益关系将无数个网站连接起来，将企业的分销渠道扩展到互联网的各个角落，同时为会员网站提供一个简易的赚钱途径。也就是说，各个网站一起加入某个会员计划；浏览者通过访问这个会员网站，点击广告并在网站购物；会员计划的组织者再付给会员销售佣金。

（二）会员制营销的起源

会员制营销开始于1996年亚马逊书店推出的一种联属方案。根据这一方案，任何网站都可以申请成为亚马逊书店的联属网站，在自己的网站上推介亚马逊书店经营的图书，并依据实际售出书籍的种类和已享折扣的高低获得5%~15%的佣金。该方案一经推出就在业界引起了轰动。当年加入联属营销计划的网站超过了4000家，次年夏天突破了1万家，1998年夏天达到了10万家。正是这些联属网站使得亚马逊书店名声大振，成为网上零售的第一品牌。在亚马逊书店的带动下，网上零售业纷纷效仿。如今联属网络营销的观念已经普及在网络上发展的各个行业的各种规模的公司。

（三）会员制营销的作用

1. 树立品牌，促进销售

主力网站可以通过发展联属网络以较小的花费在较短的时间内树立自己的网上品牌，实现网上销售额的快速增长。

2. 实现共同营收

联属网站可以通过加入联属营销计划从起点较低的内容网站迅速转变为电子商务网

站实现营业收入。

六、微博营销

(一) 微博营销的定义

微博营销是指以微博作为营销平台，每一个粉丝都是潜在的营销对象，企业通过更新自己的微博向"粉丝"传播企业及产品信息，树立良好的企业及产品形象，以达到营销的目的。

(二) 微博营销的优势

1. 操作简单，信息发布便捷

微博可以即时分享随时随地发现的新鲜事，更新商品详情、商品优惠等商品相关信息。

2. 互动性强

微博营销可以通过策划互动活动与粉丝即时双向沟通，获得反馈信息。

3. 低成本

微博营销最常见的形式是"关注+转发"的抽奖类活动，用较低的营销费用提高粉丝数量、企业人气和信息传播的速度及效果。

4. 针对性强

关注微博的粉丝会较及时地接收到企业微博最新发布的信息，从而使信息精准地展示在目标受众面前。

(三) 微博营销的不足

（1）需要有足够的粉丝数量和人气才能达到良好的传播效果。

（2）由于微博里内容每时每刻都在更新，所以如果发布的信息没有被及时关注，就很可能被埋没在海量的信息中。

【案例8-4】

支付宝的锦鲤抽奖

微博抽奖是很多微博品牌、自媒体进行吸粉和推广的重要手段，也是较为简单粗暴有效的推广方式，支付宝的锦鲤抽奖曾经引发过微博上的舆论轰动，在抽奖微博发布短短6小时之后就获得了百万转发量。

支付宝的抽奖是没有预热的，在国庆前一天发出微博，却非常快地引起了微博用户们的疯狂转发，因为奖品确实非常诱人。在关于抽奖的第一条微博中，支付宝并没有透露具体的奖品是什么，而是让大家关注评论区。在评论区中出现了非常多、不同领域内的大品牌，令人眼花缭乱猜测满满，很多人都对奖品抱有极大的期待。一个小时后，支付宝终于发布新微博公开了详细的奖品内容，一条长长的奖品清单，涵盖国庆期间的吃喝住行，面面俱到价值不菲，让网友们叹为观止，这样的豪华大奖毫无意外地让支付宝的这条微博得到了空前绝后的阅读量和转发量，并迅速成为热门话题。另一方面，这么多的大奖，仅仅是为一个中奖用户准备的，极低的中奖率也进一步增添了其话题性。

这一活动利用"锦鲤"这一自带传播度的话题和国庆节的热度，在前期造势上就获得了不错的效果，而丰富的奖品和参与的诸多品牌是其中最大的诱惑点所在，即使中奖概率极低，但参与方式简单，只需要转发评论，让很多网友都乐于尝试，由此带来了巨大的传播效果。

（资料来源：http://www.liguo.cc/9/153151.html）

七、微信营销

（一）微信营销的定义

微信营销即在以安卓系统、苹果系统的手机或者平板电脑中的移动客户端进行的区域定位营销，企业通过微信公众平台，展示企业微官网、微会员、微推送、微支付、微活动，形成的线上线下微信互动营销方式。

（二）微信营销的优势

1. 点对点精准营销

微信拥有庞大的用户群，借助移动终端、天然的社交和位置定位等优势，每个信息都是可以推送的，能够让每个个体都有机会接收到信息，继而帮助企业实现点对点精准化营销。

2. 形式灵活多样

企业可采用包括漂流瓶、位置签名、二维码、开放平台、公众平台在内的多种形式开展微信营销，提升宣传推广效果。

3. 强关系的机遇

微信的点对点产品形态注定了其能够通过互动方式将普通关系发展成强关系，从而产生更大的价值。

(三) 微信营销的形式

1. 漂流瓶

企业可以发布文字或者语音投入"大海"中,与"捞"到的用户展开对话。例如,招商银行通过"爱心漂流瓶"进行用户互动活动,取得不错的营销效果。

2. 位置签名

企业可以利用"用户签名档"这个免费的广告位为自己做宣传,附近的微信用户就能看到展示的信息。

3. 二维码

企业可以设定自己品牌的二维码,用折扣和优惠来吸引用户关注;客户可以通过扫描识别二维码身份来添加朋友、关注企业账号。

4. 开放平台

通过微信开放平台,应用开发者可以接入第三方应用,还可以将应用的 Logo 放入微信附件栏,使用户可以方便地在会话中调用第三方应用进行内容选择与分享。例如,"美丽说"的用户可以将自己在"美丽说"中的内容分享到微信中,可以使一件"美丽说"的商品得到不断的传播,进而实现口碑营销。

5. 公众平台

在微信公众平台上,每个人都可以用一个 QQ 号码打造自己的微信公众账号,并在微信平台上实现和目标群体的文字、图片、语音的全方位沟通和互动。

(四) 微信平台类型

1. 订阅号

订阅号具有信息发布与传播的能力,适合个人及媒体注册。

2. 服务号

服务号具有用户管理与提供业务服务的能力,适合企业及组织注册。

3. 小程序

小程序具有出色的体验,可以被便捷地获取与传播,适合有服务内容的企业和组织注册。

4. 企业微信

企业微信具有实现企业内部沟通与协同管理的能力,适合企业注册。

八、网络广告推广

(一) 网络广告推广的定义

网络广告推广是通过在各类网站的各种位置投放网络广告进行宣传推广。与传统的传播媒体广告相比，网络广告作为现代营销媒体战略的重要部分具有举足轻重的地位。网络广告的常见形式包括关键词广告、分类广告、赞助式广告等。

（二）网络广告推广的优势

1. 传播技术先进，方式多样。
2. 不受时空限制，信息容量大。
3. 实现互动性，便于双向沟通。
4. 成本低廉，计费灵活。
5. 便于检索，反馈直接。

九、网络直播营销

随着直播文化的发展，利用直播平台的流量优势而进行营销的网络直播营销应运而生。电商平台（如天猫直播、淘宝直播）为企业提供直播渠道，主播通过该渠道介绍和售卖折扣商品、宣传品牌，如"双11购物狂欢节"直播、"517饿货节"直播、"京东618生鲜节"直播等。

（一）电商网络直播营销的特点

网络直播活动不仅仅是一个品牌的狂欢，还可以开启多品牌之间的战略合作模式，从而扩大营销活动规模，实现营销效果的最大化。网络直播营销作为一种创新的营销方法，以全新的方式颠覆着电商行业的发展态势。对于网络直播营销来说，其特点如下：

1. 跨时空性

网络直播以破竹的态势不断突破着时空的界限，随着传播速度的加快以及传播手段的多样化和可视化，网络直播的形式越来越灵活、丰富，跨越时空的障碍。

2. 互动性

电商网络直播用户可以通过发弹幕、转发评论等形式与"主播"直接沟通，能在第一时间有效解决客户的疑虑，在增加销售量的同时减少退换量。网络直播的真实性、立体性以及参与感被发挥到了极致。

3. 精准性

以电商直播平台"淘宝直播"为例，客户一般会带着已有的目的搜索需要的产品，观看某一项直播也是客户自主选择的结果，选择大多与其目的相匹配，从而保证了直播营销的高度精准性。

4. 共鸣性

网络直播相比其他媒体平台更能激发用户的情绪，结合文字、图片、视频以及主播带货的感染力使客户能够沉浸在直播的内容中，这种体验感可很大程度上加深用户对企业和产品或服务的印象。

(二) 电商网络直播营销存在的问题

虽然目前直播平台在中国的发展态势良好,但直播行业在营销模式、品牌建设人员能力和法律制度上仍然存在不少问题。另外,各平台数据频频造假且屡禁不止的问题也应引起重视。

1. 营销模式单一

各主播的直播时间比较集中,形式多种多样,内容丰富多彩,而客户选择成本却很低,只要轻轻滑动就可以切换其他主播,所以只有优质的产品和营销内容才能吸引客户的注意,获得持续关注更是难上加难。

2. 缺乏品牌塑造效果

网络直播带着浓重的秀场模式的色彩,主播仅仅与用户聊天、唱歌就能获得很好的传播效果是不现实的,很多网络直播营销活动邀请明星参与其中,但只是直播他们在化妆间、参与活动现场的场面等,这种网络直播缺乏对自我品牌的塑造力,没有与客户深入沟通,没有实现品牌的差异化展示,导致企业的品牌个性不突出。

3. 主播能力不足

主播多数为年龄偏低的群体,对直播内容的把控存在一定的不足,对现场突发情况的处理能力也有所欠缺,这些情况都将会给品牌营销带来难以估量的影响,甚至会严重损害网络直播风气。因此,各大直播平台需要发掘具备一定能力又有人气的主播。

【案例 8-5】

网红主播李佳琦的成功秘诀

最近最火的主播莫过于直播界战胜马云的口红一哥李佳琦,那几句"Oh, my god! 这个颜色也太好看了吧!""买它!买它!买它!"真的能让女生为之疯狂。一次直播能试 380 支口红,涂口红世界纪录保持者、战胜马云的"口红一哥"坐拥 2000 多万抖音粉丝的李佳琦。5 个半小时的淘宝直播能卖 23000 单,完成 353 万的成交量!他成功的秘诀是什么呢?

首先,直播只是成功的平台,而垂直领域的专业技能则是杀手锏,一个专门研究美妆的博主,所推荐的美妆产品都是有足够的说服力和专注度。其次,内容营销直戳人心,李佳琦将产品赋予了个人或生活特色,买一支口红,就能变成你心目中最美的样子,这也是每个人内心最渴望的需求。最后,个人色彩鲜明,他的口头禅使他一开口别人就知道他是谁,他的固定封面形式让人一看就明白他要推什么。

(资料来源:https://www.mrcjcn.com/n/300658.html)

案例思考

欧莱雅有关男士护肤品的网络营销

随着中国男士使用护肤品习惯的转变,男士美容市场的需求逐渐上升,整个中国男士护肤品市场也逐渐走向成熟,近两年的发展速度更是迅速,越来越多的中国年轻男士护肤已从基本清洁开始发展为护理,美容的成熟消费意识也逐渐开始形成。

2012年欧莱雅中国市场分析显示,男性消费者初次使用护肤品和个人护理品的年龄已经降到22岁,男士护肤品消费群区间已经获得较大扩张。虽然消费年龄层正在扩大,即使是在经济最发达的北京、上海、杭州、深圳等一线城市,男士护理用品销售额也只占整个化妆品市场的10%左右,全国的平均占比则远远低于这一水平。作为中国男士护肤品牌,欧莱雅男士对该市场的上升空间充满信心,期望进一步扩大在中国年轻男士群体的市场份额,巩固在中国男妆市场的地位。

面对其他男妆品牌主要针对"功能性"诉求的网络传播,麦肯旗下的数字营销公司MRM携手欧莱雅男士将关注点放在中国年轻男性的情感需求上,了解到年轻男士的心态在于一个"先"字,他们想要领先一步,先同龄人一步。因此,设立了"我是先型者"的创意理念。

为了打造该产品的网络知名度,欧莱雅男士针对目标人群,同时开设了名为@型男成长营的微博和微信账号,开展一轮单纯依靠社交网络和在线电子零售平台的网络营销活动。

1. 在新浪微博上引发了针对男生使用BB的接受度的讨论,发现男生以及女生对于男生使用BB的接受度都大大高于人们的想象,为传播活动率先奠定了舆论基础。

2. 有了代言人阮经天的加入,发表属于他的先型者宣言"我负责有型俊朗,黑管BB负责击退油光、毛孔、痘印,我是先型者阮经天",号召广大网民,通过微博申请试用活动,发表属于自己的先型者宣言。

3. 在京东商城建立了欧莱雅男士BB霜首发专页,开展"占尽先机,万人先型"的首发抢购活动,设立了欧莱雅男士微博部长,为关于BB霜使用者提供的一对一的专属定制服务。另外,特别开通的微信专属平台,每天即时将从新品上市到使用教程、前后对比等信息均通过微信推送给关注巴黎欧莱雅男士公众微信的每一位用户。

(资料来源:https://wenku.baidu.com/view/7aea24e5a300a6c30d229f7e.html)

问题: 欧莱雅在网络营销过程中用到了哪些营销方法和营销策略?你认为还可以运用哪些方法能更好地推动营销效果?

第九章 网络客户关系管理

✦ 项目导航

- 掌握客户关系管理的主要内容
- 掌握客户关系管理系统的分类、主要功能
- 熟悉电子商务客户关系的定义、应用和特点
- 了解客户关系管理的定义、提出和解决的主要问题
- 了解客户关系管理系统的定义、意义

✦ 课程思政

通过案例分享,让同学理解社会主义核心价值观中"敬业""诚信""友爱"的内涵。

思政导入

用户是国王 海尔"真诚到永远"的自我升级

30多年前,一句"真诚到永远",曾经温暖了千百万用户和消费者的心,让海尔品牌成为中国制造的诚信标签。而在当今高速迭代的互联网时代,品牌运营的核心已经由创新驱动的"产品思维"逐渐向创新驱动的"用户思维"转变。在"以用户为核心"的创新之路上,海尔"真诚到永远"的品牌自我升级再次为中国品牌树立了典范。

2016年3月9日,海尔发布了全球首个全开放全透明智慧生态。以"真诚到永远"的品牌初衷,以"真诚"回归用户体验和需求,以开放透明的战略、海纳百川的气魄,对海尔品牌内涵注入了新的活力,完成了一次超越想象的升级和颠覆。

互联网时代的来临,带来了消费方式的彻底改变,也让全世界的品牌有了同台竞技的机会。同时,品牌作为国家综合经济竞争力的重要载体,在经济全球化日益深刻的今天,国与国之间的竞争更多地体现为全球性知名品牌的竞争。一个国家的经济实力,其实是品牌综合活力与竞争力的体现。

正是基于此，在全新的智能互联时代，海尔"真诚到永远"的品牌承诺也凸显出全新的时代内涵。那就是，以用户为核心，突破用户想象，让技术隐藏于极致体验的背后，让品牌为消费者负责。其中，全球首个全开放、全透明的生态体系——海尔智慧生活平台，将实现工厂、工程师、用户、合作伙伴以及多方系统之间的互联互通。此后，海尔的工厂对用户而言将不再陌生和遥远，用户可以直接参与产品的设计、制造，也可以实现家电订制、生产、配送、安装、售后的全流程可视化体验。

伟大品牌的升级，需要强有力的产品创新力。围绕用户需求的创新，是海尔始终坚持的不变基因。品牌的升级与产品创新密不可分，是始终融于海尔血液的因子，也正是创新引领海尔走向全球，并确保海尔始终在不断变化的市场环境下，以创新的激情、敏锐的反应和坚定有力的执行，引领品牌不断发展，走上全球市场的制胜之道。

这其中，信任和创新是品牌亘古不变的宝贵资源。"真诚到永远"，正是海尔在"新常态"的时代背景下，站在品牌的角度思考企业的可持续发展时所得出的答案，也是海尔从心出发，聚焦用户的完美诠释。

（资料来源：左延鹊．用户是国王 海尔"真诚到永远"的自我升级．搜狐网，https://www.sohu.com/a/63023932_132430）

【案例思考】海尔"真诚到永远"的内涵是什么？

【案例启示】

受全球经济下滑的影响，家电行业目前正面临着去库存的高压力。与此同时，后电商时代山寨屡禁不止、假货横行以及远程交易带来的诚信危机也影响着市场的消费行为，如何让家电行业开放、透明，成为家电行业亟待解决的问题。在这种形势下，海尔通过与客户、相关利益方互通的生态体系，以真诚回归用户体验和需求，寻找到了破题入口。

海尔真诚到永远的内涵，在创业初期是海尔在产品高品质下对用户的敢于担当、敢于负责的态度。而在互联网时代下，真诚则是面向全球开放和透明，通过对外智慧家庭，对内互联工厂与全球用户及利益相关方互联互通，为用户创造全流程可视化交互体验，让用户全流程地参与产品的设计、研发等全过程，实现从消费者到生产者、研发者多重身份的转变。

想必你常常会遇到这样的情况：商场购物结账时服务员推荐你办理会员卡，填写基本信息，这样一来再次购买商品时可以积分、打折；网购商品的快递盒拆开后，里面除了商品外，还有一张意见反馈卡并标注了反馈渠道……企业为什么要花费人力、物力去做这些事情呢？因为这对于企业来说就是宝贵的客户信息和客户需求。在当今竞争激烈的商业环境中，越来越多的商家开始通过实施客户关系管理来赢得更多的客户，并提高客户的忠诚度。企业通过结合大数据技术可以掌握客户的详细信息，根据这些信息进行

分析，可以为客户提供更合理化的消费建议，从而更好地服务于客户。那么客户关系管理主要包括哪些内容？如何结合电子商务和客户关系管理系统更快、更准地赢得客户芳心？下面的内容将会解答你的疑问。

第一节　客户关系管理概述

一、客户关系管理定义

客户关系管理（Customer relationship management）是指通过培养企业的最终客户、分销商和合作伙伴对企业及其产品更积极的偏爱或偏好，留住他们并以此提升业绩的一种营销策略，它的操作过程是采用先进的数据库和其他信息技术来获取客户数据，分析客户行为偏好，积累和共享客户知识，有针对性地为客户提供产品或服务，发展和管理与客户的关系，培养客户长期的忠诚度，以实现客户价值最大化和企业收益最大化之间的平衡。

例如，沃尔玛根据数据挖掘结果分析得出：尿布和啤酒存在一定的联系。太太让先生去购买尿布时，先生往往会犒劳自己两听啤酒。得知这一结论后，企业利用该数据进行预测分析并指导下一步行动，识别和利用商业机会，更快、更准地赢得客户芳心。

客户关系管理将与客户的交流作为重中之重，摒弃传统的以产品或以市场为中心的思想，认为企业经营应以客户为中心，为客户提供多种交流的渠道以方便沟通，同时为企业、客户和合作伙伴之间的共享资源、共同协作奠定基础。客户关系管理的核心是客户价值管理，它将客户价值分为既成价值、潜在价值和模型价值，通过一对一营销原则，满足不同价值客户的个性化需求，提高客户忠诚度和保有率，实现客户价值持续贡献，从而达到吸引新客户、保留老客户以及将已有客户转为忠实客户，增加市场份额的最终目标。

没接触过客户关系管理的人会觉得客户关系管理就是通过客户关系管理系统的技术支持，能够叫出每个客户的名字、记得每个客户的喜好和生日等，进一步了解和分析客户需求，增进与客户的感情。而了解或使用过客户关系管理的人，会认识到客户关系管理能够对营销、销售、客服三大部门的工作进行统一管理，使各部门工作流程更加精确、细致、顺畅，从而提高企业经营效率。其实，以上都是客户关系管理所能够带来的效益，前者看到的是客户关系管理系统使用后的效果，后者描述了客户关系管理在企业内部的使用方式与作用。总体而言，客户关系管理是以客户为中心，搜集、研究和使用各种客户信息，以便建立积极的客户关系，更好地满足客户需求，提高客户满意度和忠诚度，增加客户对企业价值实现的一门艺术和科学。

二、客户关系管理的提出

企业在不断地探索和实践中意识到建立客户关系、维持客户关系已成为提高企业竞争力和竞争优势的重要手段。自从市场营销理念形成以来，很多企业开始认同"以客户为中心"的管理理念，这也使得企业必须把实施客户关系管理的工作提上日程。随着信息技术的发展，企业的核心竞争力更加依赖于信息化程度和企业管理水平，这就需要企业主动并持续地创建、调整组织构架，设计工作流程，搜集客户信息和活动，争取早日实现以客户为中心的客户活动全面管理。

1. 企业内部管理的需要

通过企业的客户关系管理系统，客户能够通过电话、网络等方式与企业建立联系和业务上的往来，员工可以获取客户信息并据此策划交易活动进行交易，企业可以对各种销售活动进行持续性的追踪。总之，客户关系管理系统能够从不同角度提供成本、利润、生产率、风险率等信息，并对客户、产品、职能部门、地理区域等进行多维分析。

2. 现代信息技术的发展

办公自动化程度、员工计算机应用能力、企业信息化等一系列技术水平的不断提高为客户关系管理的信息化进程打下了良好的基础，部分企业已经拥有了一定的信息化基础，通过互联网，企业可以以低成本向客户销售产品、收集客户信息、提供售后服务等。数据库、商业智能等技术的研发和利用，大幅度提高了企业员工在收集、整理、加工和利用客户信息方面的效率和质量。

三、客户关系管理解决的主要问题

（一）获取客户信息和信息整合

随着市场竞争逐渐加剧，企业经营由产品导向转变为客户导向，客户已成为企业生存和发展最重要的资源之一。以客户为中心是指企业的经营活动都围绕客户的需求展开。客户关系管理利用技术把客户当作一种战略资源进行积极的管理，使企业能及时获得销售、营销和客户服务部门所需的客户互动信息，并进一步整合客户的各项信息和活动，组建一个以客户为中心的企业，实现面向客户的活动的全面管理。信息整合形成的客户管理咨询系统，可以使任何需要与客户进行沟通的内部员工都能全面了解客户关系、根据客户需求进行交易、了解如何对客户进行纵向和横向销售、记录自己获得的客户信息。另外，不同的客户会产生不同的价值，而针对不同价值、不同需求的客户可以提供不同的产品和服务，实现差别化和个性化管理。

（二）活动监测

通过采用信息技术，企业能够对市场活动进行策划和评估，对各种销售活动进行追踪和反馈，从而提高业务处理流程的自动化程度，实现企业范围内的信息共享。系统用户可不受地域限制，随时访问企业的业务处理系统获得客户信息，提高企业员工对市场活动、销售活动的分析能力，使企业内部能够更高效地运转。

（三）业务流程再造、降低成本

业务流程是指企业输入资源，以客户需求为起点，到企业创造出客户满意的产品或服务的一系列活动。通过业务流程再造可以尽可能地减少不必要的流程和环节，很大程度上节约时间与成本，提高企业与客户沟通、交流和交易的速度和效果。

四、客户关系管理的主要内容

客户关系管理的主要内容包括识别客户、建立客户关系、客户保持以及客户挽留，其中，客户识别是客户关系管理的基础，客户关系的建立是客户关系管理的保证，而客户保持和客户挽留是对已建立的客户关系的维系。

（一）识别客户

客户识别是客户关系管理的首要环节。客户识别就是通过一系列技术手段，根据大量客户的特征、购买记录等可得数据，找出谁是企业的潜在客户、客户的需求是什么、哪类客户最有价值等，并把这些客户作为客户管理实施的对象，从而为企业成功实施客户关系管理提供保障。对于大多数企业来讲，获取新客户是企业迅速增长的重要因素。新的客户包括不了解该类产品的客户，也包括以前接受过竞争者提供的类似产品的客户。不管是哪一种客户，利用信息技术都可以对潜在客户进行识别，只有识别出企业的潜在客户、有价值客户以及客户的需求，才能为企业的客户管理提供有价值的信息，使企业的客户关系管理更有针对性，避免因盲目的管理而产生不必要的浪费，甚至更大的损失。客户识别主要包括以下内容：

1. 识别潜在客户

潜在客户是指存在于消费者中间，可能需要产品或接受服务的人。也可以理解为潜在客户是经营性组织机构的产品或服务的可能购买者。识别潜在客户应摒弃平均客户的观点，对客户进行客观、准确的评估，寻找那些具有持续性特征、关注未来并对长期客户关系感兴趣的客户，认真考虑合作关系的财务前景。

2. 识别有价值客户

客户大致分为两类：交易型客户和关系型客户。交易型客户只关心价格，没有忠诚度可言。关系型客户更关注商品的质量和服务，愿意与供应商建立长期友好的关系，客户忠诚度高。识别有价值客户实际上需要两个步骤：首先分离出交易型客户，以免他们干扰你的销售计划。其次，分析关系型客户。我们将有价值的关系型客户分为三类，见表9-1。

表9-1　　　　　　　　　　　　　　关系型客户的分类

客户类型	价值客户	潜力客户	失效客户
特点	给公司带来最大利润	带来可观利润并有可能成为最大利润来源的客户	现在能够带来利润，但正在失去价值
营销方式	进行客户关系管理营销，留住这些客户	开展营销，提高本公司商品在其购买商品中的份额	经过分析，剔除即可

3. 识别客户的需求

为了留住客户，我们应该识别客户需求，满足客户需求，从而提高客户满意度和忠诚度。找出满足客户需求的方法见表9-2。

表9-2　　　　　　　　　　　　　　满足客户需求的方法

方法	内容
会见头等客户	客户服务代表和其他人员定期召集重要客户举行会议，讨论客户对于商品以及服务的需求和欲望
意见箱、意见卡	将意见卡或调查问卷等放在接待区、产品包装上等客户容易发现的地方，以征求客户意见
客户调查	通过邮寄、电话或网络问卷的方式对客户需求进行调查
客户数据库分析	运用数据库技术分析客户需求
定期交流会	与重要客户定期交流以搜集改进产品或服务的需求

【案例9-1】

迪克连锁超市的客户信息管理

迪克超市是美国著名的连锁超市之一，其依靠顾客特定信息，跨越一系列商品种类，把促销品瞄准各类最有价值的顾客以获得更好的营销效果。例如，他们把非阿司匹林产品（如泰诺）的服用者分成全国性品牌、商店品牌和摇摆不定者三类。这三类中的每类顾客可以根据购买量的低、中、高被分成三个组。购买量就可用来衡量在某类产品中不同顾客对迪克超市所提供的价值。通过这种分组，迪克超市能够很清楚地认识到哪些客户是他们最有价值的客户，从而针对这些客户采取相应的措施,将其最具攻击性的营销活动专用于用量大的顾客,因为他们最具潜在价值,同时通过分析以往购物记录合理预测顾客的购买周期,促销活动的时间尽可能接近于每一位顾客独有的购买周期。

在迪克超市每周消费 25 美元以上的顾客每隔一周就会收到一份定制的购物清单。"顾客们认为这太棒了,因为购物清单准确地反映了他们要购买的商品。如果顾客养狗或猫,我们就会给他提供狗粮或猫粮优惠;如果顾客有小孩,他们就可以得到尿不湿等儿童产品优惠;如果顾客常买很多蔬菜,那么他们就会得到许多蔬菜类产品的优惠。"罗布说,"如果他们不只在一家超市购物,他们就会错过我们根据其购物记录而专门提供的一些特价优惠。很显然,我们无法得知他们在其他地方买了些什么,但是,如果他们所购商品中的大部分源于我们商店,他们通常可以得到相当的价值回报。我们的目标就是回报那些把他们大部分的日常消费都花在我们这儿的顾客。"

(资料来源:http://wenku.baidu.com/view/3ec54037eefdc8d376ee32e7.html?from=search)

(二)建立客户关系

客户关系是指企业为达到其经营目标,主动与客户建立起的某种联系。客户关系的建立是客户关系管理的核心部分,也是最主要的部分。与客户细分不同的是,建立客户关系是对未来企业经营方向的评估预测和前提准备,而不是对已有的历史数据的分析报告,利用数据挖掘技术中的分类方法,可以找出那些对企业提供的产品或服务感兴趣的客户,并进一步分析该类客户的消费行为,总结该类客户的行为模式,从而挖掘潜在的客户并采取恰当的营销策略吸引新客户。

1. 客户关系的建立流程

(1)客户关系的类型。企业在具体的经营管理实践中,可以根据其商品的特性和对客户的定位,确定建立何种类型的客户关系。

- 基本型:这种关系是指企业把产品销售出去之后就不再与客户接触。如果产品或服务的边际利润水平很低,客户数量极其庞大,那么企业会倾向于采用"基本型"的客户关系。
- 被动型:企业的销售人员在销售产品的同时,还鼓励客户在购买产品后,如果遇到问题或有意见,及时向企业反馈。
- 负责型:产品销售完成后,企业及时联系客户,询问产品是否符合客户的要求,有何缺陷或不足,有何意见或建议,以帮助企业不断改进产品使之更加符合客户需求。
- 能动型:销售完成后,企业不断联系客户,提供有关改进产品的建议和新产品信息。

- **伙伴型**：企业不断协同客户，努力帮助客户解决问题，支持客户的成功，实现共同发展。

（2）发展客户关系的步骤。

第一步：对客户进行差异分析。不同的客户之间的差异主要在于客户对于公司的商业价值不同和客户对于产品的需求不同，因此，通过对客户进行有效的差异分析，企业可以更好地区分客户、了解客户需求，进而更好地配置企业资源，改进产品和服务。

第二步：与客户保持良好的接触。企业应把与客户的每一次接触或者联系放在"上下"环境中，清楚了解上一次接触或者沟通的时间和地点，合理安排好下次接触的时间和地点，以形成一条连续不断的客户信息链，从而降低与客户接触的成本，提高与客户接触的收效。

第三步：调整产品或服务以满足每个客户的需要。企业应根据客户的个性化需求提供"个性化"的产品或服务，调整的不仅仅是最终产品，还应该包括服务，如提交发票的方式、产品的包装样式等。

第四步：提升客户关系。客户关系提升的过程是营销和管理精细化和信息化的过程，其进展程度与企业客户管理和服务水平紧密相关，在提高客户满意度、忠诚度的基础上不断巩固和提升客户关系。

2. 客户关系生命周期

客户关系生命周期通常指的是一个客户与企业之间从建立业务关系到业务关系终止全过程，是一个完整的关系周期。它从动态角度研究客户关系，描述了客户关系从一个阶段到另一个阶段运动的总体特征。客户关系生命周期分为以下几个阶段：

（1）考察期。考察期是关系的探索和试验阶段。在这一阶段，双方相互了解不足、具有不确定性，企业和客户通过对彼此的相容性、对方的诚意、对方的绩效进行考察和测试，从而确定长期关系下双方潜在的权利和义务。在这一阶段，客户会尝试性地下一些订单。

（2）形成期。形成期是关系的快速发展阶段。企业和客户在考察期相互满意，并建立了一定的相互信任和交互依赖的关系，才会进入到这一阶段。在这一阶段，双方逐渐认识到对方有能力提供令自己满意的价值和履行其在关系中担负的职责，双方从关系中获得的回报日趋增多，交互依赖的范围和深度也日益增加，因此愿意承诺保持一种长期关系。

（3）稳定期。稳定期是关系发展的最高阶段。这一阶段，企业和客户对持续长期关系做出了或含蓄或明确的保证。这一阶段中，双方对对方提供的价值高度满意，双方的交互依赖水平达到整个关系发展过程的最高点，为能长期维持稳定的关系，双方都做出了大量的有形和无形的投入等高水平的资源交换。因此，在这一阶段双方处于一种相对稳定的状态。

(4) 退化期。退化期是关系发展过程中关系水平逆转阶段。关系的退化并不是总发生在稳定期后的第四阶段，实际上，任何一个阶段关系都可能退化，而引起关系退化的可能原因有很多，如一方或双方经历了一些不满意，发现了更合适的关系伙伴，需求发生变化等。

【案例9-2】

星巴克的客户关系建立

截至2016年10月，星巴克在全球60多个国家拥有超过22000家门店，20多万名伙伴（员工）。自上市以来，星巴克的销售额平均每年增长20%以上。星巴克品牌引人注目的不仅是它的增长速度，更因为它的广告支出之少。星巴克每年的广告支出仅为3000万美元，约为营业收入的1%，这些广告费用通常用于推广新口味咖啡饮品和店内新服务。与之形成鲜明对比的是，同等规模的消费品公司的广告支出通常高达3亿美元。

星巴克成功的重要因素是它视"关系"为关键资产，特别是与员工的关系。公司董事长舒尔茨一再强调，星巴克的产品不是咖啡，而是"咖啡体验"。与客户建立"关系"是星巴克战略的核心部分，它特别强调的是客户与"咖啡大师傅"的关系。

舒尔茨很早就认识到"咖啡大师傅"在为客户创造舒适、稳定和轻松的环境中的关键角色，那些站在咖啡店吧台后面、直接与每一位客户交流的咖啡吧台师傅决定了咖啡店的氛围。为此，每个"咖啡大师傅"都要接受培训，培训内容包括客户服务、零售基本技巧以及咖啡知识等。"咖啡大师傅"被教育去预测客户的需求，在解释不同的咖啡风味时与客户进行目光交流。另外，客户在星巴克消费的时候，收银员除了品名、价格以外，还在收银机输入客户的性别及年龄段，否则收银机就打不开。所以公司可以很快知道客户消费的时间、消费了什么、金额多少、客户的性别和年龄段等。

（资料来源：http://www.njliaohua.com/lhd_9f38y1b09v1ujtp7zfqy_1.html）

（三）维护客户关系

维护客户关系是指企业维护已建立的客户关系，使客户不断重复购买产品或服务的过程。客户保持需要企业与客户相互了解、相互适应、相互沟通、相互忠诚，这就必须在建立客户关系的基础上，与客户进行良好的沟通，提高客户满意度，最终实现客户忠诚。

1. 维护客户关系的原因

首先，要在现代市场竞争中取胜，仅依靠企业重建是不够的，更主要的是争取客户的认可。其次，企业保留老客户比争取新客户更加重要，老客户对企业产品的满意度和忠诚度较高，企业与客户保持关系越持久，重复购买的次数越多，就越有可能为企业带来利润。事实上，客户很愿意把这种感觉告诉所认识的人，而这种"宣传"的效果绝对胜过企业花巨资拍摄广告所带来的强烈吸引。

2. 维护客户关系的方法

（1）保证产品质量。长期稳定的产品质量是保持客户的根本。高质量的产品本身就是维护客户的利器。另外，随着社会的发展和市场竞争的加剧，客户的需求正向个性化方向发展，与众不同已成为一部分客户的时尚，所以企业还应该不断根据客户的意见和建议，开发出真正满足客户喜好的产品。

（2）提供优质服务。由于科技发展，同类产品在质量和价格方面的差距越来越小，而在服务方面的差距却越来越大。客户他们往往把若干因素掺杂在一起：产品或服务的可信度、一致性、运输货物的速度与及时性、书面材料的准确度、电话咨询时对方是否彬彬有礼、员工精神面貌等。随着客户对服务的要求也越来越高，服务与产品质量、价格、交货期等共同构成企业的竞争优势。有人提出，在竞争焦点上，服务因素已经逐步取代产品质量和价格，世界经济已经进入服务经济时代。虽然再好的服务也不能使劣质产品成为优等品，但优质产品会因劣质的服务而失去客户的喜爱。

（3）提升品牌形象。面对日益繁荣的商品市场，客户的需求层次有了很大的提高，他们开始倾向于产品品牌的选择，习惯于指名购买。客户品牌忠诚的建立，取决于企业的产品在客户心目中的形象，只有让客户对企业有深刻的印象和强烈的好感，他们才会成为企业品牌的忠诚者。

（4）价格优惠。价格优惠不仅仅体现在低价格上，更重要的是能与客户所认同的产品价值相匹配。企业可以改善品质和功能，提供灵活的付款方式和资金的融通方式等来提升产品价值。如果客户是中间商，生产企业通过为其承担经营风险而确保其利润，也会对客户有很大的吸引力。

（5）感情投资。利用手机、QQ群、短信、互动平台、邮件等来和客户互动，例如很多企业通过在客户的生日、厂庆纪念日等重要日子表示祝贺等方式，来增进和客户之间的感情交流。我们要做到关怀第一，给营销找一个理由，平时多发发祝福的话，等适当的时候给客户发送一条营销信息，这样买家就会知道原来是你这家店铺在做活动，再加上之前你维护的客户对店铺的印象很好，这样就很有可能促成客户进店购买。

维持客户关系的方法包括以上五种，可以分为三个层次：第一层次是保证质量，第二层次是优质服务和品牌形象，第三层次是价格优惠和感情投资。这五个方面都很重要，忽视任何一个方面都会造成不利的后果，应该权衡这五个方面不同的侧重点。

3. 维护客户管理的内容

很多企业管理层开始意识到维护企业客户的重要性,但是应该从哪些方面着手来维持客户呢?我们认为应该从以下三个方面实施:

(1)建立客户数据库。维护客户关系是一个长期的、不间断的工作,企业必须及时采集客户的有关信息,采用科学的量化手段,转化成企业所要利用的各种客户维系因素,再将这些因素放入各自客户生命周期相应阶段,分析整理后得出关于相应客户在客户维系上的动态特征和需求,为客户提供符合他们特定需要的定制产品和相应服务,并通过各种现代通讯手段与客户保持密切的联系,从而建立持久的合作伙伴关系。

(2)保持客户关怀。客户关怀应该包含在客户从购买前、购买中到购买后的客户体验的全部过程中。购买前的客户关怀活动主要是指提供有关信息的过程中的沟通和交流,为以后企业与客户建立关系打下基础。购买期间的客户关怀与企业提供的产品或服务紧密地联系在一起,包括订单的处理以及各个相关的细节都要满足客户的需求。购买后的客户关怀活动,主要集中于高效地跟进和圆满地完成产品的维护和修理的相关步骤。售后的跟进可以促使客户重复购买,并向其周围的人多作对产品有利的宣传,以形成口碑效应。

(3)分析客户流失原因。为了留住客户,必须分析客户流失的原因,尤其是分析客户的投诉和抱怨。首先对已经流失的客户数据进行分析,建立流失客户模型;再根据分析出的结果,到现有的客户资料中找出潜在可能流失的客户。通过对潜在流失客户数据进行分析挖掘,企业可以针对客户的需求,有针对性地对客户采取相应的措施来防止这些客户的流失,从而达到保持客户的目的。此外,企业应该鼓励客户提出不满意的地方,以改进企业产品的质量和重新修订服务计划。

【案例 9-3】

修武供电公司:"零距离"沟通促优质客户服务

"根据用电负荷,两台变压器并列运行增加了电费支出,我建议暂时报停一台。"1月2日,修武县供电公司组织技术人员到县裕阳机械有限公司走访服务,为客户检查配电设备,对存在的隐患提出了整改意见。

双节临近,为了保障客户安全可靠用电,修武县供电公司与客户零距离沟通,公司领导班子成员分头走进企业、社区,认真倾听客户对供电公司员工服务的评价,深入了解客户需求,不断改进服务短板,着力提升客户满意度,架起供电企业与广大电力客户心灵沟通的"连心桥"。该公司走访人员向大客户详细询问了生产经营情况、用电情况和对今年迎峰度冬期间电力需求情况,并征求了大客户在供用电质量、电力服务、行风建设、电价、电费收交等方面的意见和建议。走访人员还

> 对重要客户配电线路有无老化、计量装置、自动保护装置运行、安全工器具等情况进行详细检查，针对检查中发现的安全隐患，提出了合理化意见和建议，并帮助部分客户进行了隐患消缺。还向客户重点介绍了分布式光伏发电、LED节能灯改造、电能替代等节能项目的优势，也为企业通过节能达到自身效益和社会效益双赢提出了做法和方向。
>
> 该公司通过"一对一"、面对面、心贴心、零距离走访，提升了优质服务水平，架起了供用电双方相互理解、相互支持的连心桥，进一步拉近了与客户之间的距离，赢得了社会各界好评。
>
> （资料来源：http://www.ha.chinanews.com/news/hndl/2017/0105/5980.shtml）

（四）挽回客户关系

客户关系发展是一个循序渐进的过程，无法跳跃式前进。在客户关系发展的任何阶段，都存在客户关系的停滞、倒退甚至完全中断的可能性。客户流失是指企业的客户由于种种原因不再忠诚，而转向购买其他企业的产品或服务的现象。客户流失主要有企业内部管理混乱、产品质量不稳定、员工服务意识淡薄、客户遭遇新的诱惑、缺乏诚信、细节疏忽、不了解市场状况、营销策略不当等原因。而客户挽留是指运用科学的方法对将要流失的客户采取措施，争取将其留下的营销活动。它将有效地延长客户生命周期，保持市场份额和运营效益。因此，客户挽留是客户关系管理实现的关键功能之一。客户挽留主要有以下几个流程：

1. 调查原因，缓解不满

任何一个行业，其客户毕竟是有限的，特别是优秀的客户更为珍稀，所以往往优秀的客户自然会成为各大企业争夺的对象。首先，企业要积极与流失客户联系，诚恳地表示歉意，虚心听取客户的意见、看法和要求，缓解他们的不满，让他们感受企业的关心；其次，可以通过内部信息系统，定期分析客户流失情况，确保流失率控制在较低水平。从企业的角度来看，分析客户流失的原因不仅在于更好地赢回客户，更重要的是对可能导致客户流失的地方进行改进，以更好地保留现有客户。

2. 对症下药，争取挽回

当客户关系出现倒退时，企业不应该轻易放弃流失客户，而应当积极对待，根据客户流失的原因制定相应对策，争取及早挽回流失客户。

3. 对不同级别客户的流失采取不同的态度

由于资源的有限性，企业无法一视同仁地为所有客户提供相同的服务。客户流失不仅仅是损失一个客户的盈利，更会通过口碑传播将消极的评价广而告之，使得市场上的潜在客户对本企业丧失信心。企业可利用客户关系管理中的数据挖掘技术，对客户数库中的客户口碑数据进行分析处理,评价客户流失的风险,并对客户行为进行预测形成预警机制,尽量避免因客户流失而引发经营危机。在资源有限的情况下,企业应该根据客户的重要性来分配投入挽留客户的资源,挽留的重点是那些最能盈利的流失,针对重要客户要极力挽留,对主要客户也要尽力挽留,对普通客户、小客户的流失和非常难避免的流失基本放弃,这样才能达到挽留效益的最大化。

4. 彻底放弃根本不值得挽回的流失客户

以下情形的流失客户不值得企业挽回,企业要彻底放弃:低价值客户,挽回成本超过所能获得的收益的客户;无法履行合同规定的客户;需求超过了合理限度,妨碍企业对其他客户服务的客户;声望太差,与之建立业务关系会损害企业形象和声誉的客户。

【案例9-4】

移动运营商的客户流失管理

近十年来我国电信业以3倍于GDP的速度增长,成为国民经济支柱产业中增长速度最快的行业之一。但是,随着市场的拓展和竞争,移动通讯业也遇到了一些问题,如代理费用的升高和宣传费用的升高,这使发展新客户的难度增加、收益率下降,电信企业的客户流失也非常严重。据某运营商的统计,该运营商的移动客户在2004年1~10月平均每月离网400万户,月平均流失率达4.7%,其他运营商的客户流失率也居高不下。

为此,中国移动和中国联通都建立了强大的客户流失支撑系统,进行了客户价值评价和客户细分。中国联通提出了全生命周期的客户维系与挽留计划,分为三个阶段:识别阶段和成长阶段、客户维系阶段、客户挽留阶段。全生命周期的客户流失管理的思路主要有两个方面:

第一是实现全过程客户维系与挽留。(1)通过消除导致用户离网的各类诱因(如:市场环境、政策漏洞、负面影响、对手比较优势等)、加强客户离网接触点管理和提高用户转网门槛,达到客户挽留的目的;(2)通过系统挖掘和把握网上客户的需求特点和变化规律,采取有针对性的挽留和维系手段,通过提高用户粘性和离网成本,达到保留客户的目的;(3)通过综合治理使客户维系和挽留工作,由当前侧重于挽留,向前推进到客户生命周期的全过程进行综合防治;(4)根据用户不同生命周期阶段,从营销、服务、管理、支撑等四方面入手进行综合防控。

第二是分客户品牌和客户价值开展维系。(1)根据客户的综合价值、所处生命周期阶段以及所属的客户品牌进行细分,开展分类维系;(2)通过控制低端用户的流失速度,确保总体离网率和客户发展成本不断下降;(3)采取主动出击的办法,加强对高价值关键客户群体的挽留和维系,提高网上客户的总体盈利水平。

(资料来源:吴丽娜,周支立,刘斌.移动通讯公司流失客户信息分析[J].情报杂志,2005(05):112-114+116.)

> **思政小贴士**
>
> 　　网店文化与企业文化一样，是企业内部全体成员都遵从和信仰的价值体系。对于淘宝网店来说，尤其是初入的网店，从运营到设计到仓管等各个环节都只有店主一人或数个合伙人负责，但这并不影响网店文化的确立。无论人数多寡，网店的全体人员都应该坚持以客户为中心的理念，一切以客户为导向。只有确立这种理念，才会从网店前台的字里行间以及后续提供的细致服务中体现出对于客户的重视，提升客户服务的质量，也会使到店的客户有同样的感受。
>
> 　　消费者对于淘宝网店的信任度偏低是网店的一大劣势，为此，网店商家可利用真实、恰到好处的商品描述来弥补这方面的不足。在对商品信息的描述中，清晰的基础属性介绍、真实度高的商品图片都是十分必要的。目前淘宝网店中偷图盗图盛行，其实这对自身网店是百害而无一利的，首先可能会面临图片原主的投诉而导致扣分或商品下架，另外，消费者在搜索相关商品时，基本上是会浏览多家网店进行比较，如发现商品描述的文字和图片都是重复的，对重复的网店信任度就会降低。因此，商家在提供商品图片时，最好是能自行拍摄与美化，并将商品可能会有的小瑕疵也如实告知，这样一来不但能适当调整消费者的期望值，二来从消费者心理来说，网店商家诚恳真实的态度也会减少消费者的不确定感与不信任感。

第二节　电子商务客户关系管理

一、电子商务客户关系管理的定义

基于互联网技术的电子商务，正在改变着各个行业的经营模式，对企业的管理模式造成了冲击，迫使各个企业重新定位并考虑自身的组织架构、业务流程和经营渠道。在传统的行销服务模式中，客户渴望得到进一步的咨询和服务通常要经过曲折复杂的自行联络过程，使客户无法在第一时间促成交易，显得十分被动，这就是为什么"客户关系管理"会成为热点的重要原因。有效的客户关系管理能够帮助企业与顾客或供货商产生一种自动化的关系，传统意义上的"中间人"或者"代理人"基于互联网技术的电子商务，正在改变着各个行业的经营模式，传统的企业管理模式逐渐被取代。此时，我们必须要用一种新的系统或新的环境，让企业与其关系人都能达到互动的效果，其中关键点在于"电子关系"的建立。

电子商务中的客户关系管理是在传统客户关系管理的基础上,利用信息技术的发展,创建出来一种新型的客户满意管理,但两者的目的都是使客户的需求和欲望得到满足,使企业能在激烈的市场竞争中立于不败之地。

二、客户关系管理在电子商务中的应用

了解网上客户的需求特征和行为方式,运用客户关系管理可以更好把握客户行为。新的网上客户倾向于购买哪些特定产品?有什么方法可以按照点击流量数据来辨别有希望购买的新的网上浏览者?对他们来说哪些广告最为有效?运用客户关系管理解决这些问题,需要经过整合、分析、行动三个阶段。

1. 整合

将网上得到的数据与公司已有的客户的数据集成。通过集成网上交易记录和商店交易记录,可以辨别出既是网上顾客又是商店顾客的消费者,也可以掌握客户的购物习惯、购物周期及需求等。

例如,航空公司利用网上订座单,直接登记了客户姓名、证件号码等信息,日常旅客则采用会员卡的形式详细收集了姓名、性别、证件号码、通信地址、电话、电子邮件、日常喜好、对座位的偏好、餐食习惯等,并通过会员卡详细登记了客户的每一次行程记录,甚至一些航空公司还通过会员卡实现了对客户的宾馆酒店入住信息和会员商场消费记录的全面收集。

2. 分析

按照销售渠道对现有客户的所有购买行为进行分析。全方位分析(按照客户级别、渠道、时间和产品几个基本方面),可以把统计回归率分析和数据挖掘技术应用到分析中,按网站浏览者的点击行为来区分哪些人最有可能购买某种产品以及客户喜欢的购买方式,从而使网上广告、Email 促销、加盟网络以及搜索引擎等电子营销活动取得高成效,也使这些活动与不同层次的客户的特殊产品购买行为产生关联。

3. 行动

对客户购物行为有所了解后,企业应采取相应行动。例如,提供个性化广告激励、提供合适的配送方式、提高服务质量和效率等,在配合客户购物喜好的基础上改变营销策略,以恰当地激励这些客户的购买欲望。另外,借助大数据工具和平台,实现与各种客户关系、渠道关系的发生同步化、精确化,支持电子商务的发展战略,推动电子商务的实现。

三、电子商务环境下客户关系管理的特点

在传统环境下,由于企业内部各部门业务运作的独立性,客户信息的收集比较分散,信息共享度低,所以客户关系管理的成效不明显。电子商务环境下的客户关系管

理，有效地实现了客户信息收集、分析、开发和利用的整合，它具有以下新特点：

1. 信息的共享性

客户关系管理系统将企业内部原来分散的各种客户信息进行了格式的规范处理，形成了正确、完整、统一的客户信息为各部门所共享，确保了客户与企业任一个部门打交道都能得到一致的信息。

2. 服务的针对性

客户与企业交往的各种信息都存储在企业的数据库中，利用客户关系管理系统的客户数据挖掘与客户需求智能分析，准确判断客户的需求特性，最大限度地满足客户个性化的需求，有的放矢地开展客户服务，提高客户的满意度与忠诚度。

3. 服务的及时性

电子商务的基础是计算机与信息网络技术，其最大特点就是高速，可以进行实时信息传递。因此，在电子商务环境下，当客户有相关服务要求或信息反馈产生时，如在网上进行产品相关信息咨询或订单提交以及问题反映，企业就可以及时进行答复和处理。

4. 交流方式的多样性

客户既可选择电子邮件、电话、传真等方式与企业联系，又可以选择 QQ、微信、旺旺等在线聊天工具与企业联系，还可通过企业网站专门设置的 FAQ 与企业联系。无论采取哪种方式，客户都能得到一致的答复，因为在企业内部信息处理是高度集成的。

因此，客户关系管理应用在企业电子商务应用构架中承担着关键的角色。电子商务本身就要求企业将所有的内部及外部的作业机制改造成以"客户请求为中心"的统一的服务主体，利用新技术减少内耗，实现满足互联网客户快速运转的要求，谁能成功实现企业向电子商务模型的转变，谁就可以在竞争中占有优势，否则，当竞争对手以及大批新兴的技术型企业慢慢把客户吸引走后，企业所面对的将不是营利还是不营利的问题，而是能不能继续生存下去的问题了。显然，客户关系管理是电子商务不可或缺的重要组成部分。

第三节 客户关系管理系统及应用

一、客户关系管理系统的定义

客户关系管理软件系统基于网络、通信、计算机等信息技术，能实现不同职能部门的无缝连接，能够协助管理者更好地完成客户关系管理的两项基本任务：识别和保持有价值客户。客户关系管理系统是一套先进的管理模式，是实施客户关系管理必不可少的一套技术和工具集成支持平台。其实施要取得成功，必须具备强大的技术和工具支持，一般而言，客户关系管理系统由客户信息管理、销售过程自动化（SFA）、营销自动化（MA）、客户服务与支持（CSS）管理、客户分析（CA）系统五大主要功能模块组成。

客户关系管理软件系统一般模型如图9-1所示。

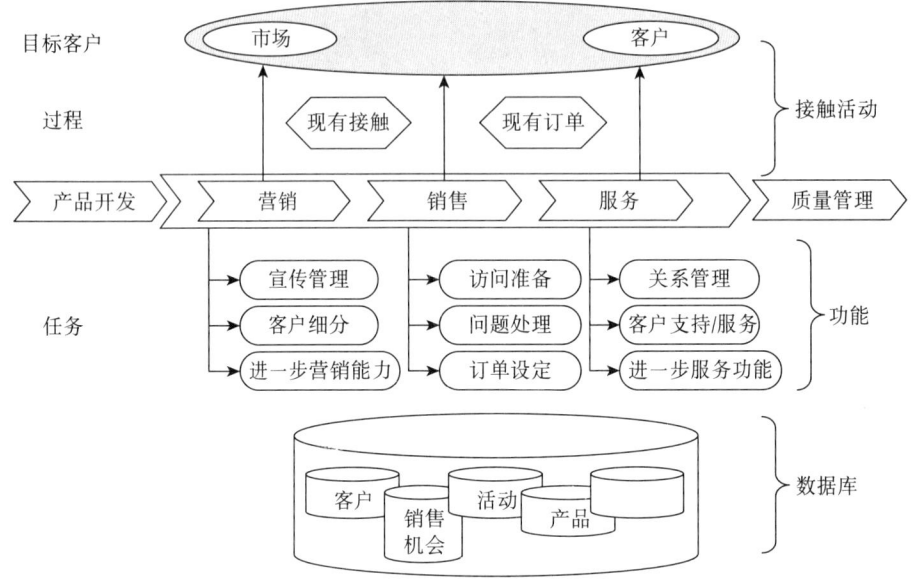

图9-1 客户关系管理软件系统一般模型

客户关系管理系统应用路线图有以下几个方面：

第一阶段：市场、销售、服务业务数据的积累，客户/伙伴信息整合，满足一般的查询统计需要，初步发现价值客户/伙伴，能够进行业务过程控制，初步形成部门级协同作战。

第二阶段：建立企业、部门、员工业绩的量化评价体系，建立客户/伙伴/员工价值金字塔，提高客户/伙伴/员工满意度，基本准确地进行市场销售预测，为企业生产、物流提供依据，形成区域级协同作战。

第三阶段：通过客户关系管理系统能够进行市场营销方面的决策管理，为研发体系提供市场需求，按需求开发产品、组织生产物流，建立以客户价值为核心导向的企业管理模式，形成企业级协同作战。

第四阶段：客户关系管理系统作为企业管理平台的中间层，整合客户、业务信息，向内部ERP/PDM系统传递，建立扩展型企业价值链，以更加强大灵活的身手投入市场。

二、客户关系管理系统的分类

客户关系管理的产生和发展经历了一个漫长的过程，其类型多种多样，产品的性能也逐渐趋于成熟。客户关系管理的分类方法多种多样,本书采用按照客户关系管理的功能特点进行分类的方法,对其进行分类说明。按照目前市场上流行的功能分类方法,客户关系管理应用系统可以分为运营型客户关系管理、分析型客户关系管理、协同型客户关系管理。

(一)运营型客户关系管理系统

运营型客户关系管理系统通过基于角色的关系管理工作平台实现员工授权和个性化,使前台交互系统和后台的订单执行系统可以无缝实时集成连接,并与所有客户交互活动同步。通过以上手段可以使相关部门的业务人员在日常的工作中共享客户资源,减少信息流动的滞留点,从而使企业作为一个统一的信息平台面向客户,大大地减少了客户在与个业的接触过程中产生的种种不协调。

(二)分析型客户关系管理系统

分析型客户关系管理系统主要是分析运营型客户关系管理获得的各种数据,了解客户的需求,比如企业新业务的客户在哪儿、如何吸引他们、有没有价值、哪些客户值得保留等,进而为企业的经营、决策提供可靠的量化的依据。分析时需要用到许多的先进的数据管理和数据分析工具,如数据仓库、OLAP 分析和数据挖掘等。

(三)协同型客户关系管理系统

协同型客户关系管理系统更加注重各个部门之间的业务协作,能够让企业员工同客户一起完成某项活动。整合各种渠道,协调各个部门之间的联系都是协同型客户关系管理的范畴,例如售后服务工程师通过电话来指导客户排除设备故障,因为这个活动有员工和客户共同参与,因此是协作的。

具有多媒体、多渠道整合能力的客户联络中心是协同型客户关系管理的发展趋势,其作用是交换信息和服务。借助多渠道协作以及交互式语音响应(IVR)和计算机电话集成(CTI)技术,客户能够在任何时候、任何地点,通过方便的渠道了解相应的产品和服务,同时利用这种交互方式收集现有客户和潜在客户的信息。协同型客户关系管理目前主要有呼叫中心、客户多渠道联络中心、帮助台以及自助服务帮助、导航等。

三、客户关系管理软件系统的主要功能

客户关系管理软件系统就是通过对客户详细资料的深入分析,来提高客户满意程度,从而提高企业的竞争力的一种手段,它主要包含以下几个主要方面(简称7P):

1. 客户概况分析(Profiling),包括客户的层次、风险、爱好、习惯等。
2. 客户忠诚度分析(Persistency),是指客户对某个产品或商业机构的忠实程度、

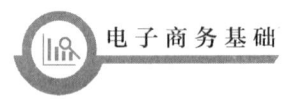

持久性、变动情况等。

3. 客户利润分析（Profitability），是指不同客户所消费的产品的边缘利润、总利润额、利润等。

4. 客户性能分析（Performance），是指不同客户所消费的产品按种类、渠道销售地点等指标划分的销售额。

5. 客户未来分析（Prospecting），包括客户数量、类别等情况的未来发展趋势、争取客户的手段等。

6. 客户产品分析（Product），包括产品设计、关联性、供应链等。

7. 客户促销分析（Promotion），包括广告、宣传等促销活动的管理。

【案例 9－5】

Oracle 的客户关系管理产品

以 Oracle 的客户关系管理产品为例看一下客户关系管理系统到底具备一些什么样的模块及其所能实现的主要功能（见表 9－3）。

表 9－3　　　　　　　Oracle 客户关系管理系统的主要模块

主要模块	该模块所能实现的主要功能
销售模块	1. 销售。帮助决策者管理销售业务，如额度管理、销售力度管理等； 2. 现场销售管理。包括联系人和客户管理、机会管理、日程安排、佣金预测、报价、报告和分析； 3. 电话销售。进行报价生成、订单创建、联系人和客户管理等工作； 4. 销售佣金。创建和管理销售队伍的奖励和佣金计划
营销模块	1. 营销。跟踪活动效果，执行和管理多样的、多渠道的营销活动； 2. 针对电信行业的营销部件。针对电信行业增加了一些附加特色； 3. 其他功能。可帮助营销部门管理其营销资料，列表生成与管理，授权和许可，预算，回应管理
客户服务模块	1. 服务。完成现场服务分配、老客户管理、客户全生命周期管理等； 2. 合同。创建和管理客户服务合同，跟踪保修单和合同的续订日期； 3. 客户关怀。允许客户记录并自己解决问题，如客户动态档案等； 4. 移动现场服务。服务工程师能实时地获得信息，与派遣总部联系

续表

主要模块	该模块所能实现的主要功能
呼叫中心模块	1. 电话管理员。主要包括呼入呼出电话处理，互联网回呼，呼叫中心运营管理，图形用户界面软件电话，应用系统弹出，电话转移等； 2. 开放连接服务。支持绝大多数的自动排队机； 3. 语音集成服务。支持大部分交互式语音应答系统； 4. 报表统计分析。提供呼叫时长分析、等候时长分析等分析报表； 5. 管理分析工具。进行实时的性能指数和趋势分析，将呼叫中心和座席的实际表现与设定的目标相比较，确定需要改进的区域； 6. 代理执行服务。自动将客户所需的信息和资料发给客户； 7. 自动拨号服务。管理预拨电话，仅接通的电话才转到座席人员； 8. 市场活动支持服务。管理电话营销、电话销售、电话服务等； 9. 呼入、呼出调度管理。根据来电的数量和座席的服务水平为座席分配不同的呼入、呼出电话； 10. 多渠道接入服务。提供与互联网和其他渠道的连接服务，充分利用话务员的工作间隙，处理邮件等
电子商务模块	1. 电子商店。此部件使得企业能建立和维护基于互联网的店面； 2. 电子营销。创建个性化的促销和产品建议，通过 Web 向客户发出； 3. 电子支付。企业能配置自己的支付处理方法； 4. 电子货币与支付。客户可在网上浏览和支付账单； 5. 电子支持。允许客户提出和浏览服务请求、查询常见问题、检查订单状态，与呼叫中心联系在一起，具有电话回拨功能

四、客户关系管理系统实施的意义

客户关系管理系统能够增加营业额、提高竞争力、获得更高的利润回报以及长远的利益，使企业尽快地发展壮大。具体主要包括以下内容：

（1）提高销售效率和成功的可能性。

（2）提高客户满意度，留住更多的老客户。

（3）改善经营管理，合理安排事务，提高工作效率。

（4）企业各部门员工在销售、营销、服务等业务方面步调一致，更加协调有效。

（5）提高企业竞争力。

（6）减少因为人员变更而造成客户流失。

（7）分析把握市场机会，发现新客户。

（8）做出正确的市场决策和长远的计划。

案例思考

屈臣氏独特的客户关系管理理念

《CampaignAsia – Pacific》2012年对超过5000名亚洲受访者进行市场调查,结果显示屈臣氏成为亚洲第一"个人护理"店品牌。

没错,屈臣氏成功的重要因素是它视"关系"为关键资产,屈臣氏旨在为顾客提供个性化、特色化服务,它的个人护理商店以"探索"为主题,提出了"健康、美态、快乐"三大理念,真正关心顾客的健康生活,协助顾客热爱生活,注重品质,塑造内在美与外在美统一的形象。正是屈臣氏的"个人护理"观念,牢牢抓住了顾客的心,建立了稳固的客户关系,并通过一系列的维护活动,将这份客户关系长久地经营下去。

每天光顾屈臣氏店铺的顾客很多,有些只是进来走一走,看一看;有些会停在某个柜台前,因为被一个新产品所吸引;而有些人则是目标明确,到熟悉的柜台,选熟悉的商品。但从来不会光顾的"顾客"也并非对里面的商品没兴趣,至少每一次经过店铺都会向里面张望,这说明他有需求但还没有产生购买动机。

只要是没有产生购买行为的顾客、在将来会产生购买行为的顾客都是潜在客户和目标客户。这时就需要屈臣氏的员工进行仔细的观察,主动接触,看看是否有需求、何种需求,要尽量详细介绍产品或者服务,更要耐心解答他们提出的问题,进行有针对性的个性化交流,目的在于让顾客感受到关怀与呵护,努力与他们建立一种相互信任的关系,增加他第二次光顾的可能性。而对于明确表示有购买需求、对价格敏感的顾客,如果员工在经过耐心的介绍后仍然没有刺激到顾客的购买动机,那么可以记下顾客的联系方式,等到节假日促销活动、打折促销活动时可以联系顾客,进行"追踪"。员工在接触老客户时会主动询问最近使用产品和享受服务时发现的问题和不满意的地方,听取意见或建议,及时有效沟通,然后对产品和服务进行改进。

屈臣氏在调研中发现18～35岁、月收入2500元以上的女性消费者有较强的消费能力,但时间紧张,追求的是舒适的购物环境,这与屈臣氏的定位非常吻合。

为了方便"最有价值客户",在选址方面,最繁华的一类商圈是屈臣氏首选,货架的高度从1.65米降低到1.40米,并且主销产品在货架的陈列高度一般在1.3米到1.5米之间。在商品的陈列方面,按化妆品—护肤品—美容用品—护发用品—时尚用品—药品—饰品化妆工具—女性日用品的分类顺序摆放,在不同的分类区域推出不同的新产品和促销商品。

另外,屈臣氏有自己的官方网站商城,销售各类产品,几乎与店铺同步,价格也是一样的,但会实行包邮的优惠策略。在官方商城,可以浏览屈臣氏代理的所有品牌以及产品,还可以在线咨询美容、健康顾问,为没有时间逛街的白领提供了极大的便利。

(资料来源:百度文库)

问题: 结合本章知识,你认为屈臣氏在客户关系管理中的做法有哪些可取之处?

第十章 移动电商

✦ 项目导航

- 掌握移动电子商务提供的服务
- 掌握移动电子商务的商务模式
- 熟悉移动电子商务的特点
- 熟悉微信电商的类型
- 熟悉微信商城的搭建及其功能
- 熟悉微商及个人电商的优势
- 了解移动电子商务的概念与分类、产生与发展
- 了解手机购物 APP 定义、发展、种类
- 了解微信电商的定义、发展
- 了解个人电商的定义及特点

✦ 课程思政

通过案例分享，让学生了解防治不正当竞争行为的相关法律法规，从而了解社会主义核心价值观中平等、公正、法治、诚信的内涵。

思政导入

微商经营中的不正当行为

虚假宣传是一种不正当竞争行为，规制虚假宣传有利于保护消费者权益。《中华人民共和国广告法》第 3 条和第 4 条规定了广告应该真实合法，不得虚假宣传。《中华人民共和国反不当竞争法》第 9 条对虚假广告做了限制。明明很劣质的却说成极其优质的，添加了防腐剂和香精却打着"天然无添加"的口号，国内生产的却说成进口的等行为都是严令禁止的。同时该法还对广告经营者的法律义务作出了规定，任何形式的设计制作或者发布或者代理这些虚假广告都是违法的。虚假宣传是一种不正当竞争行为，

规制虚假宣传有利于规范微商市场的运营秩序。个人形式的在微信上销售宣传产品,既没有相应的行政许可证,又没有到市场监督管理部门登记注册,本身微商准入门口就低下。此种情况下,林林总总的商品或者服务良莠不齐,真假亦难分辨。

微商中虚假宣传的特点如下:

(1)便捷高效性。微信作为现在大众普遍使用的通信工具,受众广泛,具有良好的群众基础。现在的广告已经不仅仅局限于传统媒体,例如电视或者广播的广告播放。微信作为近几年来流行的自媒体形式,朋友圈中的广告已经铺天盖地,让人眼花缭乱、不知所措。清晨起来,随手打开朋友圈浏览大家的状态,除了那些心情日志和心灵鸡汤外,基本上都是一些产品宣传。代购者在晒各种海淘的宝贝,熬夜党在晒各种面膜、乳液和精华,减肥族在晒各种代餐粉、减肥零食和酵素……可以说,产品宣传利用微信平台尤其是通过朋友圈的方式发布非常普遍。利用微信平台发布广告,进行销售宣传,不需要大把大把的资金投入,也不需要精心策划的文案构思,只需要朋友圈中的一条状态或者利用微信和他人聊天中的寥寥几句,就可以成功向别人推销一种商品。

(2)误导诱惑性微商这么火爆,主要还要归因于熟人信用。比起那些遥远陌生的广告宣传,大家更相信熟人的切身说法。销售者往往通过很多图片以及与各种买家之间的聊天截图,努力地证明自身产品的可靠与安全,而受众也往往相信这些图文不是店家与众多刷单者之间的把戏。而且,如今的微商运营,大多形成一层一层的供货链,拿货直接面向消费者的是底层代理,而在其之上则是高一级、再高一级的逐级代理层。消费者看到卖家相册里总有各种畅销品,即所谓的爆款,也看到这些买家拿到爆款以后给卖家的各种好评,殊不知,这些卖货图、产品图、收款图都是大代理传授给其众多小代理的样图,以供大家营销之用。样图背后的真实程度,大大值得琢磨。但是消费者却往往深信不疑,坚信该产品是质量高、有效果、有保证的好产品,毕竟那么多人都验证过。微商中的虚假宣传就是这么富有诱惑性、误导性。

【案例思考】如何防范微商交易中的虚假宣传?

【案例分析】

(1)微信平台服务者有审核和管理义务。首先,根据《中华人民共和国广告法》以及相关法律法规的规定,微信平台上发布广告的,也需要进行登记,符合法律法规要求的才可以发布。对于那些无视法律法规规范,擅自发布虚假广告等以盈利为目的的商业行为,一方面微信平台服务者应该立即采用技术性手段,快速查找出这些广告并及时剔除,另一方面,微信平台服务者还要及时和工商管理局等相关部门取得联系,彻底揪出这些虚假广告背后的商品销售链,从而更加有力地打击出售假冒劣质产品、三无产品、违禁物品以及其他的欺骗敲诈行为和非法传销行为等。其次,在用户申请之初,就应该审查公共平台用户信息,对那些不真实的公众号及时封号,从而防患于未然。然后,完善用户监督和反馈系统,对于用户所反映的或者所举报的,有关微信平台不良信

息或者虚假广告者,微信平台应该在 12 小时内审核、答复并处理完毕。最后,如果相关部门已经审查核实某些信息为虚假信息,微信平台服务者在接到通知以后应该及时关闭相关公众号以及删除这些信息的链接,否则将承担连带责任。

(2) 对于存在缺陷的产品,产品或服务提供者都应该承担相应的赔偿责任,对于造成买家损害的产品还应当承担侵权责任。根据《知识产权法》和《反不当竞争法》,商品服务不得生产、制造和非法销售侵犯他人知识产权的商品。

(3) 加强微商行业自律。只有正本才能清源。卖家不仅仅是盈利,而且也要以诚信为本,做良心商品。首先,卖家要严格遵守法律法规,不销售违法违禁物品。其次,卖家对于自身销售的产品或者服务应该尽心负责,对于买家反馈的质量问题应该重视,找出产品瑕疵所在,在下次进货的时候自己也能有所斟酌和改进,从而不断提高自己的声誉。另外,卖家不得盗用其他微商中的宣传图,也不得在没有调查没有实际使用的情况下就转发宣传其他商品。任何形式的转发和发布的隐型广告都应该得到相应的规制,如此才能有效遏制那些虚假宣传。

(4) 完善微商的交易模式和相关规范,有利于微商行业的秩序化和规范化发展。对于产品质量不过关、售后服务落后、虚假宣传严重等现象,不仅要有事后的处理和应急方案,更应该出台相应的法律法规来指引微商合法合规地进行生产、经营和销售。

随着科学技术的发展,市面上各种移动电子设备琳琅满目,手机、平板电脑、电子阅读器等充斥着我们的生活。其中,各种移动设备上不同功能的 APP 给我们的生活带来了很多便利,旅行订票、购买衣服、社交娱乐、学习答疑、银行支付等等都可以通过手机 APP 来解决。这一切的背后其实都依靠着网络技术和移动电商的发展,那么移动电商是指什么?它与传统的电商有什么不同?移动电商又如何改变着我们的生活呢?下面让我们一起来看看吧。

第一节 移动电子商务基础

一、移动电子商务的概念与分类

移动电子商务是指基于移动通信网络,通过手机、掌上计算机及笔记本计算机等移动通信终端和设备所进行的各种商业信息交互和各类商务活动。从互联网电子商务的角度看,移动电子商务是电子商务的一个新的分支,但是从应用角度来看,它的发展是对有线电子商务的整合与扩展,是电子商务发展的新形态,是传统电子商务的升华和蜕变,是超越和覆盖传统电子商务的一种新的电子服务。

移动电子商务将因特网、移动通信技术、短距离通信技术及其他信息处理技术完美地结合,使人们能在任何时间、任何地点进行各种商贸活动,实现随时随地线上线下的购物与交易、在线电子支付以及各种交易活动、商务活动、金融活动和相关的综合服务活动等。根据对移动电子商务关键环节的分析,可以将其细分为以下几类:

1. 终端类型

按照连接网络所使用的终端,可以分为手机、上网本和其他可以连接网络的移动设备。

2. 交易平台

商务交易通过的网站或服务平台,根据交易对象不同可分成商家对商家(B2B,business to business)、商家对个人客户(B2C,business to customer)和个人对个人(C2C,customer to customer)三种类型。

3. 应用网络

依据商务交易所借助的通信网络类型,可以分为 4G 网络、3G 网络、2G(2.5G)网络、WiFi 和 Wap 等。

4. 购买商品或服务

可分为实物购买、虚拟物品购买、市政缴费、金融交易和银行转账等多种业务类型。

移动电子商务似乎是电子商务的一个分支,但是从应用角度来看,它的发展是对互联网电子商务的整合与发展,是电子商务发展的新形态。移动电子商务将传统的商务和已经发展起来但分散的电子商务整合起来,将各种业务流程从有线向无线转移和完善,是一种新的突破。移动电子商务市场的发展不会是简单地由 PC 端向移动端迁移的过程,而是一场以个人消费者为中心的产业模式重构,如图 10-1 所示。

移动电子商务作为一种新型的电子商务方式,利用了移动无线网络的诸多优点,相对于传统的"有线电子商务"有着明显的优势,是对传统电子商务的有益补充。

二、移动电子商务的产生与发展

移动电子商务的兴起并非偶然。移动通信技术的成熟和广泛商业化为移动电子商务提供了通信技术基础,而功能强大、价格便宜的移动通信终端的普及为移动电子商务提供了有利的发展条件。

世界第一家网上书店 Amazon 在 1995 年开业,被看成电子商务的起点,标志着人类开始使用互联网从事经济活动。伴随着移动增值业务的发展和商业的驱动,移动设备的功能不再只局限于记录电话信息、短信息、游戏、MP3、收发 Email 和浏览网页等功能,而是把市场和技术推广到金融和商业的各个应用领域,从而给移动通信业务带来了新的

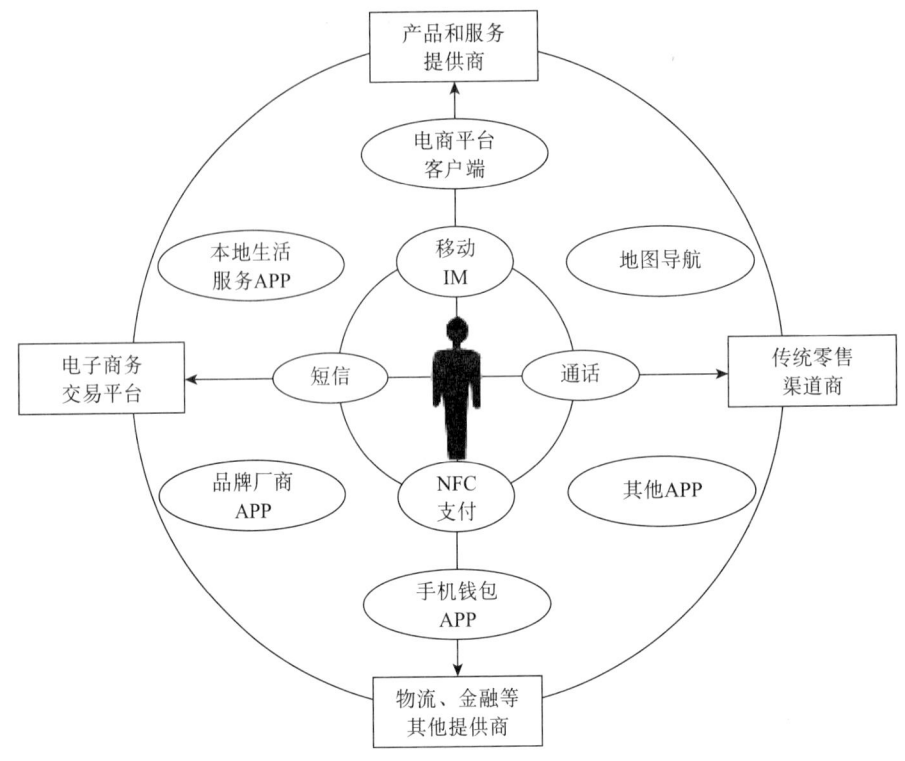

图 10-1 移动电商重构产业模式

商机——移动电子商务。

移动电子商务的发展不但有利于更加充分地发挥互联网的潜力,它还提供了许多新的服务内容。移动电子商务兴起和迅猛发展的动因有以下几个方面:

(一) 社会经济发展对移动电子商务需求的驱动

人类社会生活和经济生活对于移动通信有着强烈的需求。一方面,经济的全球化使国家之间、地区之间商务活动的频率大大增加。以中国为例,已经有越来越多的外国企业在中国设立分部,成立研发中心或者办事处。这样的跨国公司运营的范围是全国运作甚至全球运作,原材料、产成品的物流活动控制变得非常重要。自然而然的,在途货物跟踪、定位、管理的需求都逐渐被提出,而移动定位、移动通信技术为满足这种需求提供了技术手段。

另一方面,由于社会政治、经济、文化生活的需要,我国近年来社会人员的流动性不断增加。为满足人员流动性的要求,中国近年来在交通基础设施建设方面进行了大量的投资。因此,当有更多的人在更多的时间处于移动状态时,移动通信的需求自然就产生了。

（二）移动通信技术进步的推动和移动通信终端的普及

在移动通信网络普及以前，人们之间的远程通信主要通过电报、电话、传真等手段来实现。计算机和互联网的出现是人们沟通和通信方式的一次重要变革。通过电脑和网络，人们可以方便地访问丰富的互联网资源，而网络带宽的不断增加则提高了网络用户的访问感受，增加了网络浏览的乐趣。互联网的普及也随之产生了电子商务等新型的商务模式。但是，无论是电报、电话、传真，还是互联网，由于通信工具不能随身携带，用户在通信时始终受到物理条件的限制。移动通信技术的出现无疑是人类沟通手段的一次突破，它基本上取消了时间和空间的限制条件。只要你拥有一个通信终端，无论你现在何时、身处何地，都可以和任何人进行联系。

目前世界范围内的通信网络都已经比较普及，移动网络提供了通信的基础设施。另外，移动通信终端的普及为移动电子商务提供了与用户的接口。过去的十年中，手机已经从少数人拥有的奢侈品变成大众生活必需品和时尚的标志，甚至个人数字助理（PDA）、平板电脑、车载 GPS 等也走进了大众的视野。覆盖良好的网络和大量的用户群为移动电子商务的发展奠定了重要的技术基础和市场保证。

（三）移动通信网络与互联网融合的直接结果

移动网络与互联网的融合一方面延伸了互联网的覆盖范围，同时也为移动网络的发展准备了可借鉴的经验和丰富的内容基础。用户一旦接入移动网络，就有机会连接到广阔的互联网，并获得丰富的信息资源，互联网的作用也因此被扩大到了更加广阔的空间。WAP 和基于包交换的蜂窝网络技术本质上都是为了实现互联网与移动网络的互联和融合。相信随着更高速度的移动网络技术的商业化，用户会获得更佳的使用感受，而电子商务与移动电子商务的发展也将显现出一种互相促进的效果。

移动电子商务是适应 21 世纪人类工作、生活模式和企业运作需求的新型通信和商务模式，由于网络和终端技术的发展，由于电子商务的影响力和奠定的良好基础，移动电子商务的兴起是必然的。

三、移动电子商务的商业模式

在市场经济条件下移动电子商务模式是由移动商务价值链中的某几个部分相互合作而逐步形成的盈利模式。从技术上看，我国当前移动电子商务商业模式主要包括以下几种：

（一）基于 LBS 的 O2O 模式

线上到线下（Online-to-Offline，O2O）模式是移动电子商务模式的典型代表。随着移动终端和各类定位工具以及技术手段的普及，业务提供商通过获取移动终端用户的位置信息，从而随时为移动终端用户实现所需要的服务。互联网渠道不是和线下隔离的销售渠道，而是一个可以和线下无缝连接并能促进线下发展的渠道。交通、旅行领域一直是O2O模式应用最活跃的领域之一，也是移动互联网投资最值得关注的领域。

与传统的电子商务模式相比，"闭环"是O2O模式最大的特色，商家可以全程跟踪用户的每一笔交易和满意程度，即时分析数据，随时调整营销策略。随着模式越来越成熟，O2O将会为用户提供更好的体验和服务。

（二）APP商用模式

移动购物商城蕴含巨大的商业潜力，因而为了在市场获得更大利益，越来越多的商家加大人力、财力、技术等各方面的投入开发APP，以期望在巨大的APP市场中拥有自己的特色。一个手机客户端的盈利主要由留存率和转化率体现。当前我国手机用户的规模正在急剧增加，因此手机购物未来的发展将成为移动电子商务下一个市场爆发点。

> **思政小贴士**
>
> 在习近平总书记重要指示精神指引下，倡导节约反对浪费在餐饮业涌动起消费新风尚，越来越多的商户进入节约大军，推动小份菜、半价菜成为餐桌主角。这也带动着已成为餐饮业重要组成部分的外卖业务进入"小时代"。饿了吗数据显示，长期以来，平台上线小份菜的商户数量一致处于增长的状态，截至2020年7月底，仅在北京地区，平台上线小份菜的餐厅数占比就超过两成，其订单比上年同期同比增幅超过了300%。

（三）微信营销模式

随着微信功能的不断完善，未来微信有望成为主要的移动电子商务平台。目前，大多数微商都是使用建店工具开设微商店铺，然后把店铺里的商品通过微信分享到公众号或者朋友圈。此外，京东微店、有赞（原口袋通）、微盟旺铺三大微店渠道也是移动电子商务的应用平台。

（四）移动支付模式

作为一种新兴支付方式，移动支付由于其方便快捷，在人们生活中发挥着越来越重要的作用。例如，用户可以使用自己的银联卡号下载支付插件，通过输入卡号和密码就能完成支付，甚至不必开通该卡的网上银行业务。移动支付在安全方面也有相应的保障，一方面，支付过程中有银行把关；另一方面，用户可利用手机短信等特有的功能来传递用于安全鉴定的信息，如随机验证码，再加上支付有时限等要求，可以使用户对移动支付的使用更加放心。

移动电子商务模式的丰富和发展为商务世界的发展和变化注入了充沛活力，在可预知的未来将有更多的电子商务公司和个人参与到这个生机勃勃的产业中来，进一步推动国民经济发展。

> **【案例10-1】**
>
> ### 美团外卖 O2O 实时物流配送智能调度系统
>
> 最近几年，互联网外卖行业已经从早期的补贴大战等初级竞争方式，进入到品类与品质的精细化运营阶段，而技术创新已成为后续发展的重要动力。以美团外卖为例，应用 AI 和 LBS 技术打造的外卖超级大脑——O2O 实时物流配送智能调度系统，针对不同配送场景智能调度，让订单与骑手可以智能匹配，确保运力系统处于最优状态。2018年7月，美团发布无人配送开放平台，将自动驾驶技术落地应用到外卖配送场景。试运营的无人配送车"小袋"可以根据地图数据选择最佳配送路线，并可在复杂路况中灵活躲避障碍物。搭载电梯通用套件后，可实现自主上下电梯。此外，外卖平台还在不断拓展即时配送品类，比如美团外卖"闪购"业务，涵盖生鲜水果、生活日用、鲜花绿植、服装配饰等众多品类，实现了30分钟配送上门24小时无间断配送。
>
> 业内人士分析，经过多年发展，外卖行业进入成熟期，用户对外卖 APP 的使用频率和忠诚度逐渐养成，形成了对固定外卖平台的偏好性选择。透过 Trustdata 发布的数据可以看出，目前美团外卖在市场交易额、日活跃度等方面均形成了较大领先优势，外卖行业也呈现出了"631"的稳固局面，接下来行业将在品质和品类精细化运营等纵深层面竞争发展。
>
> （资料来源：http://it.southcn.com/9/2018-08/07/content_182850528.htm）

四、移动电子商务的特点

移动电子商务是移动信息服务和电子商务融合的产物，与传统电子商务相比，具有以下主要特点：

（一）广泛性

移动电子商务的用户与电子商务不同，我国互联网用户只有2亿多，而移动用户已突破6亿；电子商务的用户大部分是那些教育和收入水平较高、较早拥有个人计算机的人；相比之下，移动电子商务的用户有许多是那些从未拥有过个人电脑、收入处于中低层次、经常处于移动工作状态的人群。相对于传统的电子商务而言，移动电子商务可以真正实现任何人在任何时间、任何地点得到整个网络的信息和贴心服务。

（二）个性化

移动电子商务将用户和商家紧密联系起来，用户可根据自己的需求和喜好来定制移动电子商务的子类服务和信息，并可根据需要灵活选择访问和支付方法、设备的选择以及提供服务与信息的方式，这主要依赖于包含大量活跃客户和潜在客户信息的数据库。数据库通常包含了客户的个人信息，如喜爱的体育活动、喜欢听的歌曲、生日信息、社会地位、收入状况、前期购买行为等。

（三）精准性

由于移动电话具有比微型计算机更高的贯穿力，因此移动电子商务的生产者可以更好地发挥主动性，为不同顾客提供精准化的服务。利用无线服务提供商提供的人口统计信息和基于移动用户当前位置的信息，商家营销可以通过具有精准化的短信息服务活动进行更加精准地对目标客户进行营销推广和服务关怀，从而满足客户的需求。

（四）便利性

人们在接入电子商务活动时，不再受时间及地理位置的限制。移动电子商务的接入方式更具便利性，使人们免受日常烦琐事务的困扰。例如，消费者在排队或陷于交通阻塞时，可以进行网上娱乐或通过移动电子商务来处理一些日常事务。消费者的舒适体验将带来生活质量的提高。移动服务的便利性使顾客更忠诚。

（五）支付安全性

尊重消费者隐私是移动电子商务的优势，由于移动电话具有内置的 ID，在增加交易安全性的同时，也增加了消费者对隐私保护问题的关注。手机作为个人移动通信工具，可以通过身份认证等制度避免虚假信息，最大限度地提高交易的安全性，这也使得移动电子商务交易能够更加安全、可靠。

五、移动电子商务提供的服务

近年来，基于移动互联网的移动电子商务越来越扩展和深入到各行各业甚至整个社会生活中去。从线上到线下，移动电子商务场景越来越垂直细分，购物、理财、出行、订餐、运动、旅游、教育等领域均因移动互联网实现了海量网民对于便捷性服务的诉求；通过效率优化的不断提升，用户体验越来越好，新用户不断增多，核心用户对移动电子商务的依赖越来越强。从实现移动扫描产品信息的自动录入，到目前的手机在线移

动支付,已有越来越多的移动商务应用改变着人们的生活。目前,移动电子商务应用非常广泛,其主要有以下几个方面:

(一)移动银行

"移动银行"又称"手机银行",是利用移动电话办理银行有关业务的简称,是移动运营商与银行部门合作,联合向社会推出的一个新服务项目,它是移动通信网络上的一项电子商务。手机银行业务的开通大大加强了移动通信公司和银行的竞争实力。移动电子商务使用户能随时随地在网上安全地进行个人财务管理,进一步完善因特网银行体系。用户可以使用其移动终端进行账务查询(即通过手机查询用户在银行的存折、信用卡账户余额)、自助缴费(可直接在手机上查询及缴纳手机话费和其他费用)、银行转账(通过手机叩以进行信用卡、存折之间的资金转账)等。另外,进入短消息平台后,可查询股市行情、外汇牌价、航班信息、天气预报等。它具有使用方便、安全保密、快捷可靠等特点。

(二)移动支付

移动支付通过手机以电子数字形式,而不是传统的货币现金形式,在移动通信网络上提供订货、购物、转账等交易服务。相关数据显示,到2017年年底,网民在线下消费使用手机进行支付的比例由2016年底的50.3%提升至65.5%;线下支付加速向农村地区网民渗透,农村地区网民使用线下支付的比例已由2016年底的31.7%提升至47.0%;移动支付已融入吃喝玩乐、旅游出行、缴费就医、政务办事等日常生活的方方面面。

与普通移动网业务相比,资金参与了移动支付业务的整个过程。目前移动支付比较可行的资金管理实现方式是以银行为主体的方案,即银行通过移动通信运营商提供的通道处理用户的银行卡账户,用户通过手机捆绑的银行卡进行交易支付。

(三)移动出行

通过移动终端预订机票、车票或入场券给用户带来了很多便利。网上订票有助于核查票证的有无,并进行购票和确认。移动电子商务使用户能在票价优惠或航班取消时立即得到通知,也可支付票费或在旅行途中临时更改航班或车次。另外,借助移动设备,用户可以浏览电影剪辑、阅读评论,然后订购邻近电影院的电影票。手机订票具有成为大规模市场的潜力,将在商品及票据销售中获得广泛应用,而且成本也十分低廉,由于风险很小,估计有不少消费者愿意尝试。

(四)移动购物

最新的调研发现,中国消费者期望获得更加舒适、个性化的移动购物体验;移动购物体验越好，消费者越愿意在产品或服务上支付更高费用。而移动端购物可以让消费者满足这样的期望，消费者在逛街、吃饭、看电影时随时随地进行购物，并能够借助移动电子商务进行网上订购鲜花、礼物、食品或快餐等。随着智能手机的普及，移动电子商务已经可以通过移动通信设备进行手机购物，让顾客体会到购物更随意、更方便。除了综合电商（淘宝、天猫、京东、国美、苏宁易购、亚马逊中国、唯品会、当当、一号店等）以及垂直型电商（蜜芽、寺库、贝贝、红孩子、麦乐购、宝贝格子等）在移动购物市场高速发展之外，移动社交电商平台（云集微店、拼多多、有赞）以及一些移动小程序也在移动网络零售市场中不断崛起。

（五）移动娱乐

移动电子商务将带来一系列娱乐服务。（1）在移动娱乐中，游戏是最大的版块，我国游戏产业在移动化、国际化、竞技化方面表现突出。移动设备的大屏化、4G网络的普及、体感游戏控制设备和芯片的发展以及移动游戏产品的丰富、类型的多样化推动着移动游戏市场持续火爆。（2）移动视频日渐成为一种用户依赖的媒介载体，移动端已经替代PC成为多数用户观看视频的首选。另外，以快手、秒拍为代表的短视频商家开始崛起，并且迅速占领国内大部分市场份额。（3）数字音乐市场也发生了变化。用户不仅可以从他们的移动设备上收听音乐，还可以订购、下载或支付特定的曲目。如今，包月在线收听的音乐流媒体服务成为移动音乐服务的主角，包括腾讯、阿里音乐、百度音乐、多米等在内的网络音乐平台正从免费走向付费，中国数字音乐商业化能力得到了提升。

（六）移动社交

移动社交是指用户以手机、平板电脑等移动终端为载体，以在线识别用户及交换信息技术为基础，通过移动网络按流量计费方式实现的社交应用功能（移动社交不包括打电话发短信等）。移动社交综合了移动网络、手机终端和社交网络服务的优势和特点并互为有益补充。微信开放朋友圈广告平台，利用熟人社交精准地投放广告使企业受益，并且审核流程简单化，让广大中小企业受益；陌陌则全力向移动社交营销平台转型，利用其位置社交和兴趣社交的特点，有效抓住用户群体的"痛点"以提升营销效果。随着消费升级及需求变化，投放精准化及内容原生化将会是移动营销发展的方向。移动社交通信平台在位置、兴趣等多个方面的天然优势与移动营销结合，或将碰撞出非常有趣的创新模式。

（七）移动教育

移动教育是指利用手机、平板电脑等移动电子设备实施的教育，是依托无线移动网络、国际互联网以及多媒体技术实现的交互式教学活动。移动智能终端的普及和移动数据网络基础的完善，使得通过移动教育为用户提供个性化学习方案成为可能。目前，主流移动教育 APP 分为 4 类，包括参考工具类、效率学习类、内容社区类以及课程辅导类，排名靠前的产品包括有道词典、小伴龙、作业帮、考研帮、扇贝单词、小猿搜题等。移动教育以便捷、高效的特点不断获得用户的青睐。

【案例 10-2】

嗨学：用互联网推动教育资源公平

嗨学诞生于 2010 年，至今已经走过 9 年发展历程，目前形成拥有建造、会计、司法和医卫四大领域内建造师、消防工程师、注册会计师、司法考试、执业药师等涵盖主流职业领域课程为业务核心的互联网教育企业。9 年来，嗨学深耕学术团队建设、技术升级能力和用户学习体验，不断提升教育产品的质量与效用，2016 年经国家科技部认定为高新企业。目前嗨学在主要业务领域均位居行业前列，拥有背景资历优质的师资团队和众多行业优秀人才，持续创新。嗨学是领先采用高清大屏，较早将直播融入培训体系中的互联网教育企业，且通过人工智能技术，结合后台大数据，为学员反复推荐疑难知识点并建立个性化学习档案，帮助学员更有效地进行学习，形成了以录播、直播为主，APP、答疑平台、题库等相结合的在线教育链条。自 2014 年开始，嗨学以高速的发展速度和发展健康度，在整个在线教育领域表现突出，尤其吸引了众多优质的社会资本的关注。目前，公司发展步伐稳健，并将继续期待在更广阔的平台为用户提供价值、为股东赢取回报、为员工创造发展平台。截至 2019 年 6 月底，嗨学已经拥有北京、成都、西安与广州四大办公地，办公面积共计 1.8 万平方米，公司员工人数已超 2500 人，并将积极开拓新的城市职场。未来嗨学将继续秉承"职业价值点亮者"的使命，深耕职业教育领域，拓展企业合作模块，为用户提供终身职业价值提升的产品。

（资料来源：http://www.haixue.com/v5/template/7/11/singlepage）

（八）无线医疗

医疗产业的显著特点是每一秒对病人都非常关键，所以这一行业十分适合于移动电子商务的开展。在紧急情况下，救护车可以作为进行治疗的场所，而借助无线技术，救护车可以在移动的情况下同医疗中心和病人家属建立快速、动态、实时的数据交换，这对每一秒都很宝贵的紧急情况来说至关重要。在无线医疗的商业模式中，病人、医生、保险公司都可以获益，也会愿意为这项服务付费。这种服务是在时间紧迫的情形下，向专业医疗人员提供关键的医疗信息。由于医疗市场的空间非常巨大，并且提供这种服务的公司为社会创造了价值，因此存在着巨大的商机。

【案例 10-3】

好大夫在线：中国领先的互联网医疗平台

好大夫在线创立于 2006 年，是中国领先的互联网医疗平台之一。经过十几年的诚信运营，好大夫在线已经在医院/医生信息查询、图文问诊、电话问诊、远程视频门诊、门诊精准预约、诊后疾病管理、家庭医生、疾病知识科普等多个领域取得显著成果，受到了医生、患者的广泛信赖。

截至 2019 年 12 月，好大夫在线收录了国内 9917 家正规医院的 61 万名医生信息，拥有数量众多的优质医生群体。其中，22 万名医生在平台上实名注册，直接向患者提供线上医疗服务。在这些活跃医生中，三甲医院的医生比例占到 78%，具有很高的医疗服务权威性。

用户可以通过好大夫在线 APP、PC 版网站、手机版网站、微信公众号、微信小程序等多个平台，方便地联系到 22 万公立医院的医生，一站式解决线上服务、线下就诊等各种医疗问题。截至 2019 年 12 月，好大夫在线已累计服务超过 5800 万名患者。

好大夫在线近年来营业规模成长迅速，始终恪守社会价值优先，坚持追求更良性、更长期、更健康的商业模式，拒绝以追求短期获利为目标、但可能对患者利益有伤害的模式。如，拒绝互联网广告暴利模式（因为有可能对患者就医产生误导）、拒绝以纯粹提升药品销量为目的的模式（因为有可能滋生药品回扣）等，坚持以提供优质线上医疗服务为主要商业模式，追求良性发展，希望鼓励医生向患者提供优质服务、推动患者为医生的优质服务付费、倡导医生用优质服务获取阳光收入。好大夫在线认为，这种对大众产生实际价值的商业模式最终会获得长期成功。

（资料来源：https://www.haodf.com/info/aboutus.php）

（九）移动应用服务提供商

一些行业需要经常派遣工程师或工人到现场作业。在这些行业中，移动应用服务提供商将会有巨大的应用空间。移动应用服务提供商结合定位服务技术、短信息服务、Web 通信技术以及 Call Center 技术，为用户提供及时的服务，提高用户的工作效率。

思政小贴士

受新冠肺炎疫情的影响，服务业经营受到了较大冲击。本次疫情爆发在春节前，很多饭店本来已经预售出大量年夜饭订单，受疫情影响，不得不取消。而提前准备好的大量食材难以储存太长时间，商家面临进退两难的困境。同时，商家不得不支付大量员工工资以及门店租金等，商家运营出现困难。面对这一难题，部分商家勇于承担社会责任，敢于创新，通过网络在线销售熟食和生鲜产品，送货上门。为了消除客户对外卖产品携带病毒风险的担忧，一些商家采用了视频直播的方式，将产品从加工到配送整个环节呈现给客户，很好地消除了客户的担忧。为了便于客户沟通，商家组建客户微信群，以社群管理的方式与客户沟通。有的商家将客户按小区划分来建微信群，同一社区的客户在同一个微信群交流，这种社区电商模式正是近年来电商的热点方向。通过移动互联网手段，创新营销手段，提供更人性化、便利化的服务，这让原本看起来很土的餐饮业也变得更高大上了。新冠肺炎的爆发牵动着14亿国人的心。对疫情防控，习近平总书记高度重视，亲自指挥、亲自部署，多次召开会议，听取汇报，做出重要指示。移动电商在应对疫情影响方面具有四项重要优势：无接触、无聚集、无传染风险；无房租成本压力；有效沉淀客户；便于口碑传播。因此，移动电商的兴起为后疫情时代服务业的转危为安提供了支持。

第二节　手机购物 APP

一、手机购物 APP 的定义和发展

手机购物是移动电子商务的一种，它指的是在进行网络购物的过程中，通过网站的手机客户端来实现购买行为的方式。实质上，手机购物和网络购物主要是所采用的购物载体不同。

最近几年，我国移动互联网技术飞速发展以及智能手机的出现，我国手机用户的数量急速增长。与此同时，数据流量的大幅度下调使手机用户的上网成本降低，导致我国手机上网用户爆炸性增长。买家可通过网站的手机客户端，完成对商品的查询、选购以及最终的支付等行为。

2018年初，我国手机购物用户的数量已超过5亿，并且仍保持快速增长的状态，2017年手机购物的交易额大幅增加，占比超过网络购物总额的40%。由于手机购物可以方便快捷、随时随地地购买商品，所以手机购物迅速获得巨量消费者的青睐。

二、手机购物 APP 的种类

手机购物的产品内容与传统网站类似，涉及人们衣食住行的方方面面。目前国内电

商主要分为综合电商、母婴、生鲜、跨境、二手、折扣优惠、商家服务等类型,涵盖手机淘宝、京东、贝贝、多点、小红书、闲鱼、拼多多、微店等多款 APP。移动支付方式的发展和国内外物流的完善也为我国网络电商发展提供了重要支持。

根据公开资料显示,淘宝、苏宁易购、闲鱼、天猫等背后皆有阿里巴巴背景,腾讯则投资了京东、唯品会、拼多多等网络购物平台,此外,网易、滴滴、顺丰等也通过多种方式进军网络购物行业。

网络购物领域也越来越细分化。当当、淘宝、京东、唯品会等综合性电商平台均于 2008 年及以前上线,而母婴电商、跨境电商、二手电商、生鲜电商等切中用户细分需求的平台则在近几年有了快速发展。

【案例 10-4】

微淘汇聚超百万内容创作者,要把种草进行到底

没时间出门逛街怎么办?越来越多的人通过手淘上的"种草神器"微淘来满足自己的购物欲。数据显示,工作日的上午 11 点到下午 13 点,以及晚上的 21 点到 23 点成为微淘的浏览高峰。上班族们在午休和睡前只要动动手刷微淘,就能看到自己关注的店铺都上了哪些新款,顺便种个草、剁个手。而像上周末由于台风无法出门,在家刷微淘同样成为替代逛街的首选。

买东西前先看看美妆博主的试色、穿搭博主推荐的最新款夏装……这样的"种草型"购物已经是不少人的习惯。目前微淘最新的内容类型包括了上新、种草、视频、买家秀、直播等,时尚穿搭、美妆护肤、美食体验、家居搭配等内容都颇受欢迎。许多品牌还会在微淘保持周期性上新的节奏,比如 UR 旗舰店会在每周二上新,在粉丝中形成了固定的上新心智。同时配合限时包邮、粉丝专享价等活动,吸引粉丝通过买买买来拔草。

从八月开始,微淘也开始了新一轮的升级,升级后的店铺微淘将成为商家全新的粉丝关系和内容运营阵地。包括科颜氏、雅诗兰黛、MAC、华为、戴森等店铺都已开通了粉丝"亲密度",你和店铺的"亲密度"会以"温度"的形式体现在页面上,通过浏览、收藏、购买、分享商品等与品牌之间的互动,就能提升自己的亲密度,解锁更多的亲密粉丝专享权益。

目前微淘上已经汇聚了包括商家和达人在内的超百万内容创作者,他们通过"内容种草"掳获了大票粉丝,淘宝女装商家"阔色"就在微淘运营起了店铺内近百万的粉丝。据店铺负责人介绍,他们在微淘上通过精细化和人格化来打造自己的微淘特色,包括在整体视觉风格上的统一,以及一周穿搭、买家秀、搭配指南等固定栏目。另一位微淘达人"生鲜实验室",被称为微淘上的美食品鉴师,东北粉耗

子、水果冰淇淋、螺蛳粉等各种网红食品的测评都能在这儿找到。

（资料来源：https：//press.taobao.com/detail.html？spm＝a210m.7696189.0.0.fdca544eHu6i77&postId＝9270651）

第三节　微商及个人电商的发展

一、微信电商的定义与发展

最早提出微商这一概念的是微盟 CEO 孙涛勇，他指出微商是继电商之后最新兴起的一种网络商业模式，是以微信、微博、微商城（微店）为载体，以移动智能终端为硬件基础，借助 SNS 关系开展产品及服务的营销。从销售场景上来讲，微商就是借助微信、微博、QQ 空间、直播等社交工具做销售。从渠道上来讲，微商的本质是社交零售。

传统零售采用单纯以货为中心的销售模式，而社交零售将销售模式变成以人为中心，通过人来连接人，极大地提升传统零售品牌商与代理商、终端消费者的关系。大家基于信任购买商品并持续发生互动，大大降低了获客成本，也提高了零售效率。

2013 年，微商开始出现于大众视野，最开始的微商只是在微信朋友圈卖货，一些图片配上一些文字信息，就可以做生意了，这种简单的方式却收到了意想不到的效果。2014 年，微商爆发，很多人的微信朋友圈都充斥着"卖货的"，当然这其中不乏假货、三无产品。朋友圈丧失了原本联络感情的功能，更多地成为产品批发市场，产品鱼龙混杂，让人心生厌恶。很多人开始抵制朋友圈卖货，甚至把他们拉黑。所以，有人曾认为微商只是昙花一现，不会长久，也有人认为微商的存在是大势所趋。

二、微信电商的类型

（一）代理渠道型

代理很少和客户进行直接交易，与传统批发商类似，代理渠道型最大的优势是形成固定的供求关系后，后续买卖很轻松，且有很高的营业额，但是要实现固定的供求关系不容易。如果没有严格的管理制度把控，很多代理商会为了抢资源、抢区域等，进行价格战、舆论攻击等，形成恶性竞争。因不良的竞争造成的价格大幅下降，会导致资金实力较弱的微商因无力承受而退出。

此外,一些代理商会大量囤货,如果遭遇产品更新换代,会造成产品积压现象,损失惨重。

(二)服务关系型

服务关系型是一种以服务质量带动产品销售的经营模式。通过注重自己与客户的关系,而不是片面追求客户的数量,来提高自己的产品销售业绩。因此,在经营过程中,微商要不断地和客户交流,并为其提供优质的服务,取得客户信任,提高客户的重复购买率。

服务关系型微商对自身的耐心和文化素养要求较高。不仅要有产品和服务做基础,还要对用户有一定的洞察力。

(三)粉丝经济型

粉丝经济型就是以粉丝的数量为前提的经营模式。在粉丝数量多且愿意购买商品的情况下,销售额就会相应增加。相当于粗放型经济模式,技术含量十分低,需要不断拉拢好友,增加粉丝数量,需有不厌其烦的心态。

可是,客户可能会不胜其烦,从而与经营者划清界限。此外,每个公众号或其他账号都会限制添加的好友人数,如果你想要增加粉丝就必须开通新的账号。

(四)品牌资源型

许多人买东西都愿意去专卖店,宁愿多花一些钱,也会去买安全可靠的产品,这就是品牌的影响力,这就是品牌资源所能带来的效益,它会帮助商家建立卖方市场,品牌资源型就是利用这种优势获取差异性收入。这个时候商家没必要担心客户货比三家,也无须进行价格战、舆论战等恶性商业竞争,所以它是所有商家最为期待的类型。

【案例 10-5】

"洋河 1 号微商城"推广

2014 年 6 月 1 日,为了更好地推广"洋河 1 号微商城",洋河股份(苏酒集团)首届"洋河 1 号美酒节"线下活动在南京新街口盛大开幕,吸引了众多消费者现场互动。

据悉,"洋河 1 号微商城"是洋河基于微信传播速度快、无需二次下载等优点,依托微信平台交易,从而方便消费者随即购买的一种新型消费形式。

活动当天，推广活动以"客到酒到"为广告语，配合大幅度的促销宣传，刚一拉开帷幕，就吸引了众多消费者围观。洋河互联网营销中心负责人表示，"微商城"对于企业来讲，既是新鲜事物，更是值得去做的创新尝试。

早在2013年，洋河股份（苏酒集团）董事长张雨柏就着眼企业长远发展战略，提出"要积极拥抱互联网思维"。正是基于这种认识，洋河股份便在电子商务、"洋河1号"APP等方面积极进行尝试，推进传统营销方式向互联网应用及时转型。

为应对未来互联网应用的需要，洋河股份（苏酒集团）还于2014年年初专门成立了具备营销和会员管理系统的互联网营销中心。另外，"洋河1号"APP已于2014年4月28日起在江苏省内全面上线，此种模式还将进一步延伸到全国，在电商领域"全面开花"。

（资料来源：https://www.chinayanghe.com/article/291.html）

三、微信商城的搭建及其功能

随着移动网络和智能手机的普及和发展，手机成为获取信息最快的通道，而微信是人们使用手机时查阅信息使用最频繁的软件之一。微信商城是在微信平台上设置的一款类似于商城的服务产品，消费者利用微信支付的手段与企业完成交易。企业不必花费精力装修店面，不必建立个人网站，也无需开发APP。微信早就为企业量身订做好了一切，不仅让顾客对所有细节一目了然，还能快速完成所有流程。企业与微信相结合必然会促进自身的发展。

关于微信商城的功能可以细分为很多种，其中最常见的是以下八种：（1）结算功能。与淘宝的购物车功能相类似，我们把商品放入购物车，然后生成订单，结算起来快捷而方便。（2）支付功能。微信商城开通的支付渠道有很多，例如，银联、快钱、货到付款等，解决了消费者在付费方面所存在的难题。（3）版块分类。微信商城可以对产品进行分类，然后根据重要性做出相应的排列组合，细化产品分类。（4）会员管理。系统会自动保存会员的信息，并根据会员的购买情况给出会员的积分和等级，进而提供相应的优惠服务。（5）管理产品。系统能够计算出各类产品在总产品中的配比量，进而提醒商家做出相应的调整。（6）推动促销。微信商城里面不仅有会员优惠、积分大赠送假日特价销售等常见的促销方式，还有自己专属的促销方式。（7）抽奖互动。为了回馈消费者，微信商城有多种抽奖和投票活动。

四、个人电商的定义及特点

个人微信电商就是微信上的个体户，其经营模式就是个人和个人之间进行交易经营的平台。目前个人微信电商在朋友圈中受到了广泛的关注，其有以下几个特点：

1. 营销个人化

在这个信息爆炸的年代,每个人都有意或无意地成了一个信息传播者。日常生活中分享一篇感人的文章、一首悦耳的歌曲、一件漂亮的衣服,都成为再平常不过的事情。个人电商以自身为一个营销单元,分享和销售产品,营销力度不够。

2. 人格重要性

正如有很多喜欢打篮球的人都买乔丹推出的鞋,那是因为乔丹的人格魅力在背后作为支撑。个人微商在朋友圈里销售产品,首先要具备独特的人格魅力。如果你是一个认真负责、真诚友善的人,那么亲近你的人必然会多。依靠优质的产品和亲切的服务,个人电商也会得到很大的发展。

3. 客户流动性大

很多个人电商经营的许多产品款式、类型单一,而人们买东西的时候喜欢货比三家,愿意在同类产品中做比较。个人电商与企业电商,甚至是品牌电商相比,很难培养大面积的忠实客户群,大多时候客户在碰到价格更便宜、质量更好的产品的时候会选择在其他家购买,所以客户流动性比较大。

五、微商及个人电商的优势

现如今,微商和个人电商为什么会如此火爆?我认为归根结底是因为它们的优势深深吸引了大众。

1. 门槛低

微商是基于微信平台兴起的一种新的营销模式,自 2013 年微信支付出现以后,基于其强大的社交属性,微商呈现出了野蛮式增长。与实体店相比,微商门槛较低,只需要一部手机就可以搞定,因此,众人纷纷踏入,呈现出一派欣欣向荣的景象。

2. 成本低

第一是投入的成本。以五粮液"密鉴"为例,在以前没有几百万元的投入,很难拿到五粮液的代理权,并且作为五粮液代理还要遵守各种各样的硬性要求。如今,投入几百几千元就可以成为这个产品的代理,成本一下子就降低了。第二是技能的基础低。原来任何一个行业都需要技能做支撑,比如开出租车的人必须有驾照。但是做微商的技术要求却很低,对智能手机的运用熟练,就是微商具备的主要技能。

3. 潜在客户群体非常庞大

广义地说,任何一个微信用户都可能是你的客户,随着微信用户的增多,潜在客户群体也越来越多。另外,每一个微商朋友圈中都有大量的潜在客户,经营不同产品的微商潜在客户群体中又存在一定的重叠,也可以利用这种重叠,进行引流交换。

4. 时间和地点不受限制

微商与传统的实业不同,传统实业是在店面、货物等的基础上才能够开门营业的,且营销策略也多为线下,营销力度是有限的。但是移动电商的发展打破了时间和地点的限制,有了网络,你可以把营销做到任何你想做的地方,让你的目标群体都知道你的商品,省时、省力、效率高。作为移动电商的一部分,微商也具备这样的优势。

5. 利用碎片化时间

很多代理,尤其是家庭主妇或宝妈们,都是在利用自己的碎片时间来做微商让自己的碎片时间发挥更大的价值,还能实现更多经济的利益,这也是微商的一个明显的优势,也正因为如此,微商受到了越来越多人的欢迎。

6. 口碑传播速度快

微商营销很多时候依赖口碑,好的口碑往往事半功倍,尤其是朋友圈营销,客户用得好了,自然介绍自己的亲朋好友来购买。客户在接收商家提供的信息时本能有一种防卫和排斥的心态,而口碑传播则可通过亲友的特殊身份使客户消除敌视,从而达到最佳营销效果。

☑ 案例思考

天猫——传统成熟电商企业典型代表

不断扩展业务布局,打造电商网购生态

天猫为传统 PC 购物时代的强势品牌,也是移动端转型成功的典型代表,其主要得益于大平台的自愈能力,较多的资源和雄厚的实力有助于转型布局。目前,天猫已经拥有 4 亿多买家,5 万多家商户,7 万多个品牌,并积极布局跨境和 O2O 业务,继续完善阿里电商生态圈(见图 10-2)。

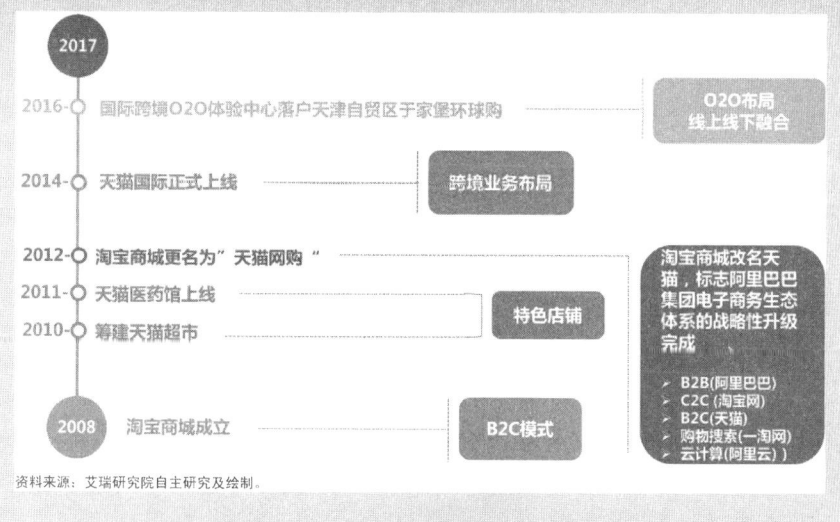

资料来源:艾瑞研究院自主研究及绘制。

图 10-2 天猫商城发展历程及业务布局

天猫布局O2O，打造立体生态格局，全渠道运营能力和大数据是优势

经过多年积累，天猫平台拥有较高的网站知名度和用户沉淀的大数据，成为大卖家和大品牌的集合并不断优化平台服务体验。在新一轮线上线下融合布局中，拥有较强的竞争实力（见图10-3）。

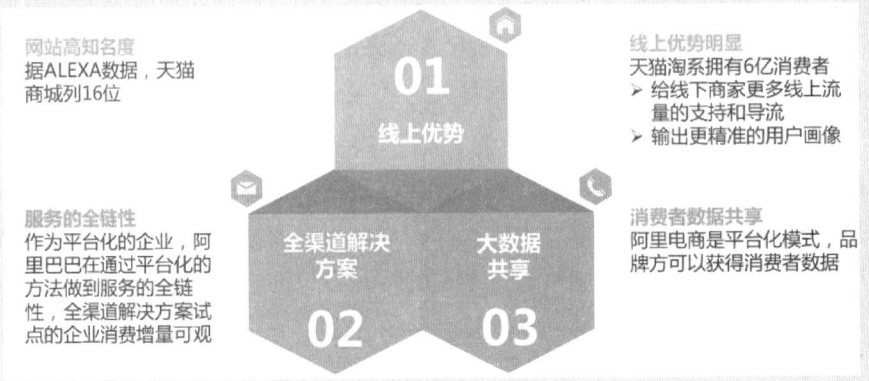

图10-3 天猫O2O布局优势

（资料来源：https：//www.askci.com/news/hlw/20170313/10530693171.shtml）

问题：结合天猫案例，你认为O2O商业模式有什么特点？我国当前移动电子商务还有哪几种商业模式？

第十一章 跨境电商

✦ 项目导航

- 掌握跨境电商第三方平台
- 熟悉跨境电商的特点、种类
- 熟悉跨境电商的产业链分析、盈利模式
- 了解跨境电商的定义、发展现状及趋势、意义

✦ 课程思政

通过案例分享,让学生了解我国的"一带一路"政策,增强学生的大局意识。

思政导入

"一带一路"背景下的跨境电子商务

2013年9月,中国国家主席习近平在出访中亚和东南亚时首次明确提出"一带一路"建设的愿景与希望。2015年3月,习近平主席在出席亚洲博鳌论坛时宣布中国已经正式制定"一带一路"倡议的行动文件。随后,《推动共建丝绸之路经济带和21世纪海上丝绸之路的愿景与行动》(以下简称《愿景与行动》)由中国国家发展和改革委员会、中华人民共和国外交部、中华人民共和国商务部三方联合对外发布。《愿景与行动》以文件的形式,在边境口岸建设、沿线国家海关合作、降低非关税壁垒、发展跨境电子商务等新商业业态以及鼓励合作建设跨境合作产业园区、跨境贸易合作园区等方面做出了书面倡议。

"一带一路"的倡议构想涵盖了中国与"一带一路"沿线国家和地区在各个行业及不同领域的合作与交流,包括了双方及多方在基础设施、资源能源和投资贸易等方面的深度融合与利益共享,倡议的实施推进将分三阶段逐步推进。"一带一路"倡议重点规划在能源、运输和金融等方面进行产业结构调整,构建分工体系,以促进中国与"一带一路"沿线国家和地区经济发展,增进多方信任,促进相互支持。

在"一带一路"倡议的背景下，依靠与相关国家既有的双多边机制，借助行之有效的区域合作平台，中国与沿线国家的经贸合作前景和空间将十分广泛。在这个大变革背景下，"一带一路"倡议的实施为跨境电商行业提供了良好的政策支撑、广阔的市场空间和宽松的竞争环境，"一带一路"倡议的推行也需要跨境电商行业能够直面境外消费者，具有成本空间和利润优势的行业产业推动其未来的实施和发展。

"一带一路"沿线国家和地区以发展中国家为主，这些国家的第二、第三产业比重较大，各个国家和地区的优势产业和产业结构不甚相同。东南亚地区（如老挝、越南等地）农业产业比重较高，除新加坡等少数国家外，整体上经济相对落后，产业结构处于弱势；但另一方面，由于这些地区的劳动力成本相对低廉，很多对加工制造业有成本压力的行业也正转而向其产业迁移。中亚、西亚等大部分国家和地区的自然资源相对丰富，工业水平较为成熟，经济发展潜力大，中国对中西亚有大量的原油需求，双方在能源合作方面具有广阔的开拓前景。金砖国家中，中国、俄罗斯和印度三国是新兴工业化国家的代表，分别在电子信息技术、宇航、新能源开发和光线通信、电影业和软件开发等方面发展迅速，俄罗斯和中国在石油化工和机械制造方面具有独特优势，两国在高精尖技术等方面的行业合作进展顺利。欧洲等发达国家和地区产业结构中，第三产业非常发达，产业结构中，以技术型、资本密集型行业为主。发达国家是"一带一路"沿线国家和地区技术和资本引进的重点目标区域。

【案例思考】"一带一路"背景下应如何进行跨境电子商务？

【案例分析】

1. 发展"一带一路"下的物流陆路运输

"一带一路"的倡议愿景是中国经济进入新常态后的重大规划部署，"政治沟通、道路畅通、贸易联通、货币流通和民心相通"是"一带一路"倡议的美好愿景。其中"道路畅通、贸易联通和民心相通"更是与物流运输直接相关。道路的畅通带来物流的发展，也必然提高了跨境贸易的效率。"一带一路"沿线地区的铁路网络建设，为中国进出口货物的物流配送商提供了更大的选择空间。

2. 加强信息化、智能化在跨境运输中的应用

在大数据时代的今天，信息化、智能化的应用已大大提高了贸易的效率和交易的成本。跨境电商起步不久，中国与"一带一路"相关国家进行跨境网上交易的商品种类和数量规模也在不断增长中。跨境物流各个环节的完善，更加需要信息技术的应用和加强。商品需求量预测、商品剩余量统计和商品预期到达天数等数据指标，完全可以在应用信息技术上，建立智能数据库进行供给量和需求量预测。此外，通过信息技术的应用，结合先进的物流管理控制平台，可以有效实现对跨境物流商品所处的地理位置，降低包裹丢失率，为跨境电商的消费者和购买者提供更加优质的配送保障。

3. 构建面向海外的跨境电商总部和集散中心

立足自由贸易园区和跨境电商城市试点,构建面向海外的跨境电商总部和集散中心,可以为中国产品走出国门和引进先进技术提供良好环境和优质平台。利用自贸区和跨境电商城市试点的政策、资金和地缘优势,选取合适的地区,由政府牵头,跨境电商企业参与,建立国际化展馆、仓储物流基地和分拨中心,建设进口贸易集散中心,鼓励更多企业参与跨境电商的市场采购和保税贸易。与此同时,可以加大对"一带一路"沿线国家海外投资者,特别是华人华侨参与跨境电商投资业务,以自贸区和跨境电商城市试点为基地扩展相关业务。

4. 扩展产业链条,开展"一带一路"跨境电商零售业务

目前的中国跨境电商产业链已经基本形成了相应框架,但还存在产业链薄弱和缺失相关环节的问题。在物流、支付、金融服务和人力资源等服务平台的招引力度上,应进一步依托跨境电商的服务试点城市和产业园区,建立具有标杆性的大、中型跨境电子商务服务企业和平台。扶植一批先进地区的本土跨境电商产业园区、跨境电商产业研究基地和跨境电商服务示范基地等,构建具有区域性本土特色的跨境电商组织网络。

5. 加大科技创新力度,提升科技援助水平

在跨境电商的科技合作领域,政府应首先加大中央财政投入,加强与现有跨境电商科技项目和科技计划的衔接与统筹,重点支持"'一带一路'科技创新合作"。其次,应鼓励地方政府加大资金投入,针对科技创新领域设立配套项目并进行资金支持,重点扶植"一带一路"科技创新和交流活动。通过政府和社会资本合作(PPP)等多元化形式进行引导,使跨境电商企业、科研院所、高等学校和社会各组织等加大对与跨境电商有关的科技创新投入和参与。

6. 全方位的金融服务做支撑

细分和拓展金融服务领域。一方面,应建立依托大数据和互联网平台的跨境电商信用体系平台。对参与跨境电商的国内和国外企业,建立企业名录,通过基于交易的信用评价,设立开放式的跨境电商综合信用评价体系,对接征信系统,并以透明化的方式实现互联网信息共享。另一方面,建立跨境电商担保服务平台。地方政府、社会组织或者公司企业各方单方或联合出资,为跨境电商提供包括交易、融资、筹资、投资、质量和风险方面的资金担保。为了更好地跨区提供金融服务,第三方支付机构可以与商业银行进行合作,建立各种形式的金融衍生品和外汇理财服务平台,以降低跨境电商交易参与者和交易主体的用汇成本。最后,在跨境电商的支付结算环节,应打通与交易和结算有关的结售汇通道,逐步推进各项政策和措施在跨境电商试点内的应用和实施。

随着全球经济一体化趋势的加强,世界各地的交易联系越来越紧密,跨境电子商务的优势逐渐显现出来,成为世界贸易的主流。根据商务部统计,2011 年,中国通过跨境电子商务平台达成的贸易总额超过 1.6 万亿元,2012 年达到了 2.1 万亿元,2013 年

为 3.1 万亿元，2014 年为 4.0 万亿元，2015 年为 5.4 万亿元，2016 年跨境电子商务交易额为 6.7 万亿元。我国目前正大力推动"一带一路"倡议以及"互联网+"行动计划等改革创新方案。国家政策的扶持为跨境企业尤其是跨境电子商务企业带来了福音，跨境电子商务的春天已然到来。下面就让我们一起来学习一下什么是跨境电商？跨境电商的业务流程是怎样的？跨境电商第三方平台有哪些？

第一节 跨境电子商务基础

一、跨境电子商务的定义

跨境电子商务是指不同国家或地区的交易主体通过电子商务平台达成交易、进行支付结算，并通过跨境物流送达商品、完成交易的一种国际性商务活动。

从狭义上看，跨境电子商务实际上基本等同于跨境零售（B2C）。跨境零售是指分属于不同关境的交易主体，借助计算机网络达成交易、进行支付结算，并采用快件、小包等行邮的方式通过跨境物流将商品送达消费者手中的交易过程。

从广义上看，跨境电子商务基本等同于外贸电商（B2B + B2C），是指分属不同关境的交易主体，通过电子商务的手段将传统进出口贸易中的展示、洽谈和成交环节电子化，并通过跨境物流送达商品、完成交易的一种国际商业活动。

跨境电子商务形式上是基于互联网开创的一种交易手段和渠道，是"互联网+外贸"的一种商务模式，本质上是全球供应链的整合。

二、跨境电子商务发展现状及趋势

（一）跨境电子商务的发展现状

自 2008 年以来，我国跨境电商步入快速发展阶段。根据中国电子商务研究中心的监测数据，2017 年中国跨境电商交易额为 8.06 万亿元，同比增长 24%。其中，出口跨境电商交易额为 6.30 万亿元，同比增长 14.5%；进口跨境电商交易额达到 1.76 万亿元，同比增长 46.7%。2008~2017 年间，跨境电商交易额年均增长速度为 27.90%，在 2010 年达到了最高的 44.44%。

2011 年开始，在进出口增速平缓的情况下，跨境电子商务基于互联网的网络化营运方式重新塑造了中小企业国际贸易流程。很多传统企业发现了这一优势，从 2013 年开始进入跨境电商领域，触电跨境电商成为传统企业自身发展的重要选择。在传统外贸增长有限的背景下,跨境电商正日益成为中国外贸增长的新引擎,对中国经济发展的贡献与日俱增。为加快培育跨境电商产业,进一步促进外贸稳定增长,推动我国经济持续健康发展,国务院及国家相关部委先后启动了跨境电商领域试点的相关工作。尤其是2015年以来,国务院通过批准设立跨境电商综合试验区,在通关、物流便利化等方面进行了积极探索和实践,为推动全国跨境电商健康发展,提供了可复制、可推广的经验。截至2018年7月,全国共有24个城市获批成为跨境贸易电商服务试点城市,35个城市获批成为跨境电商综合试验区。

另外,在"一带一路"及自贸试验区等国家战略背景下,跨境电子商务已成为推动中国外贸增长的重要力量。B2B、B2C和C2C交易模式共存互补,市场活跃度持续提升。有业内人士表示,国内消费者对品质商品的日益关注,使得从母婴商品兴起的"海淘浪潮",逐渐扩充到美妆、数码、百货、服饰箱包等全品类,在更多年龄层次和需求的消费者进入的同时,"海淘"电商的业务量也随之增长。

依靠我国政策支持,近些年,中国的电子商务市场呈现出"井喷"式增长,发展潜力巨大,我国跨境电子商务产业的发展远远领先于全球其他国家和地区。据不完全统计,中国境内各类平台企业超过5000家,通过平台开展跨境电子商务的外贸企业超过20万家。

✓ 思政小贴士

对外贸企业来说,受新冠肺炎的影响,2020年的日子不好过。但据2020年1~8月外贸数据显示,我国外贸进出口逐步回稳向好,情况好于预期,出口更是实现正增长。在数据统计背后,经济日报记者走访外贸企业发现,面对突如其来的困难,不同行业不同类型的外贸企业正在做出最适合自己的选择和努力。

随着国际贸易订单日益碎片化,再加上疫情导致海外市场加速线上化,外贸企业正在从传统的批发出口模式转型跨境电商模式,跨境电商平台成为疫情中的一条船,因此,中国制造必须贯彻工匠精神,走出国门。

✓ 政策链接

国务院关于同意在石家庄等24个城市设立跨境电子商务综合试验区的批复

国函〔2019〕137号

河北省、山西省、内蒙古自治区、辽宁省、吉林省、黑龙江省、江苏省、浙江省、安徽省、福建省、江西省、山东省、河南省、湖北省、湖南省、广东省、四川省、青海省、宁夏回族自治区人民政府，商务部：

你们关于设立跨境电子商务综合试验区的请示收悉。现批复如下：

一、同意在石家庄市、太原市、赤峰市、抚顺市、珲春市、绥芬河市、徐州市、南通市、温州市、绍兴市、芜湖市、福州市、泉州市、赣州市、济南市、烟台市、洛阳市、黄石市、岳阳市、汕头市、佛山市、泸州市、海东市、银川市等24个城市设立跨境电子商务综合试验区，名称分别为中国（城市名）跨境电子商务综合试验区，具体实施方案由城市所在地省级人民政府分别负责印发。

二、跨境电子商务综合试验区（以下简称综合试验区）建设要以习近平新时代中国特色社会主义思想为指导，全面贯彻党的十九大和十九届二中、三中、四中全会精神，统筹推进"五位一体"总体布局，协调推进"四个全面"战略布局，坚持新发展理念，按照党中央、国务院决策部署，持续深化"放管服"改革，积极适应产业革命新趋势，复制推广前三批综合试验区成熟经验做法，对跨境电子商务零售出口试行增值税、消费税免税等相关政策，积极开展探索创新，推动产业转型升级，开展品牌建设，推动国际贸易自由化、便利化和业态创新，为推动全国跨境电子商务健康发展探索新经验、新做法，推进贸易高质量发展。同时，要保障国家安全、网络安全、交易安全、国门生物安全、进出口商品质量安全和有效防范交易风险，坚持在发展中规范、在规范中发展，为各类市场主体公平参与市场竞争创造良好的营商环境。

三、有关省（自治区）人民政府要切实加强对综合试验区建设的组织领导，健全机制、明确分工、落实责任，有力有序有效推进综合试验区建设发展。要按照试点要求，因地制宜，突出本地特色和优势，尽快完善具体实施方案并抓好组织实施。要进一步细化先行先试任务，突出重点，创新驱动，充分发挥市场配置资源的决定性作用，有效引导社会资源，合理配置公共资源，扎实推进综合试验区建设。要建立健全跨境电子商务信息化管理机制，根据有关部门的管理需要，及时提供相关电子信息。要定期向商务部等部门报送工作计划、试点经验和成效，努力在健全促进跨境电子商务发展的体制机制、推动配套支撑体系建设等方面取得新进展、新突破。各综合试验区建设涉及的重要政策和重大建设项目要按规定程序报批。

四、国务院有关部门要按照职能分工，加强对综合试验区的协调指导和政策支持。按照鼓励创新、包容审慎的原则，坚持问题导向，深入调查研究，创新政策措施，加强沟通协作，进一步为综合试验区发展营造良好的环境。对具备监管条件的综合试验区，研究纳入跨境电子商务零售进口试点范围。商务部要牵头做好统筹协调、跟踪分析和督促检查，适时对各综合试验区试点成果进行评估，会同有关部门及时总结推广试点经验，重大问题和情况及时报告国务院。

国务院
2019年12月15日

（二）跨境电子商务的发展趋势

电子商务作为我国的一个新兴行业，从快速发展期逐渐过渡到成熟稳定期。当下，网络购物出现电商品牌意识增强、移动电商爆发式发展等趋势，洞察电子贸易新发展，把握电商发展新机遇势在必行。

随着国际人均购买力的不断增强、网络普及率的提升、物流水平的进步、网络支付的改善，未来几年我国跨境电商仍将保持高速增长。埃森哲预计全球跨境电商B2C规模将于2020年达到近1万亿美元，年均增长率高达27%；全球跨境B2C电商消费者总数也将超过9亿人，年均增幅超过21%。届时拥有超过2亿跨境B2C电商消费者的中国，将成为全球最大的跨境B2C电商消费市场。

跨境电商平台类企业不参与交易，只为平台上的买卖双方提供撮合机会，其综合竞争力主要体现在产品丰富等方面。自营类企业由于需要先采购海外商品，对企业资金实力和选择商品水平都提出了更高要求，正品保障、价格优惠、物流体验、售后服务将是跨境电商企业的核心竞争领域。综合考虑，下一阶段跨境电商企业的发展方向应是"自营+平台"类型企业，融合产品丰富、正品保障等多项优势。

三、跨境电子商务的特点

随着互联网、物流网等基础设施建设的加快和移动互联网、大数据、云计算等技术的推动，跨境电子商务在全球范围内快速发展。联合国贸发会议预计，2020年的跨境电子商务将占到世界贸易总额的40%以上。跨境电子商务发展如此迅速，与跨境电子商务的特点密不可分。

（一）全球性

与传统的交易方式相比，电子商务的一个重要特点是无边界交易。跨境电商避免了传统交易的地理因素，可以通过一国的交易平台，实现同其他国家间的直接贸易。任何人只要具备一定的技术手段，在任何时间、任何地点都可以让互联网用户不需要跨越国界就把产品和服务推向全球市场。

（二）信息化

随着信息网络技术应用的深化，数字化产品以及数字化技术将运用在跨境电商的全过程。即使是最为传统的快递、物流配送，也建立在信息技术业务系统之上，不仅商品本身已经基于二维码、条码进行了物品编码，而且可以在电商平台实时查询、跟踪商品流通过程，并通过网银或第三方电子支付平台进行支付。

（三）即时性

传统交易模式下的信息交流（如信函电报、传真等），在信息的发送与接收间，存在着长短不同的时间差。而电子商务中的传输的速度与地理距离无关，无论实际空间距离远近，一方发送信息与另一方接收信息几乎是同时的，如同生活中面对面交谈。某些数字化产品（如音像制品、软件等）的交易，还可以即时清结，订货、付款、交货都可以在瞬间完成。

（四）成本低

传统的国际贸易主要由一国的进/出口商通过另一国的出/进口商集中进/出口大批量货物然后经过境内流通企业多级分销，到达有进/出口需求的企业或者消费者，通常进出口环节多时间长、成本高。而跨境电子商务仅需经过工厂、在线平台、海外商人即可送达消费者，外贸净利润可能是传统贸易的数倍。未来外贸链条还可以更简化，产品从工厂经过在线平台可以直接到国外消费者手中。如果跨境电子商务企业能采用集中采购备货模式，那相较于单笔邮寄，还能大大降低商品采购和物流成本。

（五）小批量

跨境电子商务由于是单个企业之间或单个企业与单个消费者之间的交易，大多是小批量，甚至是单件，而且一般是即时按需采购、销售和消费，相对于传统贸易而言，交易的次数和频率高。另外，部分海外进口商出于缓解资金链压力和控制资金风险的考虑，也倾向于将大额采购转变为中小额采购、长期采购变为短期采购；单笔订单的金额明显减小，大部分不超过 3 万美元；传统"集装箱"式的大额交易正逐渐被小批量、多批次的"碎片化"进出口贸易取代。

四、跨境电子商务的种类

从 1998 年以中国制造网、阿里巴巴等为代表的前期跨境 B2B 网站诞生开始，跨境电商发展迅猛。如今跨境电商的种类和贸易模式非常多。

（一）按贸易对象分类

按贸易的对象来分，跨境电子商务可以分为 B2B 网站、B2C 网站、C2C 网站及 O2O 网站四种，分别是企业面向企业的跨境贸易平台、企业面向最终消费者的跨境贸易平台、商户面对最终消费者的跨境贸易平台以及商品面对最终顾客的线下体验店平台。

B2B 模式下，企业与企业之间通过互联网进行产品、服务及信息的交换，如阿里巴巴国际站、环球资源、中国制造网等。B2C 模式下，买方一般都是国外消费者，卖方以销售个人消费品为主；物流一般以航空小包、邮寄、快递等方式，如全球速卖通、兰亭集势、米兰网等。C2C 模式下，个人卖方对个人买方开展在线销售产品和服务如 ebay 等。从贸易规模上来看，目前 B2B 跨境电商交易的占比具有绝对优势。这主要是由于 B2B 交易的量级较大且多为稳定性订单，所以在未来几年，B2B 跨境电商交易仍然是主力，但随着跨境贸易对象的不断细分，跨境交易中的订单不断趋向碎片化和小额化。另外，B2C 跨境电商业务模式近几年出现了爆发式增长，主要是因为 B2C 平台对跨境电商而言具有一些明显的优势：

1. 利润空间大

跨境 B2C 平台可以打造产品从工厂到消费者的最短路径，跨过传统贸易所有的中间环节，从而赚取高额利润。

2. 有利于企业树立品牌形象

特别是对于国内的工贸型企业，可以借此改变单纯代加工的情况，熟悉和适应海外市场，将我国生产、设计和自主研发的产品带向全球。

3. 对市场有更快速的反应

B2C 平台的商家直接面对终端消费者，对于市场的需求更为敏感，并且可以提供各种个性化定制服务。

4. 更开阔的市场

B2C 平台的小额贸易更为灵活，销售不受地域限制，可以面向全球 200 多个国家和地区，使得单一市场的竞争压力得到有效的分散。

（二）按品类偏好分类

跨境电商企业业务扩张的重要手段之一就是不断拓展销售商品品类，这有助于跨境电商企业抓住更多具有消费力的网购群体。从销售商品的品类看，跨境电商企业销售的商品类型基本以汽车配件、服装服饰、家居园艺、3C 电子、计算机及配件、珠宝等物流便利的小型产品为主，同时具有逐渐向汽车、大型家具等大件商品扩展的趋势。根据 eBay 数据，2016 年在 eBay 平台上增速最快的三大品类依次为时尚类、汽车配件类及家居园艺类，且 71% 的大卖家都在计划对现存商品品类进行扩充，超过 64% 的大卖家计划延伸到其他产品线。随着电子商务对人们日常生活的影响不断加深，以及物流解决方案与科技手段的不断创新，跨境电商零售商将不断扩充所覆盖的商品品类。

（三）按商品流向分类

1. 进口跨境电子商务

在进口跨境电子商务模式下，海外卖家将商品直销给国内买家，一般是国内消费者访问境外商家的购物网站选择商品，然后下单，由境外卖家发国际快递给国内消费者。

代购可以算是进口跨境电子商务模式的雏形。

海关总署数据显示，2013年，我国跨境进口电商的交易额为700亿元。中国电子商务研究中心的监测数据表明，从2008年到2013年，跨境进口电商交易额年复合增长率高达31%。最热门的五类消费品分别是护肤美妆、婴幼儿食品、服饰、保健品、电子产品。

可以说跨境电商真正的蓝海是进口。由于我国近年出现多起严重商品质量事故，现在中国顾客对海外商品的需求增大。看到我国顾客高涨的购买力，国内的各大电商企业，都借机纷纷进入跨境电商行业。2014年2月，天猫国际正式上线，提出为国内消费者直供海外原装进口商品；2014年7月，苏宁易购低调成立跨境电商项目组；此前，中粮我买网已经长期培养了海外直采的食品频道，而亚马逊中国也宣布开通海外六大站点直邮中国服务，同时在2014年国内电商狂欢日"双11"当天宣布全中文版亚马逊海外购商店上线。

2. 出口跨境电子商务

出口跨境电子商务模式下，国内卖家将商品直销给境外买家，一般是国外买家访问跨境电子商务平台网站，然后下单购买，并完成支付，由国内的商家通过国际物流将货物发送至国外买家。

从销售目标市场看，对于现在的出口跨境电商而言，美国、英国、德国、澳大利亚是比较有代表性的成熟市场，这里的顾客已经非常熟悉跨境网购，整体商业文明规范程度较高，当地的物流配套设施完善，在今后的一段时间内仍是跨境出口电商的主要目标市场，并且仍有较大的成长空间。与此同时，不断崛起的新兴市场正成为跨境电商零售出口产业的新动力：（1）俄罗斯、巴西、印度等国家的本土电商企业并不发达，消费需求旺盛，我国制造的产品物美价廉，在这些国家的市场上优势巨大。（2）大量企业在拓展东南亚市场，如印度尼西亚是东南亚人口最多的国家，人口排名位居全球第四，具有巨大的消费潜力。目前，eBay、亚马逊等电商平台巨头开始进入印度尼西亚市场。（3）在拉丁美洲、中东欧、非洲和中东等地区，电子商务和跨境网购依然是一个比较陌生的概念，对于跨境电商企业来说，这是需要花费较多时间和精力来开拓及培养的市场。

（四）按服务类型分类

1. 在线交易平台

在线交易平台模式正在逐渐成为跨境电商中的主流模式。在线交易平台不仅提供企业、产品、服务等多方面信息展示，并且可以通过平台线上完成搜索、咨询、对比、下单、支付、物流、评价等全购物链环节。代表性平台有亚马逊、全球速卖通、米兰网、大龙网等。

2. 信息服务平台

信息服务平台主要是为境内外会员商户提供网络营销平台，传递供应商或采购商等商家的商品或服务信息，促成双方完成交易。代表性平台有阿里巴巴国际站、环球资源网、中国制造网等。

五、跨境电子商务的意义

（一）跨境电子商务对传统外贸企业的意义

跨境电子商务能够有效打破渠道垄断、减少中间环节、节约交易成本、缩短交易时间，有利于传统外贸企业转型升级和保持外贸稳定增长，有助于在成本和效率层面增强国家的进口竞争优势，提高外贸企业的利润率。

通过开展跨境电子商务，许多不被境外消费者所知晓，但性能好、质量高的产品和服务通过跨境电子商务平台，实现了面向国际的拓展。因此，跨境电子商务创造了新的、更公平的、更广阔的发展空间，从而催生出更多具有国际竞争力的企业。

（二）跨境电子商务对消费者的意义

除了国内消费者对国际品牌产品的购买需求越来越旺盛，国内外相同产品的价格差也使消费者逐渐将视线转移到国外。在传统的海外代购、朋友圈代购等跨境交易模式下，代购商品一般产自境外，其计量、质量等标准无法进行统一，跨境电子商务对于跨境贸易的逐渐规范化，使得消费者在权益受到侵害时，可以向相关行政部门申诉，可以向相关国际组织投诉、调解，还可以进行商事仲裁及诉讼等。由此可见，随着跨境电子商务的进一步发展，消费者权益会得到更好的保护。

对于消费者来说，使用跨境电子商务平台进行支付和交易的便捷性大大提升，消费者不必走出国门或货比三家寻找代购就能享受国外的产品，国际物流环境也比以前更加开放，信息化程度明显提高，安全性和速度都有保障，使得跨境电子商务成为消费者的不二选择。

（三）跨境电子商务对产业的意义

随着一批知名电子商务平台企业、物流快递企业、第三方支付本土企业加快崛起，跨境电子商务将会引发相关服务业的生产方式、产业组织方式的变革，直接推动了物流配送、电子支付、电子认证、信息内容服务等现代服务业和相关电子信息制造产业的发展，使得三大产业之间的结构布局趋于优化，促进了产业进一步升级改造，实现资源的有效配置。

(四) 跨境电子商务对国家的意义

跨境电子商务的发展为中国的产品对接世界提供了更广泛的机会。通过跨境电子商务平台，我们将"中国制造"的高质量产品更高速地推广到世界各地的消费者面前，同时境内企业也可以更便捷地了解到世界各地企业、消费者对产品的需求和偏好，从而生产出更加让消费者满意的产品，使中国的产品真正对接世界。

跨境电子商务的蓬勃发展有助于我国提升国际话语权。随着我国跨境电子商务在国际上的地位越来越突出，我国也可以引领建立跨境电子认证、在线交易、跨境支付、跨境物流、通关、商检等标准规范，从而掌控国际贸易的主导权。

第二节 跨境电子商务业务流程

一、跨境电子商务产业链分析

跨境电子商务产业链是由跨境电商企业、金融支付企业、物流运输企业、第三方综合服务个业等多业务主体紧密联系构成的。

（一）跨境电子商务业务主体

1. 跨境电商企业

跨境电商企业主要包含平台型企业和自营型企业两种。平台型企业主要提供信息服务和交易服务；自营型企业平台有针对性地通过渠道批量采购海外生产或销售的正品商品运至国内，最后在平台上架销售。

2. 金融支付企业

跨境电商由于涉及跨境转账，其支付过程与国内电商采用的支付宝微信支付、网银等收款方式差别较大。总体来说，跨境支付方式有两大类：一种是线下汇款模式，比较适用于大金额的跨境B2B交易；另一种是线上支付，包括各种电子账户支付方式和国际信用卡，由于线上支付手段通常有交易额的限制，所以比较适合小额的跨境零售。不同的跨境收款方式在金额限制和到账速度上有所不同。

3. 物流运输企业

目前常用的国际物流方式中，B2C主要以商业快递（如DHL、UPS、INT等）、邮政渠道（如中国邮政）、自主专线（如中东专线Aramex、中俄专线ZTO Express to Russia）等方式为主，B2B主要以空运、海运和联运为主。

4. 第三方综合服务企业

跨境电商第三方服务企业包括综合服务企业和IT、营销、代运营企业。综合服务企业通常以电子商务公共服务平台为载体,为中小型企业提供进出口代理、通关、物流、退税、融资等全套外贸一站式外包服务,如世贸通、快贸通、易单网等。IT、营销、代运营企业主要为跨境电商企业提供跨境电商系统构建、技术支持、产品线运营、多渠道营销推广等服务,代表企业有四海商舟(BizArk)、Channeladviser等。

(二)跨境电商产业链及各环节分析

生产厂商/制造商、批发商/零售商、金融支付企业、物流运输业以及第三方综合服务企业在跨境电商各类个业业务上的紧密衔接形成了跨境电商的产业链(见图11-1)。从事跨境电商的企业可以选择自营模式或借助跨境电商平台开展跨境电商业务,若需要获得技术、网络营销、代运营方面的支持,则可以借助第三方服务企业。跨境电商产业链中的物流企业和金融企业则为跨境电商业务提供物流和金融支持。

图11-1 中国跨境电子商务产业链

资料来源:艾瑞咨询:《2018年中国跨境电商行业研究报告》。

一个典型的跨境电子商务流程如图11-2所示。

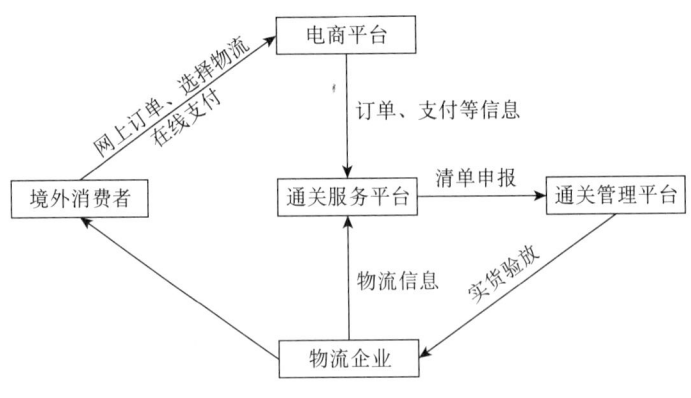

图 11-2 跨境电子商务流程

二、跨境电子商务平台的盈利模式

盈利模式是对企业经营要素进行价值识别和管理,在经营要素中找到盈利机会,即探求企业利润来源、生产过程以及产出方式的系统方法。

跨境电商平台的盈利模式是一种动态的模式,因为这种模式归结于企业战略和核心竞争力。跨境电商平台盈利模式分为自发的盈利模式和自觉的盈利模式两种。自发的盈利模式是自发形成的,企业对如何盈利以及对未来能否盈利缺乏清醒的认识。企业虽然盈利但盈利模式不明确、不清晰,这种盈利模式具有隐蔽性、模糊性,灵活性较差;自觉的盈利模式是企业通过对盈利实践的总结和对盈利模式加以自觉调整和设计而形成的,它具有清晰性、针对性、相对稳定性、环境适应性和灵活性的特征。

在市场竞争的初期和电商企业成长的不成熟阶段,很多电商平台的盈利模式是自发的,当网站发展到有一定影响力时,无形中已经在为自身做项目招商。此时可以通过授权加盟者,让加盟者在网络平台上进行运营,形成一种无形的品牌推广,在获得加盟费的同时也提高了自身在电商市场的影响力。随着市场竞争的加剧和电子商务的不断发展,电商开始重视对市场竞争和自身盈利模式的研究,即使如此,也并不是所有企业都可以找到正确的跨境电商平台盈利模式。

如今,在跨境电商平台盛行的背景下,跨境电商平台盈利模式已经越来越受到广大学者的关注,相信在不久的将来,新的盈利模式会让所有的电商平台得到更快更好的发展。

第三节 跨境电商第三方平台

跨境电商第三方平台即电商销售平台,是外贸企业展示商品和进行交易的场所,其买卖双方一方是作为卖家的国内外贸企业,另一方是作为海外买家的消费者。第三方平台提供方是为外贸企业自主交易提供信息流、资金流和物流服务的中间平台,它们不参与物流、支付等中间交易环节,其盈利方式是在交易价格的基础上增加一定比例佣金作为收益。以下为常见的跨境电商第三方平台。

一、出口跨境电商平台

(一) 全球速卖通

全球速卖通于 2010 年 4 月上线,是阿里巴巴旗下面向全球市场打造的在线交易平台。通过速卖通,商家把宝贝编辑成在线信息发布到海外,被广大卖家称为国际版"淘宝"。经过几年的迅猛发展,速卖通目前已经覆盖 220 多个国家和地区的海外买家,成为全球最大的跨境交易平台之一。全球速卖通网站首页如图 11-3 所示。

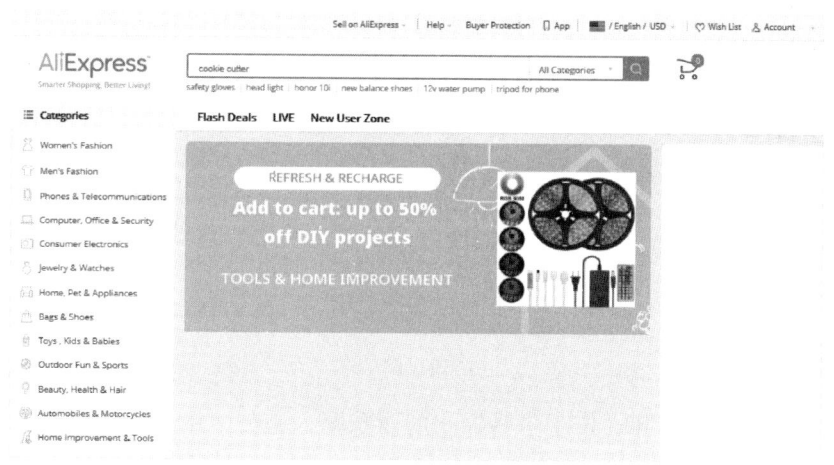

图 11-3 全球速卖通首页

1. 订单最多的国家和地区

速卖通的订单主要来自俄罗斯联邦、巴西、以色列、西班牙、白俄罗斯、美国、加拿大、乌克兰、法国、捷克共和国、英国。

2. 优势行业

全球速卖通覆盖 3C、服装、家居、饰品等 30 个一级行业类目。其中优势行业主要有服装服饰、手机通信、鞋包、美容健康、珠宝手表、消费电子、电脑网络、家居、汽车摩托车配件、灯具等。

3. 物流服务

在全球速卖通上有三类物流服务,分别是邮政大小包、全球速卖通合作物流以及商业快递,其中 90% 的交易使用的是邮政大小包。卖家发货时,可以根据不同的物流服务,选择在全球速卖通线上发货，也可以联系各主要城市的货代公司上门收件进行发货。

4. 金融支付服务

速卖通可选择的支付方式包括：信用卡、Moncybookers。

Western Union（西联支付）、Bank Transfer（银行转账）以及其他国外本地化信用卡和借记卡支付。其中 Western union 和 Bank transfer 属于线下汇款模式，其他支付方式属于线上支付。

5. 目标客户

速卖通平台上的目标客户主要是两类人：一类是买家；一类是卖家。卖家主要由外贸生产型企业、外贸公司、外贸 SOHO 一族组成。主要以中小型的外贸公司以及外贸 SOHO 一族为主，一些有实力的外贸生产型企业参与的比例较小。买家主要包含两类人群：线上的是在诸如 eBay、amazon.com 等平台上的零售商；线下的主要是一些实体店中的中小零售商。

6. 盈利模式

全球速卖通平台只向卖家收费。向卖家收取的费用有：3%～9.15% 的交易佣金、会员费、广告费。

7. 平台特点

全球速卖通平台进入门槛低、交易流程简单、操作模式简便、商品具有较强的价格优势，适宜于通过网络销售并以航空快递方式运输的商品。这些商品基本具有体积小、附加值高、独具特色、价格合理等特征。

（二）亚马逊

亚马逊成立于1995年，位于华盛顿州的西雅图，是美国最大的一家网络电子商务公司，也是网络上最早开始经营电子商务的公司之一。一开始只经营网络书籍销售业务，现在则扩展了范围相当广的其他产品。越来越多的中国企业和个人通过亚马逊"全球开店"拓展国际市场，中国卖家业绩强势增长。海外热销的中国商品也由最初的服饰、电脑配件类不断扩充，如平板电脑、智能手机、扫地机器人、蓝牙耳机、无人机等更具科技含量的高端优质商品通过亚马逊打入国际市场。消费电子、无线设备、服饰、家居户外是目前中国卖家的畅销品类。亚马逊网站首页如图 11-4 所示。

1. 主要销售的国家和地区

亚马逊目前主要销售的国家和地区有澳大利亚、巴西、加拿大、中国、法国、德国、印度、意大利、日本、墨西哥、西班牙、英国。

2. 优势行业

亚马逊的优势行业主要集中在亚马逊 Kindle、婴儿用品、书籍、电子类、厨具、办公用品、个人电脑、体育器材及户外用品、汽车用品及家居装修、视频、DVD 和蓝光碟。

图 11-4 亚马逊网站首页

3. 物流服务

亚马逊为卖家构建了亚马逊体系内的完美生态循环,包括海运、空运、国际快递、船务代理、仓储及配送、码头服务、清关服务等。跨境物流服务包括货运代理(海外仓预约、订单管理、报关报检、提单及各类文件管理、码头空港现场操作)、相关增值服务(贴标签、商品分拣包装等)以及合规服务(检验、检疫及清关)。

4. 金融支付服务

亚马逊五种收款方式有美国银行账户、中国香港银行账户、World first、P 卡和"金融服务公司"。

5. 盈利模式

亚马逊的卖家类型分为专业卖家和个人卖家。在收费上,专业卖家每月收取 39.99 美元的固定费用;个人卖家则按照每笔 0.99 美元收取手续费。除此之外,亚马逊还会根据所卖产品的不同,收取不同比例的交易费。

6. 平台特点

亚马逊的运营特点是"以产品为王,以顾客为中心,以物流为核心竞争力",具体如下:(1)亚马逊运营重产品、轻店铺,严厉打击假货和侵权产品的态度使商家在亚马逊上进行跨境电子商务必须把产品要素放在第一位。(2)亚马逊提供的智能物流体系帮助卖家以更快的速度和更优惠的价格把商品送达消费者手中。(3)支持货到付款。(4)一台计算机只能登录一个账号。

(二) eBay

eBay 集团于 1995 年 9 月成立于美国加州硅谷,是全球商务与支付行业的领先者,为不同规模的商家提供共同发展的商业平台,是一个可以让全球民众上网买卖物品的线上拍卖及购物网站。eBay 网站首页如图 11-5 所示。

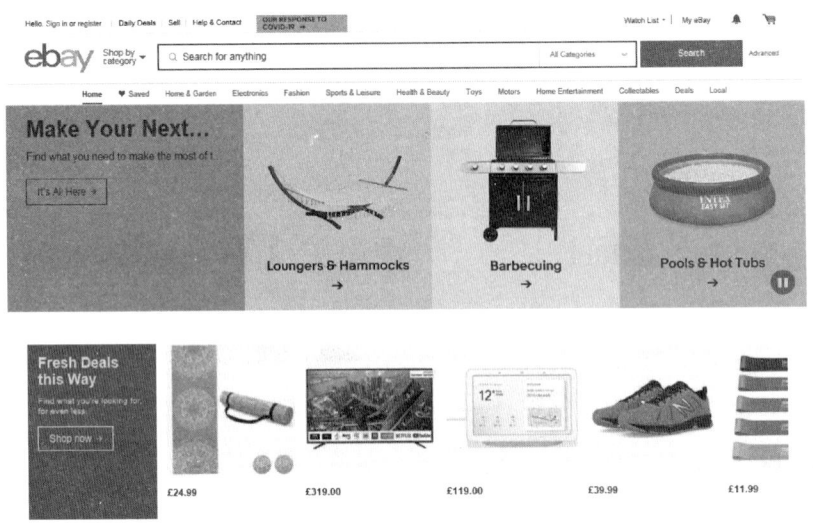

图 11-5 eBay 网站首页

1. 销售的国家和地区

目前 eBay 的站点已遍及以下国家和地区：美国、英国、中国、中国香港、阿根廷、奥地利、比利时、巴西、加拿大、德国、法国、爱尔兰、意大利、马来西亚、墨西哥、荷兰、新西兰、波兰、新加坡、西班牙、瑞典、瑞士、泰国、土耳其等。

2. 优势行业

电子产品、健康及美容类产品、家居园艺、汽配、收藏品、时尚工艺品等。

3. 物流服务

SpeedPAK 物流管理方案是 eBay 联合物流战略合作伙伴橙联科技股份有限公司共同打造，以 eBay 平台物流政策为基础，为 eBay 大中华区跨境出口电商卖家量身订制的直邮物流解决方案。该物流方案具有与 eBay 平台对接、物流时效快、揽收扫描及时、受 eBay 平台保护等优点。

4. 金融支付服务

eBay 为买卖双方提供多种收付款方式：Paypal、ProPay、Moneybookers、Paymate、信用卡或借记卡、在线银行转账、货到付款和账单付款等。

5. 盈利模式

向每笔拍卖收取刊登费（费用 0.25~800 美元不等）；向每笔已成交的拍卖再收取一笔成交费（成交价的 7%~13% 不等）。

6. 平台特点

与亚马逊相比，eBay 的店铺操作也不复杂，开店免费、门槛低，需要的手续和东西比较多，但是平台对卖家的要求很严格，对商品质量要求较高。

(四) 敦煌网

敦煌网创立于 2004 年，目前，敦煌网拥有 200 万家累计注册供应商，在线产品数量超过 2200 万，累计注册买家超过 2100 万，覆盖全球 222 个国家和地区，拥有 50 多个国家的清关能力，200 多条物流专线，以及 17 个海外仓。其以"促进全球通商，成就创业梦想"为使命，专注小额 B2B 赛道，整合关检、物流、支付、金融等领域生态圈合作伙伴，打造集相关服务于一体的全平台、线上化外贸闭环模式，搭建简便、安全、高效的国际贸易通道，在帮助国内中小企业直连国际市场的同时，也帮助海外中小零售商获得质优价廉的货源，实现对供应端和采购端的双向赋能，让"买全球，卖全球"成为现实。敦煌网网站首页如图 11-6 所示。

图 11-6 敦煌网网站首页

1. 主要销售的国家和地区

敦煌网目前销售的国家主要集中在北美、欧洲和大洋洲等发达国家，如美国、俄罗斯、加拿大、澳大利亚等国。

2. 优势行业

敦煌网销售的产品以快消品为主，分类包括服装、鞋类、手包、美容美化、照明以及消费电子等。

3. 物流服务

敦煌网支持的物流方式有海外发货、四大快递（UPS、DHL、FedEx、INT）、一般快递和平邮挂号。2015 年，敦煌网一站式海外仓服务正式投入使用，除了信息系统、整合物流、仓储等基本功能外，还创新性地为卖家提供分销服务。

4. 金融支付服务

敦煌网支持的支付方式有 Visa、Mastercard、American Express，Moneybookers、Bank Transter、Western Union 等。

5. 盈利模式

敦煌网的卖家类型分为企业卖家和个人卖家。在收费上，采用统一的佣金率，实行"阶梯佣金"政策。

（五）Wish

Wish 平台创办于 2013 年，是一家新兴的移动 B2C 跨境电商平台，2014 年成为跨境电商界的黑马。Wish 不同于前几家跨境电商平台，移动端是其客户的主要来源。Wish 日均活跃用户超过 100 万，日均新用户超过 9 万，超过 90% 的用户来自移动端，其 APP 上销售商品物美价廉，大部分商品都直接从中国发货。Wish 网站首页如图 11-7 所示。

图 11-7 Wish 网站首页

1. 主要销售的国家和地区

Wish 平台目前卖家大多是在中国，产品主要销售到北美、欧洲等发达地区。

2. 优势行业

Wish 平台热销的产品主要有电子产品、母婴产品、美容类、服饰类产品。

3. 物流服务

wish 平台销售支持的物流服务有邮政渠道、商业快递、自主专线和海外仓。

4. 金融支付服务

Wish 平台支持的网络支付方式有：Google Wallet（谷歌钱包）、易联支付（PayEco）

以及 Bill. com。

5. 盈利模式

Wish 平台的主要收入来自于卖家每次交易的佣金，收费以交易额的 15%（即产品和运费总和的 15%）为基准，不收取平台费、推广费等额外费用。

二、进口跨境电商平台

（一）天猫国际

天猫国际成立于 2014 年，入驻商家均为中国大陆以外具有海外零售资质的实体公司，销售的商品均原产于或销售于海外，通过国际物流经中国海关正规入关。2015 年聚划算平台和天猫国际联合开启"地球村"模式。美国、英国、法国、西班牙、瑞士、澳大利亚、新西兰、新加坡、泰国、马来西亚、土耳其等 11 国国家馆在天猫国际亮相。天猫国际与 20 国国家大使馆合作，使富有海外特色的商品齐聚同一平台，实现了足不出户逛遍全球。天猫国际首页见图 11 - 8。

图 11 - 8　天猫国际网站首页

1. 商业模式

天猫国际吸引商家入驻平台，交易由商家与消费者自己进行。平台解决支付和信息沟通，属于 M2C 模式。

2. 优势行业

天猫国际主推美妆护肤、食品保健、母婴用品、服饰鞋包、生活数码等产品。

3. 物流服务

天猫国际要求商家 72 小时内完成发货，14 个工作日内送达，并保证物流信息全程可跟踪。

4. 盈利模式

天猫国际入驻商家收费分为三部分：保证金、年费、实时划扣技术服务费（含支付宝跨境支付服务费），具体如表 11-1 所示。

表 11-1　　　　　　　　　　天猫国际入驻商家收费标准

收费类目	具体标准
保证金	25000 美元
年费	按不同类目分为 5000 美元和 10000 美元两档
实时划扣技术服务费	分 5% 和 6% 两档

（二）考拉海购

考拉海购是成立于 2015 年的以跨境业务为主的综合型电商（见图 11-9）。在美国、德国、意大利、日本、韩国、澳大利亚以及中国香港、中国台湾等设有分公司或办事处，深入产品原产地直采高品质、适合中国市场的商品。在保障商品品质的同时，考拉海购还与海关联合开发二维码溯源系统，严格把控产品质量。凭借自营模式、定价优势、全球布点、仓储、海外物流、资金和保姆式服务七大优势，仅一年就跻身跨境电商第一梯队，并成为增长速度最快的电商企业之一。

图 11-9　考拉海购首页

1. 商业模式

考拉海购主打自营直采的理念，属于自营型 B2C。

2. 优势行业

考拉海购的销售品类涵盖母婴、美容彩妆、家居生活、营养保健、环球美食、服饰箱包、数码家电等。

3. 物流服务

在物流的选择上，考拉海购与中外运、顺丰等合作，借助保税仓和海外仓进行物流配送，电子化极速清关，下单后 3~15 个工作日送达。同时，采用了更好的定制包装箱，让用户享受"相对"标准化的物流服务。

（三）丰趣海淘

2014 年顺丰速运重磅推出丰趣海淘。丰趣海淘定位为跨境进口零售网站，为消费者提供海外优质品牌的进口商品。主张"顺心全球购、丰富好生活"，满足中国消费者对于快速购买高品质的海外商品的迫切需求，丰富其多元化购物选择（见图 11 - 10）。

图 11 - 10　丰趣海淘首页

1. 商业模式

丰趣海淘采用的是特卖与商城相结合的模式，主要以自有采购团队加境外电商的组合，属于自营型 B2C。

2. 优势行业

丰趣海淘主推母婴用品、保健品、快消日用品、流行服饰箱包、居家生活用品，以及各种多元化的海外生活体验商品。

3. 物流服务

借助"海外仓 + 保税仓"模式，产品主要来自欧美、新澳、日韩等国家和地区。借助海外仓以及杭州、广州、宁波等地的保税仓库，压缩中间环节。丰趣海淘能在 5 个工作日左右送达通常需要至少 15 个工作日才能送达的货物。

（四）洋码头

洋码头成立于 2009 年，拥有近 4000 万用户，设有直播频道、特卖频道和笔记社区（见图 11 - 11）。洋码头极具创新性地创立海外场景式购物模式，笔记社区为用户提供分享的个性购物笔记、心情故事和全球潮流资讯的平台，通过买手直播真实的购物场景，让中国消费者足不出户，轻松、便捷地享受一站式全球血拼。特卖频道提供全球热销商品，品类涵盖服装鞋包、美妆护肤、母婴保健、食品家居等。通过保税发货的方式，让国内消费者更快速地收到全球热销商品。

图 11-11　洋码头网站首页

1. 商业模式

洋码头上的卖家可以分为两类：一类是个人买手，模式是 C2C；另一类是商户，模式为 M2C。

2. 优势行业

洋码头优势行业包括服装鞋包、美妆护肤、母婴保健、食品家居等。

3. 物流服务

为保证海外商品能安全、快速地运送到中国消费者手上，洋码头在行业内率先建立起专业的跨境物流服务体系——贝海国际。贝海国际在海内外建成 12 个国际物流中心（纽约、旧金山、洛杉矶、芝加哥、拉斯维加斯、墨尔本、悉尼、法兰克福、伦敦、巴黎、东京以及杭州保税仓），与多家国际航空公司合作，保证每周超过 40 个国际航班入境，大大缩短了国内用户收到国际包裹的时间。

4. 盈利模式

平台是免费的，主要靠物流、仓储收入和现金流维持平台运作。

案例思考

Shopee：东南亚第一电商平台的崛起史

Shopee 于 2015 年成立于新加坡，是新加坡 SEA Group 的旗下业务。Shopee 电子商务平台是一个以移动为中心、以社交为中心的市场，具有集成的支付和物流基础设施以及完善的卖方服务。业务包含马来西亚、泰国、中国台湾、印度尼西亚、越南及菲律宾市场等七大市场。

2018年双11 Shopee创下了超过1100万订单的历史新高，较2017年增长至4.5倍。在刚刚过去的99大促中，24小时总订单量超580万单，较上年同期翻了3倍。

Shopee在短短4年时间里实现跨越式发展，稳居东南亚电商企业龙头地位，Shopee的成功秘诀是什么？

一、买家策略

1. 主推移动式购物，由于东南亚地区互联网发展较晚，Shopee主打移动购物，消费者可以随时随地购物。

2. 丰富的商品品类，个性化推荐，搜索优化，用户分析，这些中国电商的常规策略也在帮助Shopee提升用户体验。

3. 便捷支付方案。支付仍旧是东南亚用户连接电商的大问题，Shopee使买家能够使用不同的方式付款，包括信用卡，在特定市场中的货到付款，银行转账和Shopee的电子钱包。Sea旗下的Airpay也为Shopee的支付贡献着力量。

4. 综合物流解决方案。提供各种物流方案，适应地区性需求，保证用户收得到货，例如在台湾地区提供便利店代收。Shopee与各地区和跨境物流合作伙伴合作，连接买卖双方。利用交易规模，与物流合作伙伴网络建立战略合作，从而降低物流成本。为了跨境贸易，自建SLS，改善了跨境物流体验。

5. 社区构建和游戏化运营。Shopee支持实时聊天，开始构建社区功能，例如99大促期间上线的直播功能，开始融入内容，在用户间建立更强的连接。在Garena游戏基因的带动下，Shopee一开始就融入各种游戏化运营思路，有种"拼多多"的潜质，例如9.9包邮、秒杀等各种拉新促活的活动。

6. 巨额市场营销费用和用户补贴。如果你去东南亚主要城市旅游，会发现随处可见的Shopee广告，Shopee和Lazada的竞争推高了东南亚市场的广告成本，Shopee在线上线下持续投入取得了明显成效。通过主要的门户网站，搜索引擎和社交媒体投放在线广告。不仅如此，Shopee在新市场会给用户补贴，例如运费，以此来吸引用户线上消费。

7. 买家保护，和阿里类似，Shopee为消费者提供一系列的担保和争议解决服务，保障用户权益。

二、卖家策略

1. 一站式电子商务解决方案，Shopee为卖家提供了一个集中化、标准化的商家平台，该平台可在智能手机和PC上访问、提供一些基本的商品、订单、促销等商家功能。

2. 卖家培训和商家社区建设。成立Shopee University为卖家提供在线培训，建立卖家组织，方便大家交流。并且有专属的运营经理跟进新卖家的店铺运营，为其制定合理的店铺成长体系。

3. SLS 物流支持。为了解决地区物流，Shopee 构建了自己的跨境物流产品 SLS（Shopee Logistics Services），以支持各个地区之间的物流互通。例如中国的 Shopee 卖家只要把货发到 Shopee 在中国的仓库，后面所有的事情都是由 SLS 来接手，把物流风险降到最低，成本降到最低。目前 Shopee 在深圳、上海、义乌、泉州等建立了中转仓。

4. 技术支持。Shopee 对于卖家有支付、ERP、语言等全方位的支持，为卖家提供了全方位的技术支持。

5. 广告流量支持。Shopee 提供类似阿里直通车的服务，为卖家提供了流量支持。

Shopee 在买家端和卖家端都做了大量工作，在消费者心中建立了品牌地位，构建了不可替代的竞争壁垒。在电商行业想获得成功，不存在侥幸，只有全方位的提升，才能在激烈竞争的市场中取得一席之地。

（资料来源：http://www.100ec.cn/detail--6531384.html）

问题：结合本章所学内容及思考案例，你认为 Shopee 的优势和特点在哪里？

第十二章 新零售

✦ 项目导航

- 掌握 B2C 网络零售的价值链、经营模式
- 熟悉网络零售的特点、商业模式
- 熟悉网络零售与传统零售的区别
- 熟悉网络零售的商品和服务
- 了解网络零售的定义、我国网络零售的发展
- 了解 B2C 网络零售的定义
- 了解移动零售的发展原因、优势

✦ 课程思政

通过案例分享，让学生了解利用电商如何精准扶贫。

思政导入

智慧新零售助力农村电商精准扶贫

精准扶贫，就是要对扶贫对象实行精细化管理，对扶贫资源实现精确化配置，对扶贫对象实行精准化扶持，确保扶贫资源真正用在扶贫对象身上、真正用在贫困地区。

智慧新零售和农村电商均是互联网时代的产物，智慧新零售可以利用微信、软件等APP搭建网络销售平台，丰富营销手段。随着农村电商精准扶贫的实施，智慧新零售逐渐深入扶贫政策中，拓宽了电商扶贫的销售渠道，促使农村电商扶贫产业可以面向中国及世界的客户，扩大了销售范围。

中国的扶贫工作已经进入精准扶贫的攻坚阶段，苏宁等电商在全国精准扶贫会议中共同探讨互联网时代扶贫攻坚的新思路，积极推行智慧新零售的运营模式。随着商业风口的转变，电商纷纷由线上转向线下，苏宁如今已成为一个握有线下零售大盘的电商平台，苏宁在智慧新零售战略的驱动下，成为线上线下全渠道零售企业，实现了线上线下

深度融合，顺应消费升级的发展趋势，推出苏宁易购精选店、苏宁易购手机潮品店、苏宁易购汽车超市等兼具场景体验优势的智慧新零售店。

苏宁公司在安徽来安开出了第一家基于"零售云"平台的苏宁易购精选店，为传统零售商户赋能，成为智慧新零售模式的精准扶贫范本。苏宁规划的智慧新零售精准扶贫计划中，通过POS端、PC端、移动端和电视端这"四端"，深入贫困地区，现场取材取样、设计页面、制作视频、规划活动，利用苏宁线上线下互动优势，在线上以易购页面、超市频道页面展示为主，在线下以门店现场实物堆码展示为主，再辅以苏宁易购官方微博、微信等自媒体宣传，积极扩大贫困县农副产品的影响力。

苏宁还创新营销模式，灵活结合直播、预售、众筹、竞拍、秒拍、订制等方式，创造当地农业产业亮点，整合农特产品和旅游资源，推进休闲农业、订制农业与最美中国休闲乡村的发展。

【案例思考】 智慧新零售精准扶贫的模式是什么样的？

【案例分析】

1. 构建智慧电商平台

在农村电商精准扶贫中应利用智慧新零售助力销售产业，刺激当地农村经济发展，实现零售产业走出去。农村电商智慧新零售模式搭建过程中，首先要构建智慧电商平台，为智慧新零售的启动提供平台资源。电商精准扶贫可以自行构建平台，也可以采取平台整合的方式共享资源。例如，广东省丰顺县农村在电商平台建设的同时，与广州市、梅州市电商企业合作，利用他们的电商平台将丰顺县本土特产在网上销售，为农户创造更多销售渠道。此外，针对建设电商扶贫示范基地的贫困村，为了在电商精准扶贫中充分发挥智慧新零售的优势，丰顺县扶贫开发局拨款资助电商创业群体，每个村发放5000元扶助金，用于智慧新零售电商创业的宣传，丰顺县建设为电商扶贫示范基地，推动了智慧新零售模式的成熟与发展，丰富了智慧电商平台的网络版块，推进智慧电商平台的成熟发展，从而为精准扶贫的农户开拓更多农副产品的新零售渠道。

2. 整合公共信息资源

智慧新零售为电商精准扶贫提供了可行的渠道，结合农村的电商扶贫计划整合公共信息资源，以原有的电商零售为基础，打造增值服务，充实智慧新零售内涵，提高农村电商的经济效益。农村电商扶贫计划中，第一阶段是稳定智慧新零售中的基础交易服务，第二阶段是利用公共信息资源打造特色增值服务，在电商平台上创建外部链接，推出增值服务及增值产品。农村电商精准扶贫中需要建立全省贫困家庭人口数据库，收集资料后建档归档，所有档案数据输入数据库内方便管理，数据库可以准确、便捷地查询扶贫的数据信息，通过大数据对比分析，清晰掌握贫困人口和贫困家庭的分布状况、组成结构等，从根本上知悉一个地区的扶贫措施落实情况和模式定位。同时，大数据在营销方面可以做到千人千面，智慧分析客户需求，准确把握客户购物习惯，做到精准营销，不仅提高了客户的消费体验，还增加了扶贫电商平台中农产品的销量。为了进一步推进电商扶贫工作的发展，扩大电商平台的规模，应继续加强智慧新零售的助力作用，加大贫困地区农产品供给侧结构性改革，贯彻"互联网＋流通"行动计划，推进实体零售转型升级，打赢农村电商精准扶贫攻坚战。

3. 由典型到区域推广

智慧新零售助力广东省农村电商精准扶贫的应用中，建议实行由典型到区域的推广方法，选取农村电商精准扶贫的示范乡镇作为智慧新零售的示范点。电商平台上销售示范点的特色产品，由电商平台统一订制、销售，先带动示范点的经济效益，经济增长后增加特色产品的类型和数量，依托智慧新零售营销模式在电商销售和经济效益之间形成良性循环，再以点带面，进一步把示范点的智慧新零售电商平台推广到更大范围的贫困地区中去。智慧新零售利用微信、微博、短视频等新媒体宣传平台，将发展成果扩展至更大的农村区域，在贫困地区脱贫摘帽的同时满足世界各地消费者对农产品的需求。

受 2020 年疫情影响，不少宅在家中的市民选择暂时远离菜市场，"拥抱"互联网，于是"线上买菜"成了补给生活必需品的主要选择。不仅仅是年轻人，就连一些以前买菜只去菜市场的大爷大妈也开始在朋友圈里交换买菜"攻略"，手机里同时装好几个买菜应用来比较价格、品种、质量和配送效率。像这样线上线下和物流结合在一起，就产生了"新零售"。2016 年 10 月的阿里云栖大会上，阿里巴巴马云在演讲中第一次提出了新零售的概念，"未来的十年、二十年，没有电子商务这一说，只有新零售"。那么零售业未来的发展方向是怎样的？网络零售相较于传统零售有哪些优势？如何经营网络零售呢？下面我们就一起来看一下吧。

第一节　网络零售基础

一、网络零售的定义

零售是将商品及相关服务提供给消费者作为最终消费之用的一种活动。零售业是一个国家最古老的行业之一，也是一个国家最重要的行业之一。零售业的每一次进步和改变，都随之带来人们生活质量的不断提高，甚至还带给人们一种新的生活方式。近年来，随着互联网的蓬勃发展，电子商务在迅速崛起。零售商们运用着最先进的计算机和各种通信技术对变化中的消费需求迅速做出反应，选择利用网络平台来拓展销售渠道。20 世纪 90 年代中期以来，人们对网上购物的认识也逐渐加深，越来越多的人开始在网络上购物，电子商务的发展突飞猛进，网络零售逐渐被越来越多的企业重视。

根据中国电子商务研究中心发布的《2009年中国网络零售调查报告》给出的网络零售定义，网络零售是指交易双方以互联网为媒介的商品交易活动，即通过互联网进行的信息的组织和传递，实现了有形商品和无形商品所有权的转移或服务的消费。买卖双方通过电子商务应用实现交易信息的查询（信息流）、交易（资金流）和交付（物流）等行为。

二、网络零售的特点

网络零售除了具有一些传统零售方式共有的特征之外，其作为电子商务的一种形式，还有其独有的特征，包括信息化、服务性、集成性、可扩展性、安全性、协调性。

1. 信息化

就商业性而言，互联网零售可以扩展市场，增加客户数量；通过将互联网信息连至数据库，企业能记录下每次访问、销售、购买形式和购货动态以及客户对产品的偏爱。决策者们能够通过用户信息反馈工具获得高价值的商业情报、辨别隐藏的商业关系、把握未来的趋势并做出更有创造性、更具有战略性的决策。

2. 服务性

在互联网零售环境中，顾客不再受地域的限制，也不再仅仅将目光集中在最低价格上。服务质量在某种意义上成为零售活动的关键。现在，在互联网上许多企业都能为客户提供完整服务，而互联网在这种服务的提高中充当了催化剂的角色。

3. 集成性

网络零售在用到了大量新技术的同时协调新老技术，使用户能更加行之有效地利用他们已有的资源和技术。互联网零售的集成性还在于事务处理的整体性和统一性，它能规范事务处理的工作流程，将人工操作和电子信息处理集成为一个不可分割的整体。不仅能提高人力和物力的利用，也提高了系统运行的严密性。

4. 可扩展性

互联网零售正常运行，必须确保其扩展性。对互联网零售来说，可扩展的系统才是稳定的系统。互联网上有数以亿万计的用户，在传输过程中，时不时会出现高峰状况。如果在出现高峰状况时能及时扩展，就可使系统阻塞的可能性大为下降。网络零售中，耗时仅两分钟的重新启动也可能导致大量客户流失，因而可扩展性可谓极其重要。

5. 安全性

在网络零售中，安全性是必须考虑的核心问题。欺骗、窃听、病毒和非法入侵都在威胁着互联网零售，因此要求网络能提供端到端的安全解决方案，包括加密机制、签名机制、分布式安全管理、存取控制、防火墙、安全互联网服务器、反病毒保护等。为了帮助企业创建和实现这些方案，国际上多家公司联合开展安全电子交易的技术标准和方法研究，使企业能建立一种安全的互联网零售环境。

6. 协调性

网络零售需要雇员和客户、生产方、供货方以及商务伙伴间的协调。利用互联网将供货方连接至管理系统，再连接到客户订单处理，并通过一个供货渠道加以处理，这样就能够节省时间、提高效率。

三、网络零售与传统零售的区别

网络零售是传统零售与互联网结合的产物，在许多方面比传统零售具有绝对的优势。

1. 网络零售的载体是虚拟网店

这个虚拟网店和商品陈列都是以网页的形式来展示，以网页留言或即时聊天工具的方式在线接待顾客，通过在线购买、网上支付、物流配送的方式完成交易。这使得信息提供方面更加透明和准确。

2. 网络零售不受传统销售因素的限制

店面选择在传统零售商经营中曾占据了极其重要的地位，没有客流就没有商流，客流量的多少，成了零售经营至关重要的因素。而在信息时代，网络技术突破了这一地理限制，网络零售不受营业时间、地点、面积这些传统销售因素的限制，可以24小时营业，全年无休，也不受传统零售模式中店面、地段等因素的影响，任何零售商只要通过努力，都可以将目标市场扩展到全国乃至全世界。

3. 网络零售充分利用互联网建立新型营销模式

传统营销致力于建立并维持和依赖层层严密的渠道，以面对面语言交流的方式接待顾客，在市场上投入大量的人力、物力和广告。而通过互联网，人员推销、市场调查、广告促销、经销代理等传统营销方法，将与网络相结合，并充分运用互联网上的各项资源，形成以最低成本投入，获得最大市场销售量的新型营销模式。互联网可以在全球范围内进行市场调研，企业可以迅速获得关于产品概念和广告效果测试的反馈信息，也可以测试顾客的不同认同程度，从而更加容易对消费者行为的方式和偏好进行跟踪。

4. 网络零售经营成本低

零售商在网络化经营中，内外交易费用都会下降，如果完全实现了网络化经营，可以节省企业内部的联系与沟通费用、企业人力成本费用、大量进货的资金占用成本、保管费用和场地费用、店面租金费用等，轻松实现少量库存甚至零库存，大大降低库存积压的风险，有效控制经营成本。

四、网络零售的商业模式

按照服务的类型可以将网络零售分为B2B、B2C和C2C三大模式。

1. 企业对企业——B2B

这是最早的电子零售模式。比如使用网络对供应商发订单，接收发票和付钱。

2. 企业对消费者——B2C

现在互联网上有很多虚拟企业向消费者提供产品和服务。

3. 消费者对消费者——C2C

这种操作模式是电子零售的最高境界，是任何消费者之间随时进行的交易活动，达到了零售的自由贸易高度。如消费者自行在网上发布住房转售信息，寻找其他消费者前来交易。

> **✓ 思政小贴士**
>
> 2020年9月19日，中国邮政集团有限公司与拼多多达成战略合作协议。双方将在农产品进程及扶贫助农相关领域深入合作，计划利用三年时间打造150个中国邮政农产品基地，为拼多多平台从源头供应优质农产品。
>
> 拼多多利用自身的消费群体、社交属性的优势，借力大数据，联合邮政物流，发力更深层的潜在需求。这样的"电商＋物流＋金融"一体化的模式为精准扶贫提供了新模式。

五、我国网络零售的发展

（一）我国网络零售发展概况

我国网络零售开始于1997年，一些企业建立起了自己的电子商务网站，加入了网络零售行业。但在2000年互联网泡沫破裂以后，我国的网络零售业随之进入低潮，大量的零售型电子商务网站也逐渐消失在人们的视野中。直到2002年，我国的网络零售业逐渐进入一个新的发展时期，出现了一批具有代表性的B2C网站，如京东商城、当当网等。另外也出现若干有较强影响力的C2C网站平台，如阿里巴巴旗下的淘宝网等。近年来传统零售企业也纷纷触网，如苏宁线上的苏宁易购、1号店。传统制造企业也进入B2C领域，如百丽的乐淘，美特斯邦威的邦购网。2011年国内B2C、C2C与其他电商模式企业数突破2万家，我国网上零售企业规模将呈现稳步上升的势态。图12-1为2006—2015年中国网络购物市场交易规模。

对于消费者来说，这种网络零售的出现让人们的购物行为从传统的实体商店延伸到新形态的网络商店。而对于卖家来说，网络时代则为零售市场带来了一种全新的销售渠道。

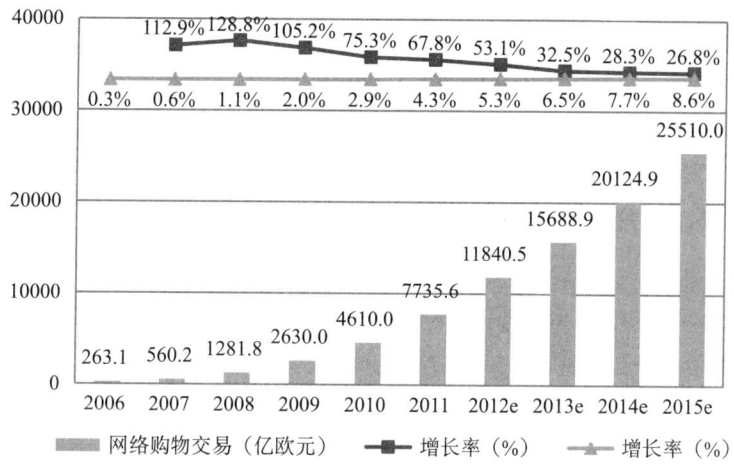

图 12-1 2006—2015 年中国网络购物市场交易规模

（注：网络购物市场规模为 B2C 与 C2C 购物网站市场规模之和，其中暂不包括付费数字产品下载、航空客乘交易、网络代缴费等商品类别的交易规模）

(二) 我国网络零售发展趋势

我国网络零售商业的发展趋势主要集中在五个方面：

1. 传统零售企业将进一步拓展网络零售业务

人们在 2000 年的网络泡沫破灭后深刻体会到：企业，尤其是传统企业才是电子商务的主体。基于这一更成熟的认识，电子商务发展到今天，随着大量传统零售企业的加盟，迎来新的高潮。传统零售企业大多经过多年的经营，已建立起相对稳定的供货渠道，从而在货源方面有持续供应能力，在质量方面有明确的保障，在价格竞争力方面与市场同类商品相近。特别是已经有较大销售规模的传统零售企业，在渠道方面更具优势，有强大品牌影响力和较健全的售后服务。随着网络购物市场的蓬勃发展，线上零售业务对传统零售企业的吸引力将进一步加大，传统零售企业将依托自身优势，加快拓展网络零售业务，线上零售与线下零售加快融合。

2. 网络零售企业实施差异化经营、提供差异化服务

网络零售业目标消费群体所认同的网络购物优势不再仅仅是价格，而是包括提供稀缺产品及信息、快速及时的物流、讨论区互动等网络购物特色功能。因此，网络零售企业纷纷调整竞争战略，改变过分依靠成本和价格优势的现状，围绕"稀缺""信息"和"服务"进行战略调整，提供差异化服务。差异化策略也给网络零售企业带来更大的竞争优势、更多的利润空间。

3. 三网融合、物联网等新兴技术发展带来广阔空间

三网融合是指电信网、广播电视网和互联网三大网络通过技术衔接资源共享、信息共享和优势互补等方式融合起来，共同提供统一的业务。它既能够通过一套终端平台同时向用户呈现多种业务，有效地降低了操作难度和复杂性，减少了用户的购买成本，降低了业务使用门槛，又能简化网络管理。另外，物联网技术在网络零售业领域的加快应用，将提升网络零售业的自动化处理能力，有效解决目前网络零售业产业链自动化程度不完善、规模化程度不高、远程支撑能力不强等发展瓶颈问题。

4. 网络零售物流配送系统与支付体系建设加快

网络购物吸引了越来越多的物流公司和配送系统加入该行业，不仅给交通系统增加了压力，也使得物流行业呈现高度分散化的局面，行业规模经济效益尚未体现。物流行业整体的发展需要政府企业和行业协会的共同协作，适度提高行业进入门槛，避免基础设施的重复建设，同时通过加强管理和鼓励竞争提高物流业的服务水平和质量。

网络购物也改变了"一手交钱一手交货"的消费模式，电子汇款、网上银行和第三方支付成为主要的支付手段，但是技术上的缺陷和管理上的漏洞，导致个人的信息安全和财产安全不能得到足够的保证。因此，不断地通过技术革新和加强管理来完善支付体系，保护网络购物消费者的信息和财产安全显得十分重要。

5. 网络零售业发展市场环境逐步优化

随着网店实名制、第三方支付监管等行业监督措施逐步落实，网络零售业发展市场环境逐步优化。网店实名制监管的实施，明确了网络交易平台的职责义务，规范网络平台交易的运作，能使网络交易平台的运营商将网店实名制信息的定期核查更新进一步做到位。

【案例 12－1】

苏宁易购：家电零售　全渠道多业态规模发展

苏宁易购经历过去十多年家电零售渠道的变革竞争洗牌，已形成带"电"品类全渠道销售的宽阔护城河。未来通过多业态的智慧零售布局，规模效应将逐步凸显，有望全方位吸引客流、精耕生态圈用户需求，开启规模发展新篇章。

目前国内主要的家电零售渠道有五个方面：（1）苏宁/国美等线下专业连锁；（2）品牌商自建渠道；（3）KA 超市渠道；（4）低线城镇的个体户；（5）互联网渠道。苏宁二十余年精耕家电零售，线下家电连锁全国领先；与高鑫零售合作，进军 KA 超市渠道；线上自建平台以及与阿里合资打造猫宁旗舰店；零售云以及苏宁易购直营店渗透低线市场；全渠道布局完善，经营规模优势已逐步凸显。苏宁易购大润发店业绩显著提升，也成功为苏宁进军 KA 渠道打开了入口。截至 9 月 30 日，共开设苏宁大润发门店 399 家，直接推动中心店、社区店数量快速增长，完善了苏宁线下门店布局。经营质量方面，苏宁线下可比门店收入同比增速明显领先于家电 3C 零售行业和老牌竞争对手国美，门店坪效和固定费用率持续优化，盈利能力有望稳健提升。电商红利逐步消退，京东增速放缓，苏宁全渠道经营规模优势已逐步凸显，全渠道家电零售市场份额稳居第一，预计未来个性、品质、体验等诉求将进一步巩固家电零售的优势。苏宁在家电基础上扩展"带电"的相似品类，带电产品收入加速增长，如果在现有经验和优势下扩品销售顺利，未来在整个技术消费品零售市场的销售规模有望超过 4000 亿元。

（资料来源：http://www.100ec.cn/detail--6488403.html）

第二节　网络零售的商品和服务

一、网络零售的商品

商品能否利用网络零售一般取决于商品的性质、科技含量，以及商品的目标市场与交易方式等方面的因素。一般来说，目前适合于网络零售的商品的特征主要表现在以下几个方面：

1. 标准化商品

由于买家只能根据卖家供给的图片和文字来获取产品信息，所以质量难以控制的产品会受到信息提供不正确、不详细等情况的影响，从而导致交易过程不顺利。而那些质量容易控制的商品，例如书籍、音像产品、电子产品等标准化的商品，更合适在网上进行销售。

2. 手工商品

手工商品受到生产能力的限制，生产数量不多，选择销售成本更低的网络渠道进行销售，可以接触到最广泛的客户群并更大程度上获取利润。网上手工店比较适合于个人或家庭的手工制品销售。

3. 附加值高的商品

由于市场竞争日趋激烈，一般的利润较低的日用品之间的差价很小，网络零售带来的利润较低。而附加值高的商品，尤其是价格敏感度较高的商品，可以通过提供折扣并利用网络扩大销售范围来增加销售收入。

4. 针对特定人群的商品

针对某一特定人群细分市场的企业，更适合利用网络零售渠道。这一类产品往往受到传统线下店铺地理位置的限制，客户较少。如果通过网络进行销售，可以打破地理位置的限制，面对更广阔的消费者，这对于企业和消费者来说都是不错的选择。

二、网络零售的服务

网络零售的服务是指在网上交易的无形服务型商品或劳务。网络零售的服务除了具有网络商品的一般特点,还具有其自身的特点。

1. 虚拟性

网络零售的服务没有具体实物形态,交易往往带有虚拟性特点。这样就造成了双方对商品的信息掌握程度不一,无法准确知道对方的信用状况,从而使交易一方无法观测、监督另一方的行为。

2. 远程性

交易可以通过网络远程实现服务,比如宾馆预订、鲜花预订、演出门票的订购、旅游线路的挑选、储蓄业务、电子机票预定、远程医疗诊断、远程教育培训和各类咨询服务(如工程、法律进出口、税务)等。

3. 方便性

企业通过将客户服务过程移至互联网,使客户能以一种比过去简捷的方式完成过去他们较为费时才能获得的服务。如将资金从一个存款户头移转至另一个存款账户,查看一张信用卡的收支,记录发货请求,乃至搜寻并购买稀有商品,这些都可以足不出户且实时完成。显而易见,互联网零售提供的客户服务具有一个明显的特性,就是方便,这不仅对客户来说如此,对于企业而言,同样也能受益。

第三节 B2C 网络零售模式

一、B2C 网络零售的定义

B2C 电子商务是指通过网络、电商和消费者完成线上交易的一种买卖方式。这是按照电子商务交易主客体划分而来的一种商务模式,是我国诞生最早的电商模式。

在 B2C 网络零售企业商业模式的行为主体中,B2C 网络零售企业通过提供交互性能良好的购物页面、物美价廉的商品、完善的售后服务来为顾客创造良好的用户体验,从而吸引和维护顾客;而顾客数量的增加为企业创造营业收入的同时,也会增加供应商对企业的依赖性,并吸引新的优质供应商加入,从而为顾客提供更加优质、丰富的商品,形成"顾客—B2C 网络零售企业—供应商"之间的良性循环。

购物网站是 B2C 网络零售企业的核心资源,其关键业务都与购物网站息息相关。顾客吸引与流量维持是 B2C 网络零售企业的核心工作。加强对供应商的管理,维持与供应商的良好关系,是 B2C 网络零售企业的重要任务之一。

B2C 网络零售企业的顺利运行还需要其他第三方机构的支持,包括第三方支付企业、物流公司、政府等。物流公司的服务水平与顾客的用户体验密切相关。政府作为政策的制定者对 B2C 网络零售行业的发展起到规范、引导的作用。法律法规的建立和完善为 B2C 网络零售企业及其商业模式的发展提供了很好的引导。

根据零售商品的属性和网站建设主体的不同,B2C 零售还可以进一步细分:第一,根据零售商品属性不同,可以将 B2C 零售分为实体商品零售和虚拟商品零售,实体商品网络零售必须依靠物流才能完成交易,而虚拟商品零售通过网络就可以完成交易。第二,根据零售网站建设主体的不同,可以将 B2C 网络零售企业分为 B2C 平台零售、B2C 垂直零售,前者是指借助第三方平台开设网店进行网络零售,后者是指企业自建网站进行网络零售;后者还可以根据经营商品种类集中度,细分至少两类,将商品类别齐全的自建商城称为"B2C 自营商城",典型例子是早期的京东商城,将商品品牌集中度高的称为"B2C 品牌直营",如凡客诚品等。

二、B2C 网络零售企业的价值链

随着电子商务的兴起,企业的价值链结构发生了革命性的变化,B2C 网络零售企业以网站为基础,其经营、营销和售后服务等价值活动都不同于传统的制造型企业,其价值链如图 12-2 所示。

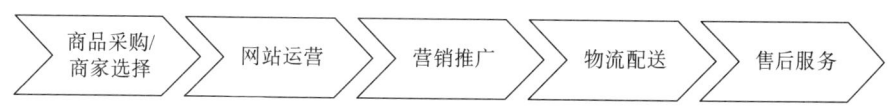

图 12-2 B2C 网络零售企业的价值链

选择优质供应商、采购优质商品是 B2C 网络零售企业价值链的起点和重要组成部分。网站运营是指 B2C 网络零售企业购物网站的开发、运营和维护,是 B2C 网络零售企业价值链中的核心活动。营销推广为顾客提供了购买商品的信息和渠道,并促进和引导他们的购买行为,包括市场调查、产品与服务策略、品牌策略、定价策略、促销策略等的确定及实施。物流配送是 B2C 网络零售企业向顾客传递价值的重要环节,包括选货、装箱、运输、配送及物流跟踪等活动。售后服务为顾客的消费提供了保障,是提高和维持价值的重要活动。B2C 网络零售企业在设计价值网时,必须理清企业、供应商、顾客和其他第三方机构之间的价值联系,将三者之间的价值传递过程清晰化。

【案例 12-2】

盒马鲜生成新零售活样板

盒马鲜生是以门店为中心，周边 3 公里为半径的新零售商超业态。"店仓一体"的模式，让盒马鲜生可以为周边居民提供多达 6000 个 SKU 的商品选择，并配合 -18℃~60℃ 的控温配送，让消费者足不出户，就可以购买到冰品、鲜活海产、常温食品和快餐，并享受最快 30 分钟送达的服务。

作为阿里巴巴孕育两年的新零售阵地，盒马鲜生完成了"线上+线下+物流"的模式创新，目前线上和门店的订单占比约为 5:5，成熟门店则达到 7:3，未来线上订单占比还会进一步提升。从传统商超行业层面看，由于拥有线上订单体系，盒马鲜生的坪效是传统商超的 3~5 倍。从电商层面看，由于以线下门店为核心，用户黏性极高，盒马 APP 转化率达到惊人的 35%，月重复购买率则达到 4.5 次。

为了实现订单可追溯，盒马鲜生在门店推荐使用盒马 APP 付款。"这一方面是为了现场购物的方便和快捷，另一方面是希望通过数据管控食品安全风险，如某种商品需要召回时，我们可以直接给购买过此商品的消费者进行弹窗通知。"盒马相关负责人告诉记者，现在仍在用户培育期，所以盒马也开通了现金代付功能，方便没有安装盒马 APP 的用户。

为保障线上订单 30 分钟的送达时效，盒马通过数据模型计算，最终将"3 公里"作为覆盖面积的半径，这意味着一个门店的覆盖面积有 28 平方公里，约覆盖 30 万家庭。

马云在 2016 年提出"新零售"概念后，与盒马模式相近的"新零售"产品落地迅猛。如永辉旗下"超级物种"、百联旗下 Riso、大润发旗下飞牛优鲜等，均已开出新零售业态门店，有零售行业人士感慨："沉寂了 10 年以上的连锁商超业态正在经历营收下滑的瓶颈期，被新零售带得风起云涌后，商超企业开始增加技术投入加强创新，这对商超来说是非常难得的历史机遇。"

（资料来源：http://jingji.cctv.com/2017/07/28/ARTICqWrnXjk2leKY1hNH2Pp170728.shtml）

三、B2C 网络零售的经营模式

电子商务的 B2C 网络零售经营模式是 B2C 网络零售企业面向价值网络各利益相关者，以实现商业目标为核心，对整个商务活动进行规划、设计和实施的策略架构。作为商业企业的新型模式，B2C 网络零售交易对象是互联网中具有消费需要并能够进入网店消费的任何顾客，不受物理空间限制，因此，其市场几乎没有边界。

B2C 网络零售企业的盈利模式是通过互联网销售实现商品利差，在同等价格基础上，成本控制越好，获得利差越大，这与传统零售企业差别不大。

B2C 网络零售企业的日常管理根据规模和经营定位不同呈现出差异：小微型 B2C 网络零售企业人员少、业务量小、商品种类少、库存少，大多数是夫妻店或合伙企业类型，日常决策程序简单、自由，管理内容也不复杂；而大中型 B2C 网络零售企业的经营管理没有那么简单，它们往往与传统大中型零售企业一样，具有大批量的商品需要仓储管理，有大量员工需要管理，有大额资金流需要财务管理等，企业在完成常见管理任务的同时，还要完成市场营销和促销管理、信息系统维护与信息管理等面向无边界互联网市场的新型管理内容。因此，B2C 零售企业需要格外注意以下几类管理内容：

（一）B2C 网站推广

网站推广是任何电子商务企业都必须做的首要环节，只有市场认识了企业的网站，才可能发生电子商务交易，B2C 网络零售网站也不例外。网站推广方式很多，比如搜索引擎推广等等（详见本书第八章——网络营销方法）。不同的企业在不同发展阶段，根据自身实力和需要选择不同的推广方式。

（二）商品管理

B2C 零售的商品管理分为仓储配送管理和网站商品图文管理。

1. 仓储配送管理

B2C 零售企业如果自己生产商品，则是内部采购入库；如果是依靠社会供应商供货，则是外部采购入库。如果供应链管理比较好，外部采购的商品实时通过物流公司直接递送出去，商品从供应商或者生产基地到达 B2C 零售企业物流分拨中心之间的环节衔接得非常好，B2C 零售企业可以实现商品零库存。比如戴尔公司的部分电脑零配件供应即可实现不入库直接进入装配线，实现了零配件的零库存。

2. 网站商品图文管理

B2C 零售的对象是网络消费者，他们进入零售网站前台只能通过查看商品图片、阅读商品详情介绍、翻阅其他消费者评价等方式来决定是否购买。所以，零售网站前台的商品图片和说明文字的铺设，相当于实体商店的商品上架。消费者在购买期间可能会遇到一些问题，比如因为电脑、手机等终端设备屏幕显示问题导致屏幕看到的颜色与实际商品颜色出现很大偏差，即出现色差问题，从而消费体验不理想等等。通常做法是：商品图片需要多角度展现商品细节，拍摄精美，突出亮点，可以通过视频加强商品立体展示，一般遵循热销商品和新品推介在显眼位置展示的原则；商品规格要准确无误，若有偏差，要事前提醒消费者注意；要提醒消费者注意终端设备色差问题。

（三）市场营销

B2C 零售企业的市场营销策略往往在传统的 4P（产品、价格、渠道、促销）营销策略基础上，综合了4C（消费者、成本、便利、沟通）、4R（与顾客建立关联、反应、关系、回报）、4S（满意、服务、速度、诚意）等现代营销观念，形成了更加多样化、综合化的经营体系。其中，产品和价格是基础和关键，其他都是锦上添花。

1. 产品

B2C 零售百货商城往往以产品丰富、质优价廉为策略；B2C 零售专卖店则以专卖某一类品牌商品为策略，在天猫商城中有很多专卖店，如联想手机专卖店等等；B2C 零售专业店则以专业服务为产品策略，如天猫商城里面有很多经营服装的店铺，它们要么只经营儿童服装，要么只经营经典男装，要么只经营女式皮鞋。专卖店是品牌商品店，多种产品都属于同一品牌；专业店则是专营某一类商品，但是商品可能属于多种品牌。

2. 价格

商品定价是营销策略的核心之一。因为网络具有开放性，商品信息在网络上是公开的，消费者可以自由比较，因此 B2C 网络零售商品定价不能像传统商店简单地以产品成本为基础定价，应综合考虑商品品牌影响力、消费者认可度等，根据经营目标策略来灵活制定。在以提高知名度为目标的阶段，可以通过低价促销策略，迅速吸引消费者，以增加企业知名度；在企业稳定发展阶段，利用企业信用和服务提升顾客黏度，在与同行业差别化基础上，实行根据顾客可感受价值来定价，适当提高利润空间。

3. 其他

除了商品定位和价格定位外，B2C 网络零售市场营销还可以实施一系列的围绕提高顾客黏度的策略，如促销、礼品赠送、节日专享、生日优惠等等；还需要注意加强合作伙伴关系管理，通过理性选择和维护，让物流、支付和保险围绕提高零售效率来服务，增强顾客满意度。

（四）财务管理

B2C 零售企业的财务管理与传统企业相比发生了很多的变化。电子商务能够帮助企业通过网络信息技术实现已有资源的高效整合以及财务的全方位动态管理，这使得传统财务管理模式也发生了变革。

1. 财务部门的全程参与

在电子商务环境下，企业内部产业链链接更为紧密，企业财务管理模式开始呈现网络化特征，企业财务部门充分融入企业采购、制造、营销等各个环节，企业财务部门由传统的集中实体机构部门开始向各业务部门分散，财务部门与其他部门职能的分工界线变得日益模糊。

2. 财务处理方法、技术更为先进

随着电子商务的飞速发展财务管理软件系统在技术上更为成熟，其渗入到企业内部的各部门，将其紧密连接在一起，形成一个更加完整的、高效的内部供给链。企业财务处理方法由过去的计量资金管理等较为复杂的方式，开始向更为简便，如网上结算、网上交易等方式转变。

3. 企业的财务成本更多地体现为信息成本

传统财务管理模式并未关注信息的分析和处理，并且传统财务管理模式对信息的反馈监督不及时也导致企业财务管理效率低下，相比较而言，在电子商务环境下，企业的财务成本更多地体现为信息成本。

4. 资源集中整合

鉴于信息技术的落后和组织结构分散的限制，传统的分散化财务管理模式难以集中管理调配资源。而在电子商务环境下，企业对各交易环节财务信息数据的集中处理，实现企业内部各部门之间信息、数据的汇总以及高速无障碍传递，从而集中整合资源。

5. 财务管理效率提高

传统财务管理模式在规划、预测、决策、控制和分析等工作环节上往往需要耗费大量时间。而在电子商务的应用下双方交易过程在互联网上以最快的方式得以实现，交易活动的财务数据能实时得以在线远程化管理，财务管理效率不断提高。

（五）品牌管理

现在消费者需求已经不是追求物美价廉的时代，在网络上购物，消费者在乎整个购物过程，从信息的搜索到选择、下单、支付、物流、退换货等一系列与产品本身紧密相连的服务体系。未来趋势是"品牌立市，无品无商"。从品牌培养与管理角度，B2C 零售企业必须做好以下几个方面：

1. 注重品质

电子商务零售市场的顾客已经不满足于价廉，而更追求品质，越来越多的顾客不再在乎商品价格是否比同类商品便宜多少，更关注商品质量和个性，仅仅低价是难以在互联网零售大海里生存。因此，B2C 零售企业必须有真正的"物美价廉"的产品，同时兼顾个性化的理念，从而吸引顾客。

2. 诚信为本

在没有边界、信息透明的互联网上，任何想成为百年老店的企业都必须以诚信为本。我国电子商务还不成熟，在品牌化的道路上出现过许多问题，如虚构原价，即促销价高于原价等，违背了自己的品牌承诺，使品牌的形象大打折扣，失去人心就失去了市场。只有让企业真正赢得消费者的心，才能够轻轻松松赚点钱，否则，终究难以持久。

3. 重视评价

B2C 零售行业普遍实行售后评价制度，顾客之间相互影响、相互宣传，能够做到口口相传。对企业来说，这是一把"双刃剑"，顾客评价好，有利于企业品牌确立，市场地位自然稳固；若顾客评价不好，则可能被市场淘汰。所以，必须高度重视顾客评价，充分

考虑顾客的批评建议,改进管理,改进品质,终究会赢得顾客的支持。

【案例 12-3】

拼多多:崛起背后的经营模式

拼多多隶属于上海寻梦信息技术有限公司,创立于 2015 年 9 月,是一家致力于为最广大用户提供物有所值的商品和有趣互动购物体验的"新电子商务"平台。拼多多通过创新的商业模式和技术应用,对现有商品流通环节进行重构,持续降低社会资源的损耗,为用户创造价值的同时,有效推动了农业和制造业的发展。

始终将消费者需求放在首位

拼多多致力于为最广大用户创造价值,让"多实惠,多乐趣"成为消费主流,始终将消费者需求放在首位。通过去中心化的流量分发机制,拼多多大幅降低传统电商的流量成本,并让利于供需两端。基于平台大数据,拼多多根据消费者喜好与需求,帮助工厂实现定制化生产,持续降低采购、生产、物流成本,让"低价高质"商品成为平台主流。目前,拼多多平台的商品已覆盖快消、3C、家电、生鲜、家居家装等多个品类,并以持续增长的速度,满足消费者日益多元化的需求。

推动农产品大规模上行,有效助力精准扶贫

拼多多将创新的电商模式与精准扶贫紧密结合,为推动农产品大规模上行提供了有效途径。基于"最初一公里"直连"最后一公里"的产销模式,拼多多全力培育具备网络营销能力的"新农人",努力实现应急扶贫与长效造血的融合发展。拼多多相继探索、实践"多多农园"等创新扶贫助农模式,有效帮助贫困地区农户增产增收。

推动供给侧改革,培育更多中国品牌

拼多多立足中国,与中小企业共同成长。平台"拼购"少 SKU、高订单、短爆发的模式,不仅能迅速消化工厂产能,还帮助生产厂商通过"现象级"爆款迅速赢得消费者的信任,树立品牌形象。登陆纳斯达克之后,拼多多正致力于引领平台入驻品牌走向国际,为培育中国品牌、推动中国品牌得到国际认可做出更多贡献。

(资料来源:https://www.pinduoduo.com/home/about/)

第四节 移动零售

随着移动互联网的深入发展,越来越多的商家意识到电商不是销售手段,而是核心战略,是从商的基础能力。可以说,移动互联网对于零售企业来说,是挑战,更是难得的机遇。移动互联网使零售业线上与线下融合发展的趋势越来越明显。消费者可以在线下店、线上店、移动商店、社交商店等各种渠道存在,商业中心也从以商户为中心逐渐过渡到以消费者为中心的时代。

一、移动零售发展原因

移动网络零售商务的出现有来自市场需求和技术进步两方面的因素。其中市场需求是促进技术进步的根本原动力,而技术进步又进一步提升和放大市场需求。两者相互作用,循环往复,没有终点。

(一)智能手机的快速发展和普及

随着手机技术的不断突破、智能手机屏幕的增大和屏幕分辨率的不断升级,手机字体过小及图片不清晰的劣势被逐渐克服。同时,智能手机的性能也逐渐接近甚至超过电脑。目前,主流智能手机的处理器已经发展到8核,手机运行速度逐渐加快,浏览网页更流畅。在各大运营商的推动下,智能手机在中国得到广泛普及,用户手中的手机越来越像一个综合性、智能化的商务与事务处理工具,成为人们生活与工作离不开的一部分。

(二)电商大力推广手机客户端

如今,移动互联网用户规模实现了快速增长,网民上网的习惯已经发生转变,各大电商纷纷为智能手机推出了手机客户端。消费者只要点击客户端的图标,就能进入电商界面,进行搜索、下单、查询订单、物流跟踪、产品评价、晒单等操作,整个购买流程都可以在手机端完成,为消费者提供了购物的便利,极大地提高了购物体验。

(三)手机支付平台的建立

手机支付是指移动用户使用手机对银行卡账户进行操作,对消费的商品或服务进行账务支付的一种服务方式。目前广泛使用的手机支付平台支付宝,具体原理为:手机绑定一个支付宝账号并定制手机支付服务,即时到账,不仅消费过程更加便捷,还进一步

刺激了手机购物。人们在满足这些需求的同时,也希望用手机、掌上笔记本电脑等作为支付手段,通过短信、WAP、IVR等方式,使用移动话费或信用卡作为支付资金,完成购物缴费、银行转账等交易活动。

二、移动零售的优势

《中国互联网络发展状况统计报告》显示,截至2016年12月,中国手机网购用户规模已达441亿,网络交易额全球第一。随着移动互联网的不断发展,智能手机的数量呈现出了爆发式增长,人们即使待在家里,也可以用手机解决吃穿住用行等问题。既节省时间,又节省人力,是移动消费最直观的特点。手机购物之所以能够超越PC网购成为主流,主要原因有这样几个:

(一)手机购物比传统网购更方便、更灵活

如今,智能手机的性能不断接近甚至超越PC,体积更小,更方便随身携带,成为深受消费者喜爱的网络购物载体。跟传统电脑网购比起来,手机购物更加灵活机动,更加不受时间和地点限制,这也是手机购物吸引消费者的重要因素。

(二)手机购物用户增长潜力更大

根据艾瑞咨询的调研数据显示,18~34岁的用户占据了手机购物用户的87.1%,为手机购物的主要人群。年轻用户对手机购物行为的接受能力较强,消费能力与意愿也比较强。随着智能手机售价的不断降低,用户数量增长潜力巨大。

(三)手机购物迎合了当下的生活方式

现代社会的快节奏使消费者拥有了更多的碎片时间。所谓碎片时间是指在工作、学习之余的那些时间,这些时间都是闲散的、零碎的,持续时间不长,例如,上下班途中、排队等车时、看电视间隙、入睡前10分钟等。用户完全可以在碎片时间里完成即兴的浏览和购买,此外,越来越多的用户希望在业余休息时间摆脱电脑束缚,他们更喜欢使用手机购买商品。

(四)用手机"比价"更高效

目前智能手机上流行的"搜索比价"功能,可以让消费者在逛实体店选购商品的同时随时随地进行线上的搜索比价。用户还能通过扫描条形码、二维码及拍摄商品图片来实现搜索比价,轻松选择最近最便宜的购物点或在线B2C网络商城,从而实现一站式移动购物,其远胜于传统网购的便利性与快捷性。

案例思考

京东零售集团：备受用户信赖、以供应链为基础的友好交易零售平台

京东零售集团坚持"以信赖为基础、以客户为中心的价值创造"的经营理念，持续创新，不断为用户和合作伙伴创造价值。截至目前，京东零售集团拥有3亿多活跃用户，致力于在不同的消费场景和链接终端上，通过强大的供应链、数据、技术以及营销能力，在正确的时间、正确的地点为客户提供最适合他们的产品和服务。

京东是中国最大的电脑数码产品零售平台，致力于为用户打造极致购物体验，成为众多电脑数码知名品牌最大的线上零售渠道。2018年下半年京东在全国二至六线城市开设了京东电脑数码专卖店，目前已开业近300家。作为国内领先的手机产品及手机周边业务线上零售平台，京东手机与品牌商、运营商保持了长期紧密的合作，共同推动了5G生态发展，成为5G手机和其他3C新品的首发渠道。

京东超市是中国市场线上线下领先的超市，目前已经成为众多知名国际快消品牌的全渠道最大零售商。截至2019年4月，京东超市累计下单订单量突破60亿单，未来三年，京东超市预计实现消费品成交额累计超8000亿元。

在高增长潜力品类中，通过构建全球时尚和奢侈品生态体系，京东时尚正成为国内外顶级品牌开拓中国市场的重要合作伙伴。2019年已有近200家全球奢侈品品牌入驻京东。2019年5月底，全球顶级时尚垂直电商Farfetch官方入驻京东时尚。高速成长的京东美妆吸引了近1万家店铺入驻，其中旗舰店占比超过4成。京东居家合作品牌已突破6万个，为消费者提供高品质的家装、家具、家居日用产品及服务。

全品类发展的京东生鲜已成为线上最大的生鲜零售平台，目前拥有32万个SKU，覆盖海鲜水产、水果、蔬菜、肉禽蛋品等，可为消费者提供超过50个国家和地区的生鲜产品，并通过"7FRESH"七鲜超市线上线下相结合为消费者创造最佳客户体验。

经过多年的积累，京东零售已经成为一家典型的、以技术驱动为主的零售公司。在数字化的基础上，京东零售不断推进智能化能力建设，通过大数据、人工智能等各项技术实现行业的降本增效，以及最优的用户体验。例如，京东反向定制（C2M）模式将产品需求调研时间减少了75%，新品上市周期缩短了67%。京东零售是首家采用大数据和AI技术管控价格的平台，确保能够给到消费者最实、最稳、最具竞争力的价格。智能化、全渠道的履约网络能从不同场景和业态中选出成本最优、效率最高的订单生成路径和配送方案，具备其他平台所没有的后台履约能力。

（资料来源：https://about.jd.com/）

问题：结合案例资料，你认为京东零售集团的经营模式依赖于哪些要素？

主要参考文献

[1] 马莉婷主编. 电子商务概论[M]. 北京：北京理工大学出版社. 2019.

[2] 吴浪. 电子商务基础与实务[M]. 重庆：重庆大学出版社. 2018.

[3] 彭媛主编. 电子商务概论. 第3版[M]. 北京：北京理工大学出版社. 2018.

[4] 文英姐, 黎金玲主编. 电子商务概论[M]. 重庆：重庆大学出版社. 2018.

[5] 袁东升主编. 电商基础 策略·运营·技术[M]. 北京：北京理工大学出版社. 2018.

[6] 孙静, 芦亚柯主编. 电子商务技术基础[M]. 北京：北京理工大学出版社. 2017.

[7] 王志文, 于泳主编. 电子商务理论与实务[M]. 北京：北京理工大学出版社. 2017.

[8] 范春风, 林晓伟, 余来文, 廖列法编著. 电子商务[M]. 厦门大学出版社. 2017.

[9] 钟雪梅主编. 电子商务基础[M]. 重庆：重庆大学出版社. 2016.

[10] 赵吉兴主编. 电子商务基础[M]. 北京：中国海洋大学出版社. 2003.